融光·天和

A Beaming Ray,
the Unity of
Man and Nature

情怀

Lofty Ideals

金国明

著

上海人民出版社

序

融光·天和：情怀

晨光熹微，窗外的梧桐树枝头挂满了晶莹的银霜，北风吹落了满地金黄色的残叶，银灰色的树干、枝头上的树叶零零落落，银白色、焦黄色、橙色、绿色、褐色交织在一起煞是好看。这是上海的冬天，而此刻我的思绪和心情瞬间被融化了。"知行合一"是明代思想家王阳明的哲学理念：认识与行动相统一。只有将内在的自我完善与外在的行动结合起来，才能实现真正的自我提升，以达到"致良知"的境界，从而实现个人与社会、天与地之间的和谐。有此感悟，我有了结合自身特点来进行融合创新的想法和概念，无论是生活，还是艺术，都是融合于一切美的事物，呈现出和谐自然之美。自完成"时差"系列后，2021年我开启了"梧桐树下——画说上海"系列的主题油画创作，旨在把我对人生的感悟和对大自然的理解进行融合创新，创作出一种属于自己的与众不同的艺术语言。对我来说梧桐树下的都市情怀是永恒的追求，这是我热爱家乡上海的一种人文情怀。可以说从"时差"系列到"梧桐树下——画说上海"系列，是我数十年历经生活磨砺后沉淀的蜕变期，其中的思绪体验契合了近年来的全球巨变。结集出版图书是小结，而"金蝉脱壳"式蜕变是必然。我在融合创新中完美蜕变，以寻求一种畅想自由的空间和力量。从蜕变到融合，从无趣到有趣，从情感化为神奇，穿梭千年的相遇，擦肩而过的瞬间，从古今走向未来……

何谓融光？就是投射心灵的一束明亮的光。天和乃易经精髓：自然和顺之理，天地之和气。而情怀更是一种高尚的心境、情趣和胸怀。"融光·天和"系列也是经过我深思熟虑后命名的，有三层含义：第一，融合了我的艺术人生经历和艺术表现形式，加以组合创新后形成自己独特的艺术风格；第二，崇尚与大自然交融的天人合一的境界——和谐、对称、平衡；第三，我是谁？从哪里来？到哪里去？追光而遇，沐光而行。

《融光·天和：情怀》一书记录了我五十多年来的艺术人生经历，也是中国 70 后一代人成长的缩影，其中也不乏涌现、碰撞出我人生中的各种机遇与火花。中国改革开放四十多年来的沧桑巨变影响铸就了我们一代人的命运。我的成长节奏顺应了社会发展的主旋律，踏准了时代发展的脚步。作为 1970 年出生的人，我有十分典型的 20 世纪 70 后的青春特征。80 年代后，我从工人、艺术院校学生到出版社编辑、油画家、政协委员，一路顺风顺水，步步踏实：得奖、成名，刚迈入壮年之列，已在画坛闯下一片"天地"。

从"国明的世界"、"梦云"、"时差"、"画说上海"系列，到今天的"融光·天和：情怀"、"融光·天和——游曳"系列……我将一步一个脚印坚实地往前迈进。感恩生活，它是让我不断涌现出灵感的源泉，如今我已沉浸在人与自然和谐共生的主题创作中。创作过程很辛劳，但我相信不久的将来一定会成就斐然，勇毅向前的行动力更是赋予了我无穷的精神力量。

艺术创作需要有饱满的激情和原动力。2020年，知名雕塑家唐音送我几个100厘米×200厘米的油画框，以及一些海外摄影画册，其中我对几本关于海洋世界题材的画册尤为钟爱。偶然的机缘和灵感随之而来，结合数十年的艺术经历和感悟，我意识到艺术创作与自然交融的重要性，从生活实践中提炼升华一种超乎自然的心性，"融和——融化和合"便成为我日常所思所为的行动指南。于是我便开始潜心创作"融光·天和——游曳"系列油画作品，首幅是175厘米见方的油画，第二幅是双联油画（100厘米×200厘米×2），画大幅油画作品需要付出长期的体力和心力，我边画边思索，一直在找感觉和表现形式，不断调整画面效果，最终我用三个月完成此作，由此也找到了心随所想的那种感觉。我认为艺术创作单凭努力显然是不够的，而是需要储备丰厚的学识经验、创新的行为能力，还要有健康的体魄。而良好的心态、坚强的意志、平和的气质，是前提和基础。择高处立，就平处坐，向宽处行。只有坚持不懈地去追逐个人目标，并恰逢其时把握机遇，人生才能大放异彩！

海底两万里，走进幻想之旅，在穿越与交错之间游曳穿梭。这源于我儿时的一个梦境，也是我在生活中积淀的一种情结。浩瀚的大海散发着一股激情澎湃的生命热力，那波涛汹涌的海浪声如同天籁之音一般穿透时空。人与自然和谐共生，凤凰涅槃生命重生——这是我所要表达的主题精神，同时也是照耀我心田的一缕阳光。万物生灵中的律动、游曳、穿梭和飞翔都是在追逐那束光——生命之光。时差交融，演绎变幻。生命之光源于自然，万物生灵生生不息。海洋生物 23 万种，其中那些带刺的鱼儿外表极其炫酷美艳，但其浑身上下的鱼刺、触须却极具毒性。自然界中的生物链环环相连、紧密相扣，它们外表上的虚张声势，实则是掩盖了自身的弱点，也是自救保护的一种方式。然而我们人类又何尝不是如此呢？因此万事随缘，随遇而安。诸事，能为之则为，不能为之则不为；不苛求于人，己所不欲勿施于人；不苛求于己，勿施不欲之事，任其天然。

我的创作过程是漫长而又愉悦的，长期不遗余力地做一件事，靠的是毅力。摒除一切压力和束缚，沉浸其中是多么自由、惬意！这完全是一种艺术家的个体行为和表现形式，也是一种无可替代的智慧体现；我在蜕变中不断寻求内心潜意识里那股神秘而又强劲的精神力量，试图寻觅心中所向往的一个冰清玉洁的极光世界和一艘载满生灵万物的诺亚方舟，并在漫漫的艺术道路中上下求索；我庆幸生命中总会闪现出一种璀璨的光芒，其景犹如蒙太奇般地穿越了我年轻时描绘的那组扑朔迷离的"穿梭"系列。而今这些顺理成章的景象仍自然而然地不断在发生和演绎着……追光的感觉很奇妙，一路上星光灿烂；而追逐时空里的光与影，也是个人最具价值感的体现，"时光机"里的量子交融熠熠闪耀，这是一首五彩斑斓的光与色的交响曲。

艺术是生活的哲学——艺术从生活中来，这是我的座右铭。我始终认为做任何事都要有门槛和基础，入门要正，起点要高。坚持信念，没有达不到的目标！路在远方，只要踏准节奏就可以抵达。用平常心，用感恩心，用昂扬激情来展现自己的信心，那么未来可期，成功近在咫尺。

2023 年，我完成了百余幅"游曳"系列的油画，系列作品体量规模宏大，原计划将创作两百余幅后结集出版《融光·天和——游曳》油画集。它将开启我一段崭新的艺术旅程，海阔凭鱼跃，天高任鸟飞。系列作品中的每一幅油画都不尽相同，内容形式丰富多样，色彩绚丽多彩。油彩的艺术表现力始终是丰富而变幻的，它能使我的艺术语言变得更为丰厚，使之散发出独特的魅力，这是一股永恒的力量。而个性化的心性表现所赋予的意义在于能使画面呈现出一种与众不同的视觉效果和形式感，并体现了一种生生不息、积极向上的精神。12月21日《新民晚报》刊登了油画《融光·天和——游曳No.69》，这是我以"融光·天和"冠名发表的作品，预示着"融光·天和"系列是我今后艺术创作的重要元素符号，并开启出版"融光·天和"系列丛书：《融光·天和：情怀》《融光·天和——游曳》……于我而言，每一幅新作的诞生是愉悦的，这是一股无形的意识流，一个灵光乍现的艺术体验，一次心灵的自由翱翔，更是体现了一种热爱生活的情怀。回顾与展望，如果没有前期所做的艺术实践和反复操练铺垫，就没有我现今创作的动力和灵感。著名作家叶辛先生曾在我的画册上题字："创新是当前时代最大的文明！"人类社会最大的文明在于有创造力，所有的一切准备与过程都是为了最终的结果。唯有如此才是最具生命力的！

我是时代的追梦者，我的作品传达给人们的是一种蓬勃向上的精神——充满生机的生命力和冲击感。这种强烈的视觉张力诠释了人类与自然和谐共生的精神理念，也表达了我对生命的感悟和崇敬之情。同时，我觉得画面中流露出的那种激情澎湃的思绪和主题元素是极具生命力的，给人们以一种独特的视觉效果和丰富的艺术表现力。

如今这个时代已悄然改变，我们不妨换一个新的角度去思考和体验生活，或许是一种大智慧，一种宽容；这个时代赋予了我们丰富多彩的生活气息，同时也成就了我的艺术人生观。和合而美，美美与共，它不仅体现了中华文明的精髓理念，也反映了人类对于和谐、共生、完美的追求。文化艺术与自然生活相互融合发展，亲近自然，面朝大海，放飞心情。这是释放我艺术灵感的最佳状态，也是体悟生命价值取向的一种境界。禽择良木而栖，凤非梧桐不栖。心若纯净，万物皆美。向左走，向右走，都会回到原点……退一步想，游目骋怀。

人生无常，珍惜时间。对于生命而言，我要做些有价值、有意义的事情；对于健康而言，修身养性为旨要；对于事业而言，养精蓄锐为明智，厚积而薄发；对于家庭而言，亲情和睦才是幸福。生活中我只是长年累月做好自己的事，心无旁骛，波澜不惊。

做好事、画好画、出佳绩，如此我的人生将更有意义。一路走来，我不断地实践与总结，不断地感悟和体验，使个人的艺术理念、人文修养和精神品格得到了升华。慎思笃行，臻于至善。这就是我的情怀——热爱生活、热爱艺术、热爱大自然的人文情怀！

是为序。

2024 年 4 月 15 日

目录

Contents

第一章

童年寄情

一、童年拾趣

　　1970 年 4 月 15 日凌晨 4 点（农历三月初十寅时），急于出世的我等不及上医院便由接生婆在上海市浦东耀华路毛家弄 5 号，原南市区现打浦路隧道口边上一座建于清代嘉道年间的金氏祖宅仁德堂里接生（顺产重六斤半）。祖籍上海，门户豁达，家境殷实，世代通晓音律，祖父金子莲将江南丝竹技艺传至父亲金进福（1936—1999）即终。见旧藏"1951 年 11 月上海市土地房产所有证：沪 杨字 第 05995 号"地籍记录，有位于耀华路附近十多亩地产和数间瓦房，后于 1956 年公私合营。母周元丽（1939—1992）上海籍，大家闺秀，少时居于上海市山海关路洋房，毕业于民国时期办的上海正中女中，写得一手漂亮的毛笔字。虽生活在那个物资匮乏的年代，但我的童年中有许多欢愉、顽皮的情结，并乐此不疲地玩着那个时代的游戏——捉蛐蛐、钓青蛙、"拷浜"、粘知了、放风筝、打弹子、拍香烟牌子、打菱角、捉迷藏、养狗抓猫、"斗鸡"、抛空竹、练功夫、爬墙打架……累了便在晚上数着星星倾听着父母述说的老上海故事与家世。愉悦地穿梭在田野中认知大自然的甘露精华，儿时的童真趣事深深地浸润了我的灵气和对生命的感悟与激情，骨子里也静静地流淌着江南水乡所特有的机灵与腼腆。正是这种气质随着岁月的绵延伴我走上了漫漫艺术之路。

往事如烟，岁月留痕。只有数不完的童真逸趣，说不完的孩提往事。著名作家冰心在《繁星·春水》中写道："童年啊！是梦中的真，是真中的梦，是回忆时含泪的微笑。"念昔时生物空灵，树木葱郁，空气清新，碧空万里。春夏秋冬，望蓝天白云之变幻景象，夜晚仰望星空，任由那流星划过天际。留恋儿时那连绵的金色麦田，那潺潺流淌的小溪，那锦鳞欢愉的身影，那家严慈母的怜爱，那可爱又淘气的小黑猫，更挥之不去的是童年的记忆。这就是我的芬芳年华，童年的光影。我的神奇之梦，一个青春不灭的梦境。

人到中年，我心中常萦绕着一个念头，想把青年时期的手稿与习作整理成册，几近天命时不知不觉地竟也动起了追忆青春的念头。青春的记忆是多么的美好，那青涩率真，那怀春浪漫，那情真意切，都是那么的亲切自然！而今这一切都已成过往云烟，如黄鹤一去不复返了，留下的唯有只言片语和些许图像资料，让我在夜深人静之时重温昔日的美好。时断时续的片段影像忽隐忽现，朦胧间我仿佛又看到了那个在一望无际的金色麦浪中追逐着云朵与太阳影子的阳光少年；恍惚中似乎又见到了小溪边上那只五彩斑斓的锦鸡，待我俯身捕捉时却突然发出"噗"的一声响，直射天空飞向远方……偶然间我翻出一张四十多年前的老照片。我小时候的照片并不多，原因是我非常害怕照相。20世纪70年代的照相馆大多还是用"海鸥牌"老式手动大型落地方形箱式照相机，闪光灯是用镁及氯酸钾的混合粉末作为闪光燃料，使用燃烧镁的方法来发光的，所以称为镁光灯。摄影师一手拿着玩具逗我笑，另一手握着橡皮球的手动器，不经意间只听到"嘭"的一声响，冒出一团白色的烟雾，连带闪光，每次都会把我吓哭。最好的一张是1973年父亲抱着我拍的黑白相片。儿时的照片，仅有几张，弥足珍贵——泛黄的照片里述说着旧时光。

五六岁时，我热衷于收藏各种各样的塑封年历卡片，看到新华书店里有新出版的就买，一二分钱一张，有1977年的《我爱北京天安门》、1978年的《少数民族》《十大元帅》等，至今我还留存有《少数民族》《我爱北京天安门》等年历卡片。原来我的爱美之心和收藏爱好早在童年时代就已经萌芽。

小时候父母一直说我肠胃虚弱，平时要注意饮食习惯和保养。确实如此，一直到青少年时期我每年都会发几次胃病，特别是到了冬天或吃了油腻之类不消化的食物后就会胃胀气。人到中年后大概保养得当就没犯过什么病。我依稀记得五六岁时患过两次急性"肠套叠"，疼得满地打滚的情景，被送到北京西路的儿童医院后，医生拿出打气筒在我屁股里打了几下就不疼了，医生说回去后能放屁就是通气了。随后父亲顺便带我到天津路的"浴德池"里"汏浴"，刚一进门，只见那赤膊的干瘪老头凌空抛过来两块滚烫的毛巾："接牢！""浑堂"里人头攒动非常热闹。搓搓背，惬意啊！一身热汗后毛病也好了。然后用滚烫的热毛巾擦干身子，舒舒服服地躺在外厅热气腾腾的休息区，就着若干茶水点心，十分惬意地享受着幸福生活。那时购物都要凭票，如粮票、肉票、油票、布票、香烟票等。有一次家里买了几条带鱼，洗好后切成块状，再浸蘸上酱油放在竹篮里晾在窗台上。傍晚，大人准备油煎带鱼时发现带鱼少了，我大呼小叫："谁偷带鱼啦！"突然"呼"的一声，一条黑影蹿上屋顶。抬头一看，哇！家养的小黑猫嘴里叼了块带鱼飞快地逃走了。我身小灵活，立马翻身上屋顶便追了上去，猫口夺鱼，那年月这可是难得的美食啊！

说起小黑猫，那可是我最喜欢的小伙伴了，一直陪伴我度过了难忘的童年时光。记得有次邻家的一只大公鸡站立在大树旁的粪缸沿口上，只见小黑猫蹑手蹑脚地撅起屁股靠近蹲下，倏地一下就扑了上去，然而鸡惊飞了，它却扑空掉进缸里了，我见状赶紧冲过去把它捞起来往附近的小河里扔，哎哟！一条小溪都臭了半天。

昔日每当逢年过节人来客往是非常热闹的，跟着大人走亲戚时都会先去百货商店里买水果篮、鸡蛋糕点等礼品。那时的水果都装在镂空的篾竹篮里，一只"麦淇淋"蛋糕在亲朋好友之间互相送来送去，一来二去等到想要吃时打开一看都发霉了。还有在公交车上买车票或到商场、布店里购物等，营业员都会把钞票用夹子夹好——"噼里啪啦"声不绝于耳！只见钞票快速从挂在高处的绳子上滑到收账台，随后收银员迅速把发票夹上，又一阵"噼啪"声传到营业员手里，这也算是当时商店里收银的方法。虽说当时的生活条件比较艰苦，但是在父母百般细心地呵护下也倍感幸福和温暖，每每想到这里，我便情不自禁地热泪盈眶。最难忘的当然是昔日上海的寒冬腊月，几乎年年有大雪和零下冰冻的日子，下大雪时就算撑着油纸伞，穿再多再厚的老棉袄、老棉鞋也无济于事，直把人冻得钻心刺骨簌簌发抖。

　　江南的冬季是凛冽刺骨的，但水乡的温情并没有因为寒冷而失去她特有的灵气。过春节、闹元宵、放烟火、扔鞭炮、捉迷藏、打弹子、斗蟋蟀，童趣盎然。犹如鲁迅先生在《从百草园到三味书屋》中所描述他童年时在家中后院与学堂里玩乐的场景："油蛉在这里低唱，蟋蟀们在这里弹琴。翻开断砖来，有时会遇见蜈蚣；还有斑蝥，倘若用手指按住它的脊梁，便会'啪'的一声，从后窍喷出一阵烟雾。"那份天真烂漫的情感历久弥新，回味无穷。2016年7月27日，我在永嘉路的画室里有感而发乘兴画了一幅125厘米×154厘米的水彩画《百草园》，以此来纪念我多姿多彩难以忘怀的金色童年。

在每年的冬、春两季里，由于年幼气血不足，我那双被冻疮溃破的小肉手始终是肿肿的，又痛又痒。尽管如此，天性顽皮的我依然会从寒冷刺骨的小溪里捞起厚厚的冰块，噘着小嘴用麦管对着它吹出一个个小冰洞来，这确是无比欢乐的事情！我喜欢冬季的白雪，喜欢寒冬的凛冽，更喜欢冬天的高洁。一片冰清玉洁，令人心驰神往。

母亲在单位里非常勤劳，也是个"红人"，年年被评上"先进生产工作者"，她曾连续两届被选为上海市上海县（今闵行区）人大代表，时常下基层视察调研，平时工作特别繁忙，因此有时在单位里住宿舍。秋日傍晚单位宿舍的楼道里灯火通明，有一次我听到一阵蟋蟀的鸣叫声后便蹲在钢窗下墙缝里寻觅，猛地站起来，头便撞上了钢窗角，眼冒金星，顿时起了一个大包。哎！小时候的顽皮让头上不知磕出过多少个大包血疙瘩哦，那火辣辣的疼痛至今难忘。夏日里我听着杨柳树上"天牛"的利牙磨出吱嘎的声音，又害怕被它咬着，便把它的牙尖剪去一半，然后牵线放飞……顽皮的我一天到晚就想着怎么去玩，譬如钓鱼、捕青蛙、捞虾、捉知了、扑蝴蝶等。而红烧蟛蜞、田鸡、小龙虾和老黄瓜、茄子、丝瓜炒蛋等上海本帮菜也就成了我最爱的美味佳肴了。

我们金家三代的媳妇都姓周，正可谓机缘不浅。1976年，我的奶奶周林珍和姑妈金锦度相继病逝。我从小与奶奶生活在一起，她非常疼爱我，中风后长期卧病在床饱受折磨。白天，父母上班，他们为了避免学龄前的我溜出去玩耍闯祸，便把大门锁上了，让我与奶奶待在一起，等母亲下班回来后才开门，现在想来那是一段非常晦暗的日子。我的叔叔十六岁参军当了飞行员，一人当兵，全家光荣，每年家门上都贴有"光荣人家"的红纸。而我父母扛起了家里所有的责任，边工作边服侍老人，求医看病，还要带两个孩子，非常辛苦。父母终年劳碌，没有福运能享受到今天这样安逸美好的生活，想想真挺遗憾的。

小学一年级我读了三个学期，最后仍为五年级毕业。我原本进的是1977年春季班，读写的是"第二次简化字"课本，其中有不少还是异体字。1978年前我国实行春季招生制度，自1977年开始恢复高考、普及九年制义务教育。当时中小学生为了适应九年制教学的内容，重读半年，同时为了让入学新生与再读半年的学生班级同步，遂改为夏季招生入学。

一年级时，我去了离家很远的学校上学。放学后，常常等待父母傍晚下班后接我回家。我坐在父亲的自行车后座上，抬头望着星空遐想，黑丝绒般的天幕慢慢张开，繁星闪烁起调皮的亮眼睛。偶尔有一两颗流星划过天际，我便兴奋不已。到家时，天已经墨黑了，父母忙着开煤球炉生火煮饭，遇到阴雨天气，湿漉漉的煤球点燃后，升腾起袅袅青烟，呛得人睁不开眼。有时没办法了，父亲就在院子里用瓦片搭一个土制的行灶，拾些干柴来做饭。晚八点准时开饭，吃的也简单：咸菜豆腐、炒蛋、青菜或丝瓜蛋汤等，但在我看来这些都是美味佳肴。饭后我开始写作业，那年月家家户户常会停电，母亲就点上一根长长的白蜡烛，我趴在小桌子上，在昏暗又闪烁的烛光下继续做功课。

小学二年级，我每天花一个多小时独自步行五六公里回家，一直持续到三年级转学到家门口的小学为止。每天放学回家后第一件事就是淘米做饭，那时仿佛自己一下子长大懂事了，就想着为父母分担点家务，以此来感恩家庭的温暖，日复一日……每到周末就与邻家小伙伴们偷偷溜进附近钢铁厂里去喝"冷饮水"，顺便再到废钢车间的露天堆放场上去找宝物，这些可都是从全国各地收来的废钢烂铁，什么东西都有，不少还是真家伙，比如断剑、朴刀、机枪弹夹、炮弹壳、弹珠轮盘、各种机器零件等。因此那时手里有几件真器并不稀奇，譬如我用捡来的弹珠轮盘制成滑板，用铁钩推着铁环玩"滚铁圈"。有一次家门口马路边上洒落了一些带水草植物的化石，我也捡了许多带到学校里分给同学们。那时马路旁堆着一些很大的水泥管子，相互叠加了两层，这也成为我平时爬上爬下玩打仗游戏的庇护所。有次我捡了许多小石子躲在水泥管子里练习"打靶"，看到大卡车驶过就扔过去，结果不巧有一块石头丢在了老司机的头上，只见司机捂着脑袋下车大呼小叫地来抓我，吓得我连哭带嚎，最后还是由母亲出面赔不是打招呼。这种让父母擦屁股的烂事儿在小时候经常发生——闯祸坯！怪不得老人常说男小囝很难养。

1982年春天，母亲骑着自行车带我去电影院看《少林寺》，此情此景历历在目，从此我也迷上了武侠，练武术、气功等，不过后来武术没练成，倒是练了几年童子内功，外息止，内息生，这对于我青少年时期的智力与体格的开发都有较大影响。我自五六岁开始就有严重的晕车现象，记得小学三年级学校包了几辆巨龙公交车春游到上海郊区佘山，一路上晕得我七荤八素，真想跳车。以致每次学校组织春游或秋游活动时就像要了我的命似的，从不敢乘车出远门。我每次乘车遇到眩晕时就吐纳运气压下，十五六岁后就慢慢彻底好了。否则长大后我怎么能海阔天空自由自在地周游世界呢？

二、心存阳光

2014年6月15日是西方的"父亲节"，我在思南路的艺术空间里画了一幅全开尺幅（109厘米×78厘米）

的水彩画《向日葵》。这让我想起了20世纪70年代与父母生活在一起的岁月。小时候我喜欢在嘉道年间建造的老屋院子篱笆周围种上一排排向日葵、蓖麻、丝瓜等。从播撒种子开始便观察它们慢慢地生长，当葵花含苞欲放时也到了初夏时节。晨曦太阳刚露脸时，葵花便抬起头自觉地面朝太阳，从东到西，乐此不疲。我喜欢抚摸向日葵那毛茸茸的带有细刺的茎干，喜欢捧着向日葵的花盘微笑，喜欢闻着它散发出来的淡淡清香。而我的童年时光也在父母的呵护下过得阳光明媚。秋天葵花籽成熟，颗粒十分饱满。我摘下花盘，与父亲一起用手剥下葵花籽，随后便看着父亲支起大铁锅并放些粗盐粒、糖精片等，用铁铲开始"哗啦啦"地炒起葵花籽，不久空气中弥漫着葵花籽特有的清香，而我也迫不及待地抓起第一把新鲜喷香的葵花籽，倚在墙角边享受这春夏劳动的成果。

1936年出生的父亲金进福朴实厚道，善江南丝竹。早年曾在上海船厂、大中华橡胶厂、上海吴泾化工厂工作，后于上海求精电器厂退休。我从小就爱趴在他背上到处串门。每月一次的理发是我最开心的事，因为每次理完后他就会带我到饮食店里点上一两"锅贴"解馋，那个锅贴肉鲜皮儿香脆，吃得满嘴流油心满意足。有次在理发店里，有人带了竹笛起哄要父亲吹一曲。这是我第一次听父亲吹笛，因为在那个年月是低调行事的，这也是父亲从不教我的原因之一。而曾祖父金子莲就读私塾九年，为民国时期佩盒子枪的保长。他精于江南丝竹，方圆数十里授徒无数。江南的风土和人文孕育了丝竹之音的细腻婉约，成为江南人挥之不去的乡音和乡愁。我也为之心驰神往，以前家中的抽屉里都是老旧竹笛、折扇，客堂里还藏有拴红缨的长枪、大刀等。父亲说他的堂祖父文武双全，尤善轻功，穿上钉鞋环绕大瓷缸边沿走步却一丝声响也无……

1992年8月9日，我亲爱的母亲刚看到我初出茅庐的成绩时便因病去世了。母亲的病情发展得很迅猛，让我无法面对突如其来的变故，这使我一度压抑与悲痛万分。此后，我用了八年的时间才走出失去母亲的悲伤心境。至今仍令我非常愧疚和后悔的是在母亲生病期间我涂掉了给母亲画的油画头像写生。只因父母抱怨我把脸画得太黄，像生病的样子一般。母亲为此而伤心不已，责备我不该涂掉。或许我的人生注定会留下些遗憾，如此才能使心智逐渐成熟起来，可以从容地面对社会现实，养成独立生存的能力。陪伴母亲最后的日子是我一生中最难受煎熬的时期，难舍难分，身心俱疲。直到临别时为母亲穿上鞋袜送她走的那一刻，顿觉万物皆空。再回首，母亲那慈祥的音容笑貌永驻心头。

小时候我在家里的老红木衣橱里翻出一个碎花布包，里面是一条扁平状淡黄色的像人参干一样的硬块，我很好奇地问母亲这是什么？"这是你出生时剪下来的脐带"，母亲告诉我由于是午夜来不及送医院了，就请了邻居接生婆在家里接生的。怪不得我的肚脐眼很深没有结，原来是剪得过短了。她描述了当时生我时的场景，母亲叮嘱我将来长大后出海时把它丢进大海里，我也不知这是什么习俗缘由。1994年8月，我到浙江省舟山市嵊泗岛时带上了小布包，在海轮的甲板上眺望着广阔无垠的大海，想起母亲昔日的嘱咐，就把小布包从怀里掏出来，怀着一种神圣而又深情的仪式感，把它抛向了波涛汹涌的大海中。那一刻我深深地怀念着与母亲在一起的时光，带着我的理想和未来的期望，带着与母亲相连的血肉寄托（脐带）一起遨游于世界，血肉之情与大自然融为一体。世间母子连心，这是最纯真炙热的感情。世界著名艺术大师俄罗斯画家马克·夏加尔在他的自传中写道：

> 我们的内心世界就是真实，可能还比外面的世界更加真实。把一切不合逻辑的事称为幻想、神话和怪诞，实际是承认自己不理解自然。毕加索用肚皮作画，我用心画画。母亲对我的爱之伟大让我不得不用我的努力工作去验证这种爱是值得的。如果生命无可避免地会结束，我们活在其中，就应该用爱与希望为它上色。

忆起与母亲朝夕相处二十二年间的日日夜夜，心中不免又是酸楚万分，我把这份对母亲的眷恋和爱深深地埋在了心底。夜深人静时翻开了我 1992 年 10 月 31 日晚上写的日记：

《叶》

母亲突然走了，没有留下什么。

我要爬上乌云，想再看她一眼。

但，眼里只是模糊的一片叶子，缓缓地飘下来，落在我的脚旁。

母亲在的时候，给了我太多的爱。而今总算是留下了一些，因为您要我成为巨石！

而我，已经向它靠近的时候，您却只留下了那片叶子，带着忧虑！带着遗憾！走向那不属于我的天地间。

妈妈！您听见吗？儿子要与您讲许多讲不完的话，有永远说不完的心事。

而今每天忍受着孤独，只能对着天空，站在地平线上，呼唤您，妈妈！

请您放心吧，我会拾起那片叶子，植根在我的心坎里，让它生根开花！因为那是您给我唯一的遗产……

至今我都不敢多看这本日记，勾起了太多的辛酸往事。母亲离开我三十二年了，读至情深处，潸然泪下。

　　1997年的一天清晨，父亲脸色苍白地推开我的房门说要去医院，我急忙叫了出租车到瑞金医院急症室，医生诊断为"急性心肌梗塞"，必须马上住院。不一会儿人就不行了，医生叫我马上到急症药房去买一支7500元的德国链激酶（SK），我拿着处方单以百米赛跑的速度冲出去，买好后又折回交给护士快速打下，到底是进口名贵药，父亲慢慢缓过来了，第三天便由名医会诊做了心脏支架手术。十多万元的医疗费也曾使我拮据了好久，而疾病的折磨也使本来很健壮的父亲变得瘦骨嶙峋弱不禁风。1999年2月18日大年初三子时，天寒地冻，父亲终究还是倒在家中的大床上了。那一刻我才真正深刻地感悟到了生命的真谛与意义，古人云："树欲静而风不止，子欲养而亲不待。"七年间我目睹了父母相继离世的情景，经历了与父母的生离死别后，我对生命的理解和感悟更为深刻了——淡泊明志，随遇而安。"不以物喜，不以己悲"，淡化了对一些事物的欲望。感怀生命之脆弱而又短暂！生命本无意义，又因个体信念所赋予了存在的意义。由此我更加珍惜当下每分每秒的美好时光。

　　直到今天我坐在理发椅上面对明镜时，脑海中还是经常会浮现出我儿时的模样来，谁能想到昔日那个调皮捣蛋鬼长大后竟也成了艺术家。然而令我悲伤遗憾的是父母并没能看到我今天所取得的成绩，他们在我青年时代便永远离开了这个世界。子曰："君子务本，本立而道生。孝悌也者，其为仁之本欤？"因此我即兴画了这幅《向日葵》，是为纪念他们的养育恩情。《大学》所云："为人君止于仁，为人臣止于敬，为人子止于孝，为人父止于慈，与国人交止于信。"如今自己也已为人父，深知父亲肩头的责任。可喜的是我的女儿也非常喜欢吹笛子，不过她吹的是西洋长笛。从小到大，女儿几乎每晚睡前都要让我给她按摩。看着她幼小的背影，眼前总是会浮现出儿时父亲驮我在他背上的情景。真是人生代代无穷已，江月年年只相似。我非常珍惜这份天伦之乐，但愿爱女也能像我一样，心底永存这份美好的童年记忆！

现今的我依然会在绝大多数的时间里沉浸在自我的空间中，思考着这个复杂而多元的世界，孜孜不倦地做着自己喜欢的事情。我承认我的情感世界非常丰富，所欲表达的语言和方式也极其繁复。作为艺术家，我始终认为自身所要表达的思想一定要符合社会与普罗大众的审美取向，这也是我创作的思想基准。因为，没有深厚的文学艺术修养与深刻的生活积淀是画不好画的，没有良好的道德品行更是出不了佳作的，没有坚持不懈的努力与勤奋也必将功亏一篑，没有健康阳光的心灵必定会误入歧途走向深渊。不断地实践与学习，不断地思考与反省，不断地坚守自己的理想，这样才能成就大器。然而成功是相对的，当你觉得成功的时候，其实离成功还有相当一段距离；当你高高在上成就非凡时，或许已到了下坡路的拐点，高处不胜寒了。因此唯有反复实践、反复体味生活所带来的各种乐趣，心存阳光和善良，时常拥有一颗感恩的心，也许你会变得阳光灿烂起来，由此离真正的成功也就不会太遥远了。

Chapter 2

青春情怀

第 二 章

一、青春记忆

1. 壮志凌云

青春的记忆，青春的悸动，青春的梦想！我的青春跨过了一个世纪，是际遇，是巧合，是天时，是地利，是人和！我是青春一代的艺术家，所表现的俱是青春的题材，或青涩，或浪漫，或甜蜜，或惊颤，或幽静，或纠结——是我的所感所悟！

从小我就梦想成为一个画家。对绘画的喜爱与生俱来，我到处涂涂刻刻，抹抹画画。在粉笔头上用小刀刻出各式脸谱；用铅笔在客堂间的石灰墙壁上画素描《卧牛》，栩栩如生的形象引得邻家小伙伴沈福生惊讶地追着我问是不是我画的。

20世纪80年代初，我读初中了，有一次上美术课时国画家陈辉老师对大家说："我发现你们中间有一个绘画新秀！"因为我的美术作业完成得非常出色。至今我还保留着十四五岁时画的钢笔线描人像《唐朝僧人：一行》，前几年在"微信"上展示后得到了众多评赞。从那时起我便暗暗立志，此生欲与艺术相伴。我四处拜师学艺，走街串巷到处写生。

20世纪80年代中期是我人生最美好的时光，我心稚嫩，憧憬朦胧。一种莫名的力量驱使我喜欢上绘画，热爱造型色彩的艺术。中国"八五新潮"的渗透力影响了我这个还不谙世故的少年。我背着画夹到处拜师学艺，要有学画的地方我都想去，如青年宫、工人文化宫、青少年艺校等，从早到晚一画就是十多个小时。

1987年上海戏剧学院的李玮教授带着我们二十余位在企事业单位工作的基层美术爱好者一起去绍兴写生。当时在济南路17号上海青少年艺术学校兼课的李玮老师叫我组织带队，并到原人民广场买好火车票后通知二十余位美术爱好者一起去绍兴写生。这种锻炼对我的成长很有帮助，少年老成是从那时开始逐渐磨炼出来的，至今仍记忆犹新。我们一行坐着"乌篷船"，从柯桥一路到柯岩，再从绍兴返回。我们在柯桥写生时也有一群来自浙江美术学院（现为中国美术学院）的师生，一位四十多岁的老师问我从哪里来，我说："我是业余的，来自上海，老师是步欣农。"他说："哦！认识的，是校友。"我见他在画速写就凑了上去想问，不料他说："我在忙呢。"呵呵！老师的派头很大，当然我也很识趣就跑开了。随后大家叫了几艘乌篷船一直摇到柯岩，数天后我们从绍兴回来途经杭州西湖边写生，中午我与两位画友在杭州楼外楼饭店里小酌一番，乘兴而归。

我背着装满画稿的画夹，闻着泥土的清香，呼吸着清新的空气，浑身洋溢着幸福感。我非常享受与大自然

| 融光·天和：情怀 |

融为一体的美妙感受，走起路来也是一蹦一跳的，非常欢快！而我的艺术之路从那时起就深深地扎进了大自然清新芬芳的乡野中。大自然是我灵感的源泉，铸就了我质朴灵动的艺术气质。

青少年时期对我影响较大的是上海大学美术学院的步欣农教授与上海戏剧学院的李玮教授，没有他们的启蒙教育，我也不会很快入门，并打下了扎实的绘画基础，就连我读初中时的班主任丁志文老师也很惊讶——这个"闷皮"且成绩平平的学生怎么能考上大学了！初中时我的学习成绩一直处于中下游，在教室里的座位一直是最后两排，平平淡淡到没有任何可以夸耀的情节。毕业后也只上了一所普通的中等技术学校。不料几年后我竟然意外地考上了大学，当我父亲在路上碰到初中的班主任丁志文老师时，他也感到很惊讶，因为那时高考的录取比例只有百分之二十。

2017 年春，我有缘与比我年长十二岁的画友吴伟富先生重逢，心情甚是愉悦。至今我还保留一张《朱家角》的速写，落款是 1987 年 6 月 27 日。我还清晰地记得昔日的写生场景，周末我与吴伟富相约在人民广场乘长途汽车到上海青浦朱家角写生。那日骄阳似火，我们开始对景写生，正当午时老吴实在忍不住去买了顶红色太阳帽戴上，我嫌难看就不要了。小镇家家户户屋顶上竖着电视天线，也算是当时江南水乡中具有时代特色的一道美丽风景线，密密匝匝煞是好看，就连在画面上也不得不把它们添加上。午饭时花五六元钱就可以吃得满嘴流油，有鱼有虾的。清晨炊烟袅袅，有乡音浓郁的叫卖声，有挑着新鲜蔬菜的农人村妇，浓郁的乡土气息令人回味无穷。那一派幽静清新的江南水乡风情至今仍在眼前浮现。而随着社会经济的飞速发展而改造变化后，如今的朱家角已全然找不到昔日江南水乡那种幽静馨香的韵味了。

小桥流水人家，晨曦袅袅炊烟鸟语花香。夜晚蛙声一片，蛐蛐长吟。犹如莲花一般的纯净乡间，如此清新而自然。追忆少时在朱家角、南汇、嘉定、西塘、绍兴、柯桥、周庄、常熟、无锡、杭州等地采风写生的岁月，感慨无限。少年立志，磨砺性情，坚韧的品性始终伴我健康成长——迎接未来。

昔日上海大世界青年宫、青少年艺校、工人文化宫等地都曾留下我拜师求艺的足迹与汗水。20 世纪 80 年代中期，我的启蒙老师步欣农教授把我领进了艺术之门。记得先生那时身板非常硬朗，人称"大步"先生。岁月荏苒，一晃三十多年，1939 年生的步先生已八十多岁了。2012 年他到我思南路的工作室小坐，心情甚是舒畅。见到"大步"先生，让我想起了过去的点滴光阴，而其子步如雷在美国也早已成为著名油画家，收了不少学生，得了许多艺术奖项。

偶尔翻出了那个年代的老照片，我情不自禁地感叹着青春岁月的美好。想起 1984 年全家幸福地一起坐在"飞跃"牌黑白电视机前收看央视春晚节目的情景——张明敏演唱《我的中国心》："长江长城，黄山黄河，在我心中重千斤，无论何时无论何地，心中一样亲……"顿觉一股暖流涌遍全身，如电击一般的震颤。

2. 求知若渴

1988 年 4 月 15 日，我十八岁生日，那天我身着黑色西服在卢湾区打浦桥的人民照相馆拍了两张黑白照片，留下了弥足珍贵的青春之影。同年我的三幅作品素描《拉奥孔》、水粉静物《蟹趣》和水粉风景《上海外滩》参加了在上海美术馆举办的"第二届上海美育节美术、书法展览"，这是我首次参加省市级美术展览，也是作为我自青少年时期以来坚持学习绘画的首次汇报成绩，给予我极大的鼓舞与信心，同时也坚定了我追求理想步入从艺之路的初心，萌生出辞职考大学的念头，而当时的大型国营企业是没有辞职概念的。

历史上几乎大多数画家的艺术经历都是丰富多彩、曲折艰辛的，对我而言也是如此。可以说我年轻时的从艺经历是极其坎坷与困顿的，这种经历似乎与 20 世纪五六十年代出生的人如出一辙。命运如斯，十七八岁的我青涩懵懂，不善言语，从中等技术学校毕业后进入上海第三钢铁厂机动处做了一名技工，也早早地在生活中得到了磨砺。虽然外表看上去年轻得像个"童工"，但是我却持有上海市劳动局颁发的铆焊专业技术中级（四级）证书，那时我的月薪已超过一百元，而一般的初级或学徒工才几十元，这在计划经济时代已经非常好了，连老师傅也不能小瞧我。当时工人们根深蒂固地认为知识是无用的，知识无用论在当时非常流行。当他们知道我想做画家的理想之后，有些老师傅好心劝我："你还在瞎折腾什么？等你成老师傅了就是八级技师！""我想成为画家，这是我的梦想，这难道可笑吗？"机动处的领导也知道我的绘画特长，处里团委书记也时常叫我帮忙出黑板报等。有时我到厂工会美工组去找工人画家王生南老师讨教与观摩作品，有缘的是二十多年后他也成了我出版社组稿的作者，真可谓是良师益友。当时的我，每天闻着呛鼻的气味，与乙炔和氧气瓶打交道，枯燥无味的机械轰鸣声和电花飞溅的日子并没有磨灭我心中的理想。大多数的同龄人开始谈婚论嫁，生儿育女奔小康，求稳定，并不高谈理想与未来。然而我对生命的感悟和敬畏就是在那样的峥嵘岁月中生成的。培根说："知识就是力量。"唯有求知学习才能改变人生命运。

前两年，我看了一部电视剧《我们的80年代》后非常感动。剧中20世纪80年代与我同龄的青工们在北方大钢厂中的生活故事让我产生了强烈的共鸣。回忆起三十多年前曾在黄浦江边上的上海大钢厂中工作与生活的场景，那是多么亲切自然，犹如身临其境一般。2017年岁末，我又看了一部电影《芳华》，文工团的文艺兵大多生于20世纪60代初，他们的芬芳年华故事引人入胜，尤其在对人物刻画和人性的演绎与思考上都是可圈可点的。我出生于1970年的艰苦岁月，相似的生活环境和工作经历让我感受颇深。1984年，儿时的邻居玩伴李小强复员了，他告诉我："刚入伍就南下赴前线了，所在连队里几乎都'光荣'了，北方兵最勇猛，'光荣'也最多。我因水土不服患重病一直在后方医院里治疗，否则你也看不到我了。"他只比我大六七岁，却过早地经历了一场生与死的战争洗礼。1987年，中央电视台春节联欢晚会上由一级战斗英雄徐良与歌手王虹合唱的一首《血染的风采》传遍了祖国大地……想起那年春节，大家在车间里排队分发大青鱼和红肠等年货的情景；那满身油腻的白色帆布工作服、藤编安全帽；那可以切割厚钢板的乙炔、氧气割刀和梦中经常显现的点火时乙炔管回火爆炸的幻境；那绚丽飞舞的焊花飞溅入皮肤后的痛楚；那火红滚烫的焊条掉进"大头"皮靴里时的尖叫与刻骨铭心的疤痕。记得站在钢板上感受着36伏的弱电流通过全身的刺麻感和欣赏着平炉钢花喷溅时迸发出的璀璨光芒，以及不顾一切地走进大学和逝去的青春悸动……所有的这一切困顿与迷惘激发起了我对未来美好人生的向往，让潜在的求知欲在内心深处逐渐地积聚膨胀，促使激情四射的血液沸腾起来去加倍地努力学习，以此冀望能改变自己的人生境遇和轨迹。

3. 追逐梦想

这种人生经历是难能可贵的，我庆幸在那个时代和那种十分艰苦的环境中得到了锻炼，磨砺了钢铁般的意志。直到如今我还会偶尔在梦中听见"哐哐"作响的金属撞击声，并在高耸宽阔的钢厂车间里往返穿梭着。至今我还记得白天上班和晚上去夜校补习功课的情景，可以说那段时间为了美好而纯真的理想真的比较"拼"！儿时那种强烈的求知欲和"画家梦"的情结莫名地驱使着我向艺术一步步靠拢。当我向父母提出了我的想法与梦想时，父亲沉静了很久才抬起头对我说："我们支持你的梦想！这个非常危险的工作，或许真的不适合你，你还年轻有希望，也有权利去追求梦想。"须知在 20 世纪 80 年代能在二三万人的大厂工作，那是何等的荣光。1988 年 11 月，我慎重而坚定地把辞职信递交给机动处的处长，表达了我要考大学的想法和理由。因为当时的高考政策是高中历届生和"待业青年"可以报考大学，在职员工必须得到单位批准后带薪考大学，当然我是没机会得到这个待遇的。所以我只有辞职后把个人档案材料退到街道，以"待业青年"身份报考大学。递交了辞职信也未获同意，机动处处长很惊讶："你是我们这里第一个提出辞职的员工！"后来母亲找了亲戚周志光副厂长才解决，此后我再也没碰过焊枪和氧气割刀。为了梦想我下了很大的决心、付出了高昂的代价，退赔了2700元培养费才换来"自由身"，至今我还保留着这张赔款发票，作为永远的青春记忆。那时还是"万元户"的时代，这笔巨款可是一个家庭几年的积蓄，父母的全力支持成就了我的梦想，让我受益终身。已无任何退路可言的我每天通宵达旦地在家复习功课以应对高中会考。由于要参加高考，便到永嘉路上的中国中学报名参加"高复班"学习。谁承想二十八年后，我的女儿也在这同一座校舍里读初中（现为上海市第二初级中学校区），并且我的艺术工作室也位于永嘉路35号的上海文化广场边上，这难道不是一种机缘巧合吗？功夫不负有心人，最后我一路过关斩将连续通过了政治、历史、地理等三门高中会考和4月的美术高考、7月的文化高考。20世纪80年代末我终于以上海前三名的专业成绩考进了上海师范大学美术系。那天我去上海市南市区高校招生办公室拿录取通知书，回家途中恰巧碰到了我的中学美术老师陈辉先生，这位点燃我心中梦想的国画家非常高兴地握着我的双手，祝贺我取得的成绩。站在黄浦江的渡轮上，我揣着刚收到的录取通知书，抬头望着黄浦江上展翅翱翔的海鸥，思绪万千。

情景再现，青春无悔……

4．逐梦芳华

那年我们初中毕业了，那年我们没有留恋，那年我们没有道别，那年我们只有青涩，那年定格在1985年初夏。

2015年金秋，我们又从四面八方相聚在母校上海市洪山中学，凝聚了三十年的感怀在此刻喷涌而出。三十年来我们每个人都用心地编织了一个悠悠的梦幻网，就像一棵繁茂的千年松柏，长出了许多树杈，有的粗壮，有的绵密，各有千秋。从豆蔻年华到不惑之年，我们经历了太多丰富曲折的事件，有美妙的，有苦涩的，有甜蜜的，也有辛酸的。而今我们都已成为祖国的栋梁，社会的中坚，家庭的主心骨。那年我们是条风雨小舟，而今我们组合在一起，就是一条航母战舰。青春无悔，青春值得留恋。泰戈尔说："当青春的光彩渐渐消逝，永不衰老的内在个性却在一个人的脸上和眼睛上更加明显地表露出来，好像是在同一地方久住了的结果。"

今天你我又相见了，大多是三十年前匆匆一别后从未谋面，彼此的容颜也都经历了岁月沧桑的洗礼，也许彼此会依稀找到儿时天真的脸庞，也许变得面目全非了，不过只有一个特征是不会有大的改变，那就是你我的声音历经岁月依然可辨，你我的同窗友情千年常青。记得那时我们的班主任丁志文老师倾心倾力来塑造我们稚嫩的心灵；王树刚老师是多么英俊潇洒，更是女生们的青春偶像；王小芳老师像慈母般地指引着我们的行为操守；周永祥老师不厌其烦地教授我们化学配平。感谢学校和老师们辛勤地培养我们这些调皮的捣蛋鬼与乖巧可爱的花朵们。

今天我们又相聚了，让我们相拥共叙友情，感恩师情，感谢母校；让我们畅想未来，共享硕果。将来让我们的儿女们组建成更为强大的舰队，去编织一个更为美妙浪漫的梦。

弹指一挥，三十年就这样悄悄地从指缝里溜走了。岁月荏苒，三十年后我重回母校，看到昔日的教室、体育馆、操场时，顿觉心潮澎湃。

二、青春之恋

1. 青春悸动

2001 年夏季，当我在新疆喀什卡拉库里湖骑着马、远眺着帕米尔高原、欣赏着海拔 7546 米高的"冰山之父"慕士塔格峰与色彩变幻无常的高原湖泊时，豪迈之情油然而生。一边感受着浓郁的塔吉克族风情，一边回味着昔日那斑斓绚丽的熟悉的光影——那是多么的自豪和幸福！

2014年，我作为上海师范大学校友会理事很荣幸地受到了母校的邀请，我的油画作品参加了"纪念母校60周年大庆暨美术学院校友艺术展"。2017年至今我被续聘为上海师范大学校友会理事和美术学院校友会理事。20世纪80年代末，是大学校园让我们这些出生于60年代末至70年代初的"天之骄子"相聚在一起，每个人都充满着对未来的憧憬与对知识的渴望。有顺境，有逆境，有欢乐，有痛楚，然而留下更多的是激情。三十年后我们又从四面八方聚拢在一起，如果用坐标来记录每个人的生活轨迹，那么我们早已将"地球仪"涂抹得满满当当，红红绿绿，金光灿烂；三十年后我们又回到原来那个充满青春活力的原点，一切还是那么美好。生活还在继续，聚散离合，更让我们珍惜当下美好又幸福的春夏秋冬，让我们的青春岁月永驻心间。想起三十年前的我还是那般青涩，青春还是如此美好，那种青春的悸动至今仍令人难以忘怀。想起我第一次踏入校园时是如此的清新而富有朝气；第一次进美术系办公室见到的是著名画家谷岚教授和张培成教授；第一次在操场排队指挥的是任丽娟老师；第一次进教室迎接我们的是刚从浙江美术学院（今中国美术学院）版画系毕业的年轻班主任赵建人老师；第一次教我们色彩的是著名油画家贝家骧老师；第一次上人体解剖课的是俞云阶先生的爱女俞歌老师；第一次教授人体课的是著名油画家王向明老师，而今我还保留着第一幅人体油画作品。记得我画的第一张人物素描写生《顾银根像》挂在教室里的墙壁上后，美术系的专业老师们都纷纷评赞："画得好！"我的素描、色彩作品皆为90分以上，因此美术系主任谷岚教授也非常器重我。我怀念那逝去的青葱岁月，留恋在上海师范大学的点滴光阴。有青春，有朝气，有喜悦，有遗憾，有失落……硕士生导师、美术学院的院长、著名油画家徐芒耀教授和俞晓夫教授等的授课和教诲至今历历在目。道器变通！我还是坚持走自己的路，因为技术是为思想服务的。莎士比亚说："青春时代是一个短暂的美梦，当你醒来时，它早已消失得无影无踪了。"艺术要耐得住寂寞——坚持与开拓是我不惑之年后的主要方向，我相信我的梦是多彩的，不为变而变，一切顺其自然。

2. 青春理想

20世纪80年代末大学的时光与那种青春的悸动是刻骨铭心的，记得著名油画家贝家骧、王向明老师对我颇有帮助和影响力。毕业后我进入上海新南中学任美术教师，其间领导准我上午到上海大学美术学院进修，下午回学校教书。1992年我参加了上海美术家协会主办的

"纪念毛泽东《在延安文艺座谈会上的讲话》发表50周年美术大展"，然而此时慈祥的母亲却不幸患病，不久便离世，这对我的打击很大。悲痛之余我花了半年时间调整心境，振作精神继续追求，做艺术家的梦依旧。1993年我的油画作品先后入选"第四届上海青年美术大展"、"'93上海油画展"，但此后我的境遇一直欠佳，也许是所谓的"蝴蝶效应"吧。回想20世纪90年代我的生活是非常艰辛的，大多数时间都是边学习边画画。辞去中学美术教师后工作也一直不很稳定，1994年先后入职第一师范学校的美术教师、第六师范学校的美术教师、《人才市场报》的美术编辑、广告公司策划编辑等，并在1995年参与策划宣传"荷兰阿姆斯特丹皇家管弦乐团访沪演出"、"第八届全运会"、"'98上海旅游节"等国家项目，所有这些都是为了生存。而其间经历的事情也很多，往事虽不堪回首，但得到的却是难得的宝贵经验与智慧，足以享用一生。

2003年1月由刘海粟美术馆编、上海画报出版社出版了《青年画家丛书——金国明》，2004年6月上海人民美术出版社出版了《国明的世界——金国明油画》，主要刊登了我20世纪90年代的油画作品。2004年《画刊》与2005年《美术天地》《美术报》等报刊以较多版面着重介绍了我这段时期的代表作品。1999年"上海青年美术大展"展出我1996年创作的《火跃》和上海教育电视台《诗情画意》栏目播出纪录专题片《西方技术　东方灵魂——金国明的油画》。其中每一幅作品都记录了我的生活轨迹，因为我与自己的画做过明确深入的对话。我常常会面对空白的亚麻画布，还未及构思便用浓重的油彩涂鸦上了一笔，就是这充满感性色彩的一笔决定了将要诞生的作品，色彩与笔触融合了我所要表述的主题思想，恍惚中凝视着色彩、线条与符号之间的链接，这是一个复杂而又感性的创作过程，也是一种理性和非逻辑性思维的组合，而所谓的合理与常规并不重要，此时长年累积的经验却格外显现，用厚积薄发一词来概括十分恰当。我喜欢做梦，有夜梦、白日梦，红色的、蓝色的，浪漫的或超现实主义的梦——挖掘残留在记忆中的各种事物形态的痕迹，并有意无意地填充在架上的亚麻画布上，与画布相互交流。

1989 年 11 月 13 日，我的一首超现实主义的诗引起了大学同窗们的强烈兴趣：

《天上有一个月亮》

地球本来就是圆的，我偏说是方的。

天上本来就只有一个太阳，我偏说世界有无尽。

最后，大自然把我狠揍一顿。

不慎！跌了一跤，失声说道："哦！天上有一个月亮。"

恍惚间我的视线渐渐地模糊起来，仿佛回到了1989年的金秋时分……那年我们正值青春年少，十八九岁的你我相遇了。是命运使然，是机缘巧合，注定我们会相聚在一起，共筑一个梦，共创同一个青春理想。那年我们见证了岁月的风云变幻，那年我们有"天之骄子"的美誉，那年我们有无尽的想象与创造力。

10月9日，在那个初秋晴朗凉爽的清晨，我们背着行囊从四面八方赶来，跨入梦寐以求的上海师范大学美术系，然而我们所见的并没有像电影《致我们逝去的青春》里描述的那样有学长引路，却非常期待大学生活的林林总总，期待有一份属于自己的情感体验。所以我们都很努力地去学那粗犷而又蹩脚的舞步，穿梭于沪上各所大学校园。青涩是我们的弱点，因此我们得到的大都是没有结果的爱情故事。没有故事不等于没有激情，我们那滚烫躁动的心灵早已融入了那悠悠的青春岁月。曾有谭欣同学"抛砖引玉"的故事，还有"东三"宿舍美术系与中文系学友"火并"摇滚乐的事件，那震耳欲聋的崔健摇滚乐至今还会在耳旁回响。记得我们用镜子折射对面东四女生宿舍窗口的"黄衣服"女生，引来校卫队的盘查；我们每天走在东部大食堂的小径上欣赏美少女的绰约风姿；我们把自行车改装成花里胡哨的前卫艺术车；我们在东部校园陶行知塑像边搞所谓的"纪念凡·高"的行为艺术；我们在画室里的欢声笑语——青涩、反叛、自我、孤傲糅杂在一起。更想念我们钟爱的一毛钱一个的汤包和美味点心，以及我们外出写生时那无穷无尽的浪漫时光。这就是我的大学，这就是我们青春浪漫永不言悔的风花雪月，这就是我们20世纪80年代大学生的风采。三十多年同窗之情，此景真，此情浓！不管当年彼此有何芥蒂，而今都成为美好的回忆。俄国哲学家维萨里昂·格里戈里耶维奇·别林斯基说："青春在人的一生中只有一次，而青春时期比任何时期都更强盛美好。因此千万不要使自己的精神僵化，而要把青春保持永远。"回忆不是初衷，是追求真、善、美！因为我们依旧是属于那个时代的"天之骄子"。

3. 憧憬未来

20世纪90年代我的创作具有超现实主义与表现主义的风格，青春的悸动与活力左右了我的思维方式。1990年元旦，我回家过节期间灵感闪现，创作了四幅类似铜版画效果的具有超现实主义风格的钢笔画手稿"世末惊星"系列（1999年"时代风采·纪念上海解放50周年美术作品大展"参展作品），不久便放在上海师范大学西部校区的橱窗栏里展出，受到了师生们的赞誉，当时刚留校不久的胡亚强老师就站在我的画前赞不绝口。随后我又画了不少类似的手稿，大多发表在《国明的世界——金国明油画》一书中。这些手稿在今天看来，我仍然觉得是得意之作，从中可以看出我后来的创作思维模式。那年我绘制的巨幅水墨纸本设色《凡·高像》后来挂在上海师范大学学思桥边的陶行知雕像旁，与同学们一起搞所谓的行为艺术，结果被美术系领导点名批评。这是否就像现在流行的当代艺术？这幅纸本彩墨对我来说意义深远，2018年元月我把这幅画重新修复并托裱在簇新的亚麻布上打算长久保存，作为永恒的纪念。遗憾的是在1996年搬家时我把一些自认为不满意的油画给烧毁了，其中有数张大幅的油画创作以及一些肖像油画习作等，如油画《存在者》应该都是较好的大幅作品；还有些作品借给别人后一去不复返了，期待将来再相见，因为它们记录了我的那段精神世界和生活经历。1990年12月17日我为油画《存在者》作序：

　　　终于在那天与你相见，不久，又都各自离去。

　　　为什么？为的只是失去的那一部分？

　　　可怜的人，难道你有不朽的功绩？有天生的能量？

也许你会使万物生灵在一瞬间消失。

听！红色的恐怖又在原始森林里歌唱。欢笑声，

催起了我乞求的声音。发狂！真的要发狂！

音乐，又在耳边吹起阵阵刺耳的吱嘎声，忽而又泛起了软绵绵的肥皂泡沫。

远处，蓝蓝的天空飘起了朵朵白云。

还有那金黄色的月亮，点着了繁星，那是力量的象征。

不管怎样对我，我都会接受，也会傻傻地说一声"不在乎"，其实空灵的心席卷了全身……现实，回到云层中，那里有叽叽喳喳的小鸟，有魔鬼的茅草屋。而只有在那里，我的灵魂才能得到抚慰，才能体现一个有灵魂有思维的人。终于在那天，在一个偏僻的角落里，你我又相遇了，但是无言的冷漠替代了一切。不为什么，因为那是一个远远的地方，一切都很陌生，也终于在那个昏沉沉的夜里，我逃脱了……

那些无厘头的文字具有达达主义的思维模式，这种思维模式对当时的我影响颇大，阅读了许多关于西方哲

学、人物传记、艺术、心理学等方面的图书，由此我创作了一系列的具有超现实主义思维的油画作品。

1990 年，我们这群怀着美好理想与憧憬的大学生去安徽歙县、黟县、太平湖、齐云山等地写生。住的是五毛钱一晚的民宿，吃的是健康环保的农家小菜，想起吴刚同学嘴馋，顺手拿了农家旅店碗橱里的一碗红烧牛肉分着吃的情景……回沪路上，途经嘉定南翔，大家几乎花光了所有的零钱，除去车钱后，用剩下的买了几两小笼包，只能一人一个充饥。而弥足珍贵的是我保留下了一张当时在嘉定古漪园内拍摄的同学集体照，使这份友情、这份青春记忆得以永久清晰地留在我的思绪中。至今我还十分留恋那挥之不去的青春时光——山色青翠烟雾缭绕，飞鸟翻飞银鱼腾跃。

1991 年，我在大学期间到上海市南市区敬业中学实习一个月，当年班级里 1977 年左右出生的初中生到现今也已过不惑之年了。1991 年 5 月 31 日与同学们临别时，初二班的班主任戎丽菲老师和全体同学送给了我一本签名的相册，扉页上用钢笔工整地写了一位同学的一首长诗：

《担心》

你，你担心那走上讲台的第一步是否笨拙可笑；

你担心那激动的红晕是否会不安地跃上你

的脸；

你担心那歉意的第一句话是否发颤；

你担心那五十四双雪亮的眼睛中的你是否太嫩。

每一次的担心，都在五十四双眼睛里找到了火一般的答案；

每一次的担心，都在五十四个笑容里找到了迷你裙般美妙的答案；

每一次的担心，都在五十四句话里找到了月光般柔和的答案；

每一次的担心，都在五十四个身影里找到青松般挺拔的答案。

别担心，那眼睛回答你，第一步总是笨拙可笑，但第一步便亭亭玉立了；

别担心，那笑容回答你，激动的红晕虽然滑稽那也是纯真的表白；别担心，那话语回答你，别怕那发颤的嗓音，因为它也是起步的节奏；别担心，那身影回答你，你一点不嫩，因为你永远英俊，潇洒！

敬业中学周哲婧书

1991 年 5 月 31 日

真难以置信，一个初二学生会写出这么好的诗，每一次看到这本相册，我真盼望有朝一日能见到他们，寻找那五十四双眼睛里所期盼的答案。

时光飞逝，昔日的"巨龙"公交车换成了"中运量"公交车。如今只有中华路、大兴街附近仍保留些许老南市的旧貌……其实青春的记忆早已在那时就留下了深刻的印象。在那个年代我们充满了对未来的憧憬，青春的悸动让每一个生活在那个时代的青年都有所感触。几多风雨几多愁，蓦然回首，我依然伫立在青山绿水间，坚守着那充满理想主义的艺术之梦，而属于我的青春之歌也发端于昔日那忘不了的点滴情怀。恋旧是本性使然，而今我在不经意中竟也寻找到了青春的源头。

在 2011 年 9 月 16 日的上海艺术博览会上，著名油画家黄阿忠教授在我的集子上欣然题道："苟日新，日日新，又日新！"周培德教授题写："祝国明艺事发达，画艺日新月异！"著名旅美油画家陈逸鸣先生则写下"后生可畏"四个大字。著名旅美画家徐健国和画家王邦雄教授看了我画册上的这些手稿并题字。徐健国先生题："清、真、趣、奇，读国明手稿有感。"王邦雄教授题："诗与思。"他们非常欣赏并解读了我 20 世纪 90 年代的绘画作品，认为我的手稿很有价值，鼓励我继续努力创作。

三、青春之歌

1. 初出茅庐

20 世纪 80 年代末，做了"天之骄子"就算是抓住了人生最大的机遇之一！紧跟上时代发展的步伐，从此我也顺理成章地迈出了艺术人生的第一步。我大胆自由地做起艺术梦来！我喜欢做"梦"，而"梦"作为创作主题一直延续至今。我自诩在考进大学时的绘画技巧已具备彼时美术学院高年级的水准了，尤其是通过学院的刻苦训练和努力学习后，我的基本功也打得越发扎实了。自以为在社会上闯荡过，不自量力地做起青年画家梦——狂妄自大、青涩自恋是通病，为此也吃了不少苦头。不过做画家的梦想依然强烈，艺术活动也开始小有成绩，逐渐参加了一些上海市美术家协会举办的美术大展。大学毕业后我继续到上海大学美术学院、中央美术学院、上海油画雕塑院进修学习，我的素描、油画人体写生均达到了较高的水准，也经常受到老师们的关注，如廖炯模、步欣农、章德明、金纪发、黄阿忠、姜建忠、李朝华等。当时我画了许多油画写生，其中静物《红石榴》得到了著名油画家杨参军教授的赞扬，《美术报》的著名策展人谢海对我说："杨参军看了画集《国明的世界——

金国明油画》后说这哥儿们画得太好了！"那时我的画风还是具有中国新古典主义的学院气息，细腻、写实，每幅油画作品所付出的心力相当多。

1992年，我的油画《何叔衡——还看今朝》参加了"纪念毛泽东延安文艺座谈会上的讲话发表50周年暨上海美术作品大展"（上海美术馆）。时年二十二岁的我创作的这幅画很新颖，运送参展作品那天我花了二十八元叫了辆夏利出租车把画送到南京西路的上海美术馆收件处，不巧在搬运时画面被碰了一下，画面局部有点刮"花"了，我很焦急地向美术馆的学术部主任胡志荣先生借了油画工具当场修补。也很有缘分，2016年10月，刘海粟美术馆推荐我与胡志荣（2000年病故）、陈逸鸣、黄阿忠等六位上海油画家参加"直面冲击——长三角地区当代油画作品学术提名展"。彼时之景历历在目，精神上的追求难能可贵。

1993年，我创作的油画《世纪惊星》入选"第四届上海青年美术作品大展"（上海美术馆）。油画《冲击波》也是我当时的代表作之一，我花了三四个月才完成此作，画面传达了我当时的理想与激情——艺术之梦。三十年来，我在发展、在变化、在奋进，相信《冲击波》的余波将会贯穿我的一生，也许再过三十年后看这些作品时我依旧心神荡漾感慨万千。

同年初春，我精心创作三个多月的油画《大红气球飘呀飘》参加了"'93上海油画大展"。画面隐喻了我当时的心绪和境遇,青春年代的我渴望出国深造,终因家境变故而无法实现。画面中间的皇帝形象寓意自我,背后的飞机轰隆作响令人浮躁不安,中西方的文化冲突影响着我的思维方式,矛盾与探索的精神使我的青年时代充满了变数。

时逢 20 世纪 90 年代上海经济建设发展初期,可谓日新月异,年年换新貌。当年参加由全国、省级美术家协会主办的画展是我们这些年轻画家争相追求和向往的事情,这也是由当时的社会体制和环境所决定的。那时入选画展固然很荣耀,但是要把画作运到美术馆却是件费力的事。昔日我请表姐夫顾建华帮忙一起用"三轮车"来回搬运作品送展的情景至今还历历在目。每当画展开幕后大家便会蜂拥进入展厅找自己的画,没有选上的大都灰溜溜地撤退走人。我在画展上找到自己画的瞬间,那种喜悦之情溢于言表。因为我们还年轻,没有任何背景和人脉,只能靠自己的作品去打动评委,没选上是家常便饭,发发牢骚后又回去继续努力了。而所有的动力就是对艺术的热爱,当然也更想获得社会的认可。但是不管选上或没选上都要经历送作品和退件,有时为了节省搬运作品的车费,许多参赛者都是扛着作品挤公交、骑三轮车或干脆步行,像蚂蚁搬家一样,热闹而激情,那场面可真是一道豪迈而又壮观的风景线。

艺术创作回归本原。所谓的官方主题创作有它存在的理由和目的，有些人无比热衷，有些人不屑一顾；所谓的专家评委也是站在个人的角度挥挥手决定某些人或作品的命运。几十年后我才明白，当时那些评委也很想出名，所以会出现评委作品基本可以选上全国美展，把有限的入展名额占掉七八成，剩下的奖项或机会则往往给了他们熟悉的人。这也是我不太愿参加一些官方举办的诸如纪念类的主题性展览的原因之一。我认为坚持自己的个性才是艺术的真谛，艺术创作的目的不是为了展览，只要喜欢艺术就自由地创作，自然就是最好的心态。因此我们需要去寻找更高的看点来审慎评判艺术的真正价值。

芬芳年华热情似火的岁月孕育并激励着我们年轻一代。当年我们对艺术的理解与热情是多么质朴，对美好生活的渴望与追求是多么热烈，对冲破自我向往精神自由的激情是多么高涨。这种看似幼稚的心灵独白，埋伏的却是内心深处的潜意识，留下的是一份追求心神畅游的艺术渴望。

2. 坚定信念

年轻人搞艺术首先要考虑生存问题，经济不能保障，再有信心和动力也会动摇。为了生存需要，毕业后我也曾做过上海市新南中学美术教师、报社美术编辑、广告策划等。1993年，由于上海市第一师范学校美术组的袁贤平老师辞职，上海第一师范学校校长龚佩佩委任时年二十四岁的我来接手95（5）美术班的美术专业课教学任务，主要教素描、色彩等美术专业课。当时美术组有沈泽民、田柏昌、丁军、袁勤华、陈虹等老师，其中陈虹是我的大学同学。我在该校只教了95（5）美术班一届，当时学校教学楼内布置的水粉画等大都是我指导学生所绘。1994年下学期学校组织并委派我与班主任林峰、袁勤华等带领班级去周庄写生一周，至今我还留存了一张去周庄写生的集体照。1996年我在德语培训课上碰到了林峰老师，原来是学校公派他去德国访问学习，又过了好多年听说他辞职经商了。袁勤华老师一直有联系，后来做了上海市教委的美术教研员。丁军老师去了加拿大，陈虹进了华山美校做老师。岁月蹉跎，有缘的是在2015年美术班学生竟然联系上了我，大家见面后都十分激动，其实我们彼此的年龄只相差四五岁。现今他们都几近天命之年了，大多也成为沪上中小学教育部门的中坚骨干，如曹刚是上海市教委中学语文教研员、特级教师，黄方芳是普陀区兰田学校的政教主任，侯玲玲是中福会《少先队活动》杂志的执行主编等。

当年我的经济条件比较拮据，教师的报酬很低，上一节课的课时津贴只有五元，也就一碗排骨面的行情。油画《滕王阁》《假面》和"穿梭"系列等就是在当时的条件与背景下创作的。其中 1994 年画的油画《假面》参加了 2012 年的"法国秋季艺术沙龙"，这也充分说明了我这一时期的创作水准。1994 年我的作品《穿梭 No.1》《盲流》参加了在上海展览中心举办的"'94 上海首届中华艺术博览会"，送画时还遇到了画展组委会的策展人、比我大六岁的油画家马杰。他也是上海大学美术学院油画系的第一届毕业生，现今在上海应用技术大学任教。他对我的作品非常赞赏，后来把我的《穿梭 No.1》印在画展的宣传页上，如今我还保留着这张宣传页。当时展览后我把这两幅画赠送给浦东新区政府收藏了，虽然给了收藏证书，但是时间久远了就始终惦记着，期待将来有缘能再相见。

　　1994 年我从上海市第一师范学校的美术教师岗位走出，来到复兴西路上的一家由上海市人事局创办不久的《人才市场报》做了美术编辑，主要负责报纸的版面设计，当时的美术编辑都是将手绘排版设计样做成"黑稿"，再照相制版。报社是市人事局下属单位，在上海复兴西路 46 号里的一幢老洋房内办公。那种感觉与 20 世纪 80 年代的电视剧《编辑部的故事》差不多，印象比较深的是每天晚上六七点钟都可以吃到上海里弄阿姨烧煮的点心或饭菜。那年春节的报纸首期改版套了红色，我的油画作品《红石榴》登在了贺春版上，其中还有我向上海大学美术学院章德明教授组稿的《仕女》油画作品。晚上 10 点我到东湖路的《青年报》摄影记者雍和先生那里取几张第二天要发稿排印的新闻照片，再返回到复兴西路 46 号的报社门口，看到总编陈明石先生与编辑部主任董克宏先生都站在弄堂口等我。"过年了！"总编说着递上一份加班费。翻开我任美术编辑时的几十期样报，依旧弥漫着一丝淡淡的油墨香。往事如烟，三十年春秋似流水。昔日报社工作的经历是我艺术人生路上宝贵的财富和经验，而如今我多少还是留存了一些当年初生牛犊不怕虎的影子，这也为我三年后进入上海书画出版社做图书编辑打下了基础。当年做图书都是先画版式样，然后剪刀加糨糊制作成原稿样，审稿结束后再照相制版进入印刷流程。有了电脑后，剪刀加糨糊的编辑加工时代就逐渐成为历史了，估计这个手艺活今天的新编辑都不会做了。上海书画出版社已退休的连环画家、编审华逸龙先生一直说："小金出道、成名早，是非常年轻的'老法师'！"

1995 年我为陈香梅女士画了一幅油画《和平使者——陈香梅》。我的叔叔金进奎是 1959 年新中国空军培养出来的开战斗机的特级飞行员，从事航空事业四十二年中荣立一次"二等功"、四次"三等功"（如在中越自卫反击战中荣立"三等功"），曾经挽救歼教—6 战斗教练机（6000 米高空撞上大雁安全落地）等五架飞机。他与"飞虎队"将军陈纳德的夫人陈香梅女士友谊绵长。

1995 年他带我与陈香梅女士和哈夫曼先生在上海海外联谊会见面，同时有上海大学校长钱伟长等，并陪同钱校长出席了由陈香梅女士赞助的"唐锐鹤雕塑展"，以及参加了由"陈香梅基金会"组织的相关慈善活动，还请了汪道涵、龚学平等题字。几十年来，香梅女士作为和平使者为中外友好四处奔波。现在我还保留着她签名的数本传记图书和许多合影照片。2018 年 3 月 30 日，陈香梅女士因中风并发症在华盛顿家中逝世，享年九十四岁。

我走出国有事业单位体制后，从 1995 年开始便参与一些大型活动的宣传策划工作，如"'96 荷兰阿姆斯特丹皇家音乐厅管弦乐团访沪演出"、"八运会——名车展示行"、"'98 上海旅游节"等大型活动项目。1996 年我参与策划组织了中国文化部、上海市文化局主办的"'96 荷兰阿姆斯特丹皇家音乐厅管弦乐团访沪演出"，当时的人民大舞台作为访沪主办方投资 250 万元，承办单位是中国对外演出公司、上海文化实业公司演出中心。整个宣传策划、接待等由我和原交大昂立集团的总策划朱天明先生、人民大舞台的行政部主任陈剑文女士等承担。陈女士比我大两岁，她告诉我中央美术学院的著名油画家冯法祀教授是她的长辈，我们合作很默契。我们在延安西路上的文艺宾馆办公，半夜两点我还在市印三厂的"海德堡"印刷机旁，凌晨把刚印好的宣传海报拿到文艺宾馆后就累得躺在沙发上睡着了。演出前夕在五星级酒店华亭宾馆宴会厅举行了盛大的欢迎晚宴，9月20日晚在上海万体馆的演出获得圆满成功！当世界著名指挥大师里查多·夏依先生收起指挥棒谢幕后，我便在后台走廊里恭候他，他非常高兴地在原版照片上签上大名。这张照片保存至今已近三十年了，一段青春留痕弥足珍贵，我始终认为从头至尾能参与组织策划这样的演出活动是我一生的荣幸。

由于报社主管单位上海市人事局未能解决我的编制问题，我便离开了《人才市场报》。在1996年至1998年间，我几乎每天都要进出交通大学校园，穿梭在幽静的校园间，走进包兆龙图书馆内的东大信息中心工作。昔时我曾参与策划制作了数十家知名企业的品牌营销媒体计划书、上海电视台"市场300秒"和东方人民广播电台"市场热线"等广告宣传片，积累了较强的广告和媒体策划经验。甚至有些著名企业如"汇丽地板"等厂商承诺每月付我高额薪酬，为他们按季度撰写"媒体计划书"……披露这段鲜为人知的个人工作经历，也隐藏着我很多的人生感悟，培养了我坚持与忍耐的毅力，而那段难忘的人生经历令我受益终身——"梦回1996"。每当我路过上海交通大学门口时，突然间那曾经逝去的芬芳年华又仿佛在眼前闪现。

1998年9月，原上海电视台一台副台长赵抗卫先生离职后做了新大陆广告公司总经理，他叫我做的两份策划书《我为浦东献片绿》《陆家嘴金融中心区景观灯光及广告规划管理方案》得到了浦东新区政府的肯定，我的创意策划也曾为浦东开发作了些贡献。后来他把我推荐给上海旅游局活动处的章谟德处长，市旅游局决定由我来画"'98上海旅游节"的宣传漫画，结果一稿便通过市领导的审查，不久便整版刊登在1998年10月12日《文汇报》12版上，当时一个整版广告费就要十多万元，这段经历让我回想起来还是非常自豪的。在"2011年上海艺术博览会"我的展位上又巧遇赵抗卫博士（现为上海对外文化交流协会会长），他送了我四个字："刮目相看"。是啊，那时我还非常青春，他哪里想得到昔日的我今天会以如此的状态生活在艺术天地里。这幅保存如新的漫画原稿也许将来可以进历史档案馆，它也是上海腾飞发展的历史见证物；如今的我逐渐成熟起来了，幸福快乐地走在我的艺术人生旅途中……

3. 否极泰来

磕磕绊绊，一直到1998年末才获时任上海书画出版社·朵云轩社长的祝君波先生青睐，在上海市宣传系统人才招聘会上把我招进了上海书画出版社从事图书编辑工作，这样我又重新回归到国有事业体制内。长期在体制外飘荡，时间久了就会有求稳定的想法，机遇与抉择有时会改变人生轨迹。然而就连我自己也没想到这一做竟有二十六年了，甚至将会做到退休。而我对在职场中的那些风雨变幻就似浮云一般，不会去回味咀嚼。通过长期的积淀历练，我的出版专业技术职称晋升到了高级，也有资格去大学做兼职教授了。我觉得这一切都是为了生存和事业发展的需要，我想每个人单打独斗闯荡社会或多或少都会经历一段彷徨期，但无论怎样我还是相信一句古语："塞翁失马，焉知非福。"条条道路通罗马，只要认准方向勇往直前，都能闯出一片天地。

彼时的上海书画出版社·朵云轩人才济济，编辑们大都为海上著名的书画家，我在这样一个拥有百年文化积淀的单位里与一群蜚声海内外的书画名家们一起工作是幸福的，更是幸运的。也许这才是吸引我在此工作这么久的关键因素。能在这个人才辈出的书画家群体中成长和发展是我艺术人生的重要经历之一。我相信这个艺术群体的崛起与传承不是无缘无故发生的，它是一种具有浓郁海派文化的历史底蕴所依托的文化群体效应，我能融入其中是福运造化，耳濡目染中受益匪浅，汲取了更多的艺术营养。

4．不负韶华

"梦"是我始终追逐的创作主题，"追梦者"于我是最恰当不过的了，这也是著名美术评论家徐明松先生在评论我的文章中经常念叨的词语。20 世纪 90 年代的我是中国新表现主义的追随者，为了实现我做画家的梦想，我付出了青春岁月，创作了一系列具有超现实主义和表现主义手法的油画作品。当时父亲也很难理解我："画了那么多又有什么用，又不好当饭吃，你该考虑成家立业了！"

　　1999 年 6 月 6 日我大婚之喜时，同事、著名书法家、编审戴小京老师写了一副书法对联给我："芝兰同结百年寿，琴瑟永谐千岁乐。"篆刻名家、编审茅子良老师送了我一对他篆刻的昌化鸡血姓名章，庄新兴老师也为我治了一对结晶白芙蓉姓名章，邵琦教授赠我一幅山水画。刚从总编办公室调来的青年女编辑朱孔芬捧了一束鲜花也赶来静安宾馆表示祝贺。《朵云》杂志副主编、编审舒士俊老师赠予我一块黄宾虹纪念馆开馆纪念铜牌，铜牌镌刻的日期正好是 1999 年 6 月 6 日。随后我请出版社的刘荣虎先生用"挖裱"的精湛技艺把戴小京老师写的对联装裱好。一份份有特殊意义的纪念品，我非常珍惜，把这些友情永久地留存在心底深处。2000 年戴小京老师请我画幅人体画，我也悉心创作了一幅水彩《青山浴女》回赠他，所幸当年请摄影编辑李顺发老师拍了反转片后才得以留存影像，并编入画集，是为纪念。

　　同年，我的油画《火跃》参加了"'99 上海青年美术作品大展"，1994年至1998年上海的画展比较少，也许是大家都热衷于上海的经济发展，相应的文化活动却减弱了许多，像样的画展也不多。这是新一届上海青年美展的开始。上海曾在1985年至1993年举办了四届青年美展，我参加了"1993年第四届青年美术展览"，如今仍活跃在上海的名家大都是从这里走出来的。同年我又参加了"时代风采·纪念上海解放50周年美术作品大展"，为此上海教育电视台《诗与画》栏目专门采访拍摄并播出了我的第一部纪录片《西方技术·东方之魂——金国明绘画作品》，记录了我二十岁至三十岁间的青春岁月和艺术人生。另外，我出色的工作表现也得到了大家的认可，不久便被总编提拔做了第三编辑室主任，主持编辑室的日常工作，这在当时人才济济、书画名家林立的编辑队伍中也是比较鲜见的。2000年，综合编辑室主任邵琦先生（现上海师范大学美术学院教授）在离职到中国美术学院设计学院做教授前对我说："小金，在书画出版社工作手里一定要有真本事才能立得牢、站得稳，否则会被看不起。"这句话很中肯，没有金刚钻，不揽瓷器活。因此我觉得自己走进艺术与艺术出版领域是自然而然的，总结下来就是：一靠天赋、二靠勤奋、三靠机遇、四靠坚持，天时地利人和缺一不可。

2001年我搬到上海市肇嘉浜路"衡园"的新房，便邀请了戴小京、吴瓯夫妇和江宏夫妇、庄新兴夫妇、茅子良夫妇、邵琦一家和李琼老师等来我家做客，至今我还留有他们送的水晶果盘。同年 7 月 16 日至 24 日，单位公派我到香港参加"2001 香港书展"，世界各地的图书集结会展让我们大开眼界。一同前往的有副总编周兵和总编助理汤哲明等，还有朵云轩古玩公司的陈勉先生、刘金旺先生。其间我们还一起喝早茶，去了在半山的"九华堂"看字画。当时香港还是非常吸人眼球的，我们也在南丫岛体验了一番香港郊外的海岛风情。一切是那么的新鲜，港剧中看到的许多街景跃入眼帘，大有似曾相识之感。然而后来又陆续去了几次后就发觉香港在各方面已开始不尽如人意了。2017 年出版社人事科把当年因公往来香港、澳门特别行政区的通行证还给了我，这让我重新回味起了而立之年的雄心壮志和幸福时光。

生命因为有了人生际遇而变得更有意义，绿地因为有了阳光而显得更有生机，红花有了绿叶而出落得更加妩媚。让我们从容地去迎接暴风骤雨、面对阴晴圆缺，热情地拥抱属于你的阳光、草地、鲜花、云彩，坦然地去接受大自然所赋予的一切吧！或许会有出乎意料的幸福来眷顾你。古罗马哲学家马库斯·图留斯·西塞罗有句名言：

　　　　人生的跑道是固定的。大自然只给人一条
　　　路线，而这条路线也只能够跑一次。人生的各个阶段，都各自分配了适当特质：童年的软弱，青春期的鲁莽，中年的严肃，老人的阅历，都各结出自然的果实，须在它当令的时候予以储存。每个阶段都有值得人们享受爱好的事物。

青春之歌，情愫梦绕；青春似火，炽热得发烫；青春似水，一去不复返；青春如梦，新奇异彩……青春是彩色的，斑斓绚丽；青春是黑白的，丰富变幻。拥有的已逝去，留下的是结晶，像舍利子般地闪烁发光！唐代孟郊《劝学》云：

击石乃有火，不击元无烟。人学始知道，不学非自然。万事须己运，他得非我贤。青春须早为，岂能长少年！

舒适安逸的生活更有利于艺术空间的意想，所以我轻松，我愉悦，我自由地做起了一连串美妙的浪漫的梦来；我需要灵感，没有灵感就不能创作；我不断体验，抑或深思，抑或愉悦。有时像一壶碧螺春清醇可人；有时像一杯摩卡咖啡浓香飘逸；有时似一个柠檬清新味纯。我以为灵感是可以凝练、激发的，也是天生赋予的，它无处不在，用什么样的手段去描绘灵感是个体的行为，一旦行为落到实处那就一发不可收了，无形自由的想象空间任我在茫茫宇宙星际之间遨游。

"国明的世界——梦云系列"便是我 2004 年始所做的甜蜜而温馨的梦，我不知这个梦什么时候结束，但我意识到要尽力完整地记录下这个梦，梦很长也很浪漫有趣，我的情感所至就是画布上的红、黄、蓝还有黑、白、灰。无论怎样，我的梦是绚丽多彩的，似南极洲的彩虹与霞光。

第三章

追光而遇，沐光而行

一、十年逐梦

随着新世纪的到来，我的生活逐渐摆脱了往日的阴霾和不幸的境遇，并且紧跟上了时代的发展节奏，也算是抓住了人生重要的发展机遇。生活的舒适安逸逐渐赋予了我浪漫主义的情怀，"梦云"系列就是其中的代表作品之一。而立之年我做起了青春浪漫的梦来，我开始创作油画"梦云"系列，这一画竟不可收拾，至2012年此系列作品收官时竟达二百五十多幅，可以说坚持不懈的"十年一梦"成就了我的艺术之梦。一件事做一辈子是非常困难的，坚持显得尤为重要。一幅画画了十年且还没画完，也是难以想象的。或许我比较固执，或许我还意犹未尽，或许时候未到。然而未完成的终会要有个结果。

著名山水画家邵琦教授在评论文章《依旧做梦》中的开场白说：

> 曾经说过金国明的画，那时他画的也是梦境；现在快十年了，再来说金国明的画，他画的还是梦境。作为一个画家他可以孜孜不倦、一如既往，只是难了作文的。十年，一如既往，便可以用坚持一词了。其实，坚持对画家来说本不是一件值得说的事情，在今天却变得难能

可贵了……金国明的一如既往，是用他的画来说的；因而，他的画在他一如既往的陶冶涵泳下，纯粹了许多，也纯净了许多。这正应和了俄国作家果戈理所说："艺术家的一切自由和轻快的东西，都是用极大的压迫而得到的，也就是伟大的努力的结果。"

2003年9月10日的"上海春季沙龙"，中国作家协会副主席叶辛先生在我的个人画册封面上题字："创新是当前时代最大的文明！"2011年我把它收录到了《梦云——金国明油画集》中。当我把新出的画集寄给叶辛先生后，他打电话告诉我："小金，画册收到了，非常好！比上次的画集有变化了，画展有空我会去看的。"人类社会最大的文明在于有创造力，所有的一切准备与过程都是为了最终的结果，唯有如此才是最具生命力的。2024年6月10日，叶辛先生说："祝贺你散文集在8月书展之前出版。"在步入不惑之年，我用了一个"逗号"来小结以往的青春年华，因此《国明的世界——金国明油画》的出版只是一个"逗号"，《梦云》的出版是"分号"。我的艺术人生里不存在"句号"，假如有的话，也只有"省略号"……

2005年10月26日，我的代表作品《国明的世界——梦云系列No.14》在巴黎东郊的巴黎花园参加了世界著名的第 216 届"法国艺术家沙龙"。成立于 1881 年的法兰西艺术家协会（巴黎大皇宫）举办的"法国艺术家沙龙"是规格很高、影响深远的官方展览，20 世纪初一些印象派大师等就是在这个展览上落选后才举办"落选沙龙展览"（今"法国秋季艺术沙龙"）的。当主办方得知我来自中国上海时，他们说："从画面中可以折射出中国青年艺术家的激情和活力。"三十五岁时我能走进世界艺术中心的巴黎，这是我做梦也没想到的，可以说这是我艺术人生中的第一个辉煌。我曾在《梦云》画集中述说："虽然藏家日益增多，媒体与机构也时常关注，但我不为之而窃喜，保持本色与本性顺理成章地成就了我的创作行为和形态。20 世纪 70 年代是我冠上的符号，而我愿做一个健康向上的心灵完美的'70 年代画家'，尽管离真正的艺术家的标准还很远，可是我还是愿意终身付出——精神、气质乃至绘画作品的人文化。用画面语言向人们表白对话的含义——形式多元而广义。诚然，反映人文精神是我对话的主题与本意，梦可以清晰明朗，也可以含混模糊；或激扬高歌，或低吟浅唱；时而幽雅宁静，时而飞扬跋扈。因此我的画面需要充满生气与灵气。另外我要强调的是——拒绝原创作品的再复制，因为我没那个能力把刚做的或曾经做的'白日梦'拷贝下来，在我看来记录只有一次，痕迹不能再现，也不可能重复，也许我要寻求的是新鲜的感觉。"

2006 年我在著名策展人赵丹虹女士主持的顶层画廊举办了个人画展，为此上海教育电视台《诗情画意》栏目播出《追梦者——金国明油画展》专题片，并接受中国台湾东森电视台采访，引起了人们广泛的关注，全国众多媒体相继报道，影响深远。上海大学美术学院的马琳博士在我的个人展览前言中描述：

> 金国明是位非常勤奋和极具潜力的青年艺术家。他受过严格的学院派教育，有着相当的绘画功底。自 20 世纪 90 年代以来，他创作了大量的艺术作品，有数百幅作品为海内外机构和知名人士所收藏，特别是近年来他十分投入地追逐探寻着属于自己的绘画语境，"国明的世界——梦云系列"便是这一时期代表。"梦境"一直是金国明乐于表述的主题。此次展出的作品，是他近期创作的一批新作。与其早期作品相比，他的表现形式已不甚相同，在艺术手法与表现角度上有了新的突破。他运用手中的画笔，从容而用心地去描绘女人、鲜花、小径、楼宇、湖泊、沙滩、蓝天和白云……画中的人物都似梦里梦外一般。这里没有躁动与不安，而是安详与宁静，犹如涓涓细流，沁人心脾。他在努力追求一种超越世俗的禅境与田园

诗般的典雅。在他作品的平静里，展示着丰富的内心世界。这也是他的作品引人注目、耐人寻味的地方。

中央美术学院博士、画家胡继宁先生在他的日记中写道：

星期五的晚上应邀参加了朋友国明兄在上海顶层画廊画展开幕派对，在这样的季节，上海的夜晚异常魅惑和躁动，月夜、霓虹、啤酒杯，香烟、脂粉、吊带衫，处处情涌动，年轻需定力！"追梦者金国明油画展"就开在这样的夜晚。国明走的是表现主义，喜欢表现梦境般的世界，没有传统条条框框的束缚。我比较欣赏国明的想象力和画面的轻松，对于绘画有时难有既定的标准去评判，但是对于学院派绘画存在"审美疲劳"的今天，我们呼唤充满个性和想象力的优秀作品出现。

那么何谓"梦云"？战国楚宋玉《高唐赋》：

昔者先王尝游高唐，怠而昼寝，梦见一妇人，曰："妾，巫山之女也，为高唐之客，闻君游高唐，愿荐枕席。"王因幸之。去而辞曰：
"妾在巫山之阳，高丘之阻，旦为朝云，暮为行
雨，朝朝暮暮，阳台之下。"

后以"梦云"指美女，也指幽会之事。

仰望碧空，风月无边。纸鸢飞翔，魂牵梦萦。阳光
灿烂的秋日，金黄闪烁的光斑，摇曳多姿的梦幻……云
里看云，雾中梦云，即是我心中的"梦云"。

十岁时我自命不凡，十六岁时天生我才，十七岁
时大炼钢铁，十九岁时做天之骄子，二十五岁时壮志凌
云，三十岁时才华横溢，三十五岁时名扬海外，四十岁
时"上海文化新人"，五十岁后政协委员。志存高远，回
归自然……梦中自有梦中梦，我的未来不是梦，我的
"梦云"、"时差"、"融光·天和"必成器，我的青春永不
消逝。

1．创作手记

《梦云系列 No.111》是我"梦云"系列的代表作之
一，青春的记忆伴随我十多年的"梦云"主题创作。十
年磨一剑，且意犹未尽，坚持与努力是开花结果的必然
选择。"70 后"是青春阳光的一代，作为个体而言，我坚
持架上绘画艺术，坚持传统，是我艺术观的取向——健

康、青春、阳光。

《梦云系列 No.119》画面中不失活泼意趣的形象，让人浮想翩翩，青春美丽的少女形象非常健康，没有任何晦涩感。黑灰色的装扮富有时代气息，给人以清新而朦胧之感。我所表达的是一种对美好生活的向往，青春的形象在阳光的沐浴下熠熠生辉，时时透露出轻松愉悦的心情——我快乐并歌唱着，我时尚并欢愉着，我就是你生活中的一朵云彩。

《梦云系列 No.169》沐浴在春天的阳光雨露中，我依旧走进泰康路的画室，做我喜欢的"梦"，体会我每天汲取的灵感与甘露。有时我走在泰康路那具有浓郁法式里弄风情的艺术街上感受着莫名的孤寂，也许在默默地享受着独来独往和风里来雨里去的乐趣的同时，一幅幅油画作品才能应运而生。

《2003 年的一个秋日午后》是我 2003 年创作的油画，一种强烈的意识流通过表现主义的手法宣泄出来。2006 年曾被一位藏友高价买去，他把画放在上海莫干山路 50 号的太阳虹画廊里挂了半年，后来他提出要调换一幅画，最终我考虑后还是直接把买画款还给了他，并要求他把画退给我，因为我也是有个性的。如今很庆幸这幅油画没有流出去，当我看到这幅画时会想起作画时的情景，真是一个难忘的情结。

《我的天空》是生命的礼赞，星光璀璨。油画作品里的人物原型是我的同学吴齐放。画面运用写实的表现手法和超现实主义的空间处理，表达了我对艺术梦想的追求、对生活的渴望以及对人生的理解。我的天空晴朗明媚，我的世界缤纷灿烂。《心经》云："舍利子，色不异空，空不异色，色即是空，空即是色，受想行识，亦复如是。"

《里斯本的百年葡式蛋挞店》是一幅一米见方的油画作品，中西合璧是思想与思维方式的中和，思维的飞跃自然而然促成了个性化的创作趋向。当我踏进葡萄牙里斯本著名的百年老店时，被眼前所发生的一幕感染了，油画应运而生。

《欧陆风情——比利时布鲁日》是 2010 年的油画作品，始建于中世纪的比利时布鲁日位于比利时西北部弗兰德平原，有"小威尼斯"之誉。"BRUGGE"是丹麦语"桥"的意思，城内河渠如织，游船穿梭，大小桥梁交错贯通。而河道两旁，风景如画，一座座中世纪的建筑掩映在绿树丛中，处处荡漾着那旖旎的鳞波。

2. 展览花絮

✧ "金爵迎春——全国当代油画名家作品展"

2006 年新春画展集合了二十位画家作品，其中有王劫音、俞晓夫、庞茂琨、谌北新、徐福厚、白羽平、段正渠、黄阿忠、金国明等。

著名美术评论家徐明松先生在 2007 年 2 月 5 日的《解放日报·朝花》第 15 版上评论道：

> 金国明是内向而寡言的人，然而在画里，画家无处倾诉宣泄的情感和思想往往袒露无遗。于是，国明绵密的思绪和丰沛的情感便在画布上随着跳跃的笔触律动。这里既有躁动不安的青春期充满幻想的勃勃热力，又有历经岁月而归于平和的思想沉淀。所以，当遍览国明这些年的画，这种分野似乎成了他创作状态明确而生动的两大色块。弗洛伊德曾经读解了许许多多梦者的游踪，艺术家则是一个个沉溺于梦境的梦游者，金国明就是这群梦游者之一，他的行迹落在画布上，印上了深刻的记录。追梦者国明援引了达达主义诗句"梦醒后还是一个梦"，是一个恰切的注脚。

✧ "上海春季沙龙"

从 2003 年开始我每年参加"上海春季沙龙"，直到 2008 年"上海春季沙龙"落幕。在 2004 年的"上海春季沙龙"上有一对穿着时髦的欧洲女郎在我的展位前对着《国明的世界——梦云系列 No.17》油画作品"叽叽咕咕"

了很久，其中一位说画面上的这只金毛狗就是她家的，一模一样，连神情都像。原来我把她的狗牵到画布里来，藏进我的梦中了！我也很愉快地对她说："那画面中牵着金毛狗的青春美少女就是你哦！"

◇ "'风景·风情'全国油画展"

2006 年至 2008 年，我的"梦云"系列连续三届参加了中国美术家协会主办的"2006 年首届'风景·风情'全国小幅油画展""2007 年第二届'风景·风情'全国油画展""2008 年第三届'风景·风情'全国油画人物展"。上海市美术家协会的卢金德先生为我写了好几篇评论文章，他说：

> 金国明的油画"梦云"系列几度入选"'风景·风情'全国油画展"，这是十分令人欣喜的。中国油画经历了开放三十年，人的心境随着社会的开放与发展越来越亮堂。金国明的油画色彩与题材是十分和谐的，十分现代。他为我们描绘了人们所关注的本性的和谐主题，最自然美的共同家园，人与自然和谐相处的生活，牧歌田园式的抒情。现代人追求的艺术化的美在金国明的作品中得到了体现。

3. 媒体报道

自从 1999 年上海教育电视台《诗情画意》（436 期）播放了《西方技术·东方之魂——金国明绘画作品》后，又有关于我的四部纪录片问世，如 2003 年上海教育电视台《诗情画意》（1024 期）播出《永远的荆棘鸟——翩然金国明的斑斓世界》，2006 年上海教育电视台《诗情画意》（1097 期）播出《追逐梦想的舞者——释读金国明油画》，2008 年和 2012 年由上海电视台分别采访拍摄并播出关于我的两部纪录片《十年一梦——金国明的油画世界》《画布里的梦游者——金国明》，完整地记录了我这十几年的心路历程。数十年间我画了一千多幅绘画作品，也陆续参加了近百次各类美术展览，被媒体采访、报道数百次。2010 年 3 月 27 日《美术报·画家周刊》刊登 2009 年度中国优秀艺术家排行榜（油画排行榜 500 名），我非常荣幸地入选其中。

二、穿越与重现

有时候我会突然想起过去发生的一个片段、一个情景，就好似电影艺术里常用的蒙太奇表现形式一般，穿越与重现，由远及近恍然如梦。抑或是我的思维像活火山般的活跃，抑或是我始终在追寻儿时的梦境与情趣。这或许符合我做艺术家的身份，也符合我从艺四十年来那与生俱来的艺术天赋与跳跃性的思维方式。曾记得在大学时的一个早晨，我与著名油画家贝家骧老师一起走进学校时，他说："金国明，你画得蛮好的嘛！"话别竟然已近三十多年了，至今也未曾谋面。记得 2002 年在上海师范大学读研时向著名油画家王向明教授求教，他看到我画了两天的一幅油画半身像习作《小薇》后用沪语说："画得已经蛮'结棍'（厉害）了！"记得 2010 年我到著名油画家徐芒耀教授在土山湾美术馆的画室组稿，正巧赶上他在创作大型油画《新四军》："小金，你是我学生，画得也别具一格，相信你也会闯出一番事业的。"还记得 2005 年我在上海油雕院高研班进修时，著名油画家俞晓夫教授对我说："小金，你还是蛮会画的，也有较强的创作能力！"当时也是上海油画雕塑院的韩连国老师到出版社找到我说："俞老师叫你来画画！"后来我就去了油雕院，俞老师看到我就非常高兴……2023 年我为俞老师责编了精美的《俞晓夫绘画作品精粹》画集，我想这是一段难得的师生缘吧！

　　我在画人体或人物时喜欢带有个人风格面目的写实画法。确实我的画风与老师们都不像，平时闲话不多，个性使然只顾自己"闷"头画画，有点独行侠的味道，我也不羡慕其他师兄弟们精湛的写实技艺，因为我就是从写实中走出来的。不过我始终觉得技巧可以习得，而个性化的思维方式与风格才是自己的，符合个体气质特征的作品才是自己所需要的结果。我认为学习绘画艺术可以是多方位的，身临其境去感受才能有所感悟！用耳朵去"听"，用鼻子去"闻"，用眼睛去"触摸"，这样才能学到门道。然而要在这个浮躁的尘世里保持心平气和是难能可贵的，或许我的内心比较清高超然，从起点到终点再归零，这样的人生轨迹适于自然规律。每段机缘都有它存在的意义，而幸福就在今天。

三、解惑"心性"

2011 年 9 月，我的新书《梦云——金国明油画集》《梦云——薰衣草采风札记》由上海书画出版社出版发行。2011 年 8 月 28 日下午在上海思南路 107 号 1009 室举行新书发布会，可谓嘉宾云集。著名画家王劼音、步欣农，上海市书法家协会张伟生副主席，时任九三学社上海市委宣传部詹咏部长，教育报刊总社仲立新社长，中国艺术品网 CEO 陈强先生等社会各界朋友参加。《生命日记》的作者、复旦大学于娟老师生前曾受到我的捐助，因此她的丈夫赵斌元先生代表家属特地前来表示祝贺和感谢！新书的出版离不开制版设计、编辑加工、校对和印制等的辛劳，我十分荣幸地请到了良师益友、审读室的朱莘莘老师担任《梦云》的责任编辑，她不辞辛劳逐字逐句地审读，致使图书更臻完美。还请了资深技术编辑杨关麟老师对书稿进行精心制版设计、校色处理和印制，直到最后印刷时我与杨老师在上海青浦区中华商务印刷公司的印刷机旁监印。《梦云》画集出版后，其装帧设计及印制工艺得到了中国新闻出版总署司长等领导的高度赞赏，荣获"第六届上海印刷大奖精装画册出版物铜奖"。

2011 年 11 月 26 日下午，金国明油画作品赏析活动在上海御华山大厦的高级会所内举行，此次赏析会是 12 月 11 日在刘海粟美术馆举行"青春的记忆·梦云——金国明油画展"的一次预展交流活动，大家欢聚一堂，欣赏着艺术精品并互相交流。

11 月下旬，我在刘海粟美术馆举办个展的前夕，著名旅法油画家方世聪教授为我鼓劲：

> 小金，画家的技巧是一方面，但最重要的是要有感性和"练心"，心性的表现才是目的，要把自己心中的所想画出来。人生时间不多，精力有限，就更要格外珍惜每一刻。这就像一

颗橄榄核，两头尖，当中鼓出，而艺术家的最初也是从一个点开始，在过程中慢慢丰富厚实自己，最终累积经验，回到最后想要的结果。我在法国十五年，画了不少画，画得却很慢，画得慢也很难的，但不好太急，坚持对于画家来说比较难做到。2006 年 11 月 29 日，刘海粟美术馆馆长张培成和廖炯模教授、徐芒耀教授等来宾一起观摩乌克兰人民艺术家米哈伊·顾依达的现场写生表演。我打电话给俞晓夫，他说他早就看过了，画得蛮好，就是概念化。我去看了后，结果确实像俞晓夫说的那样，还是没有摆脱苏联时代的那种灰色调，色彩也概念化。因此，平时还是要多看些经典的书，不要样样都看，这样没有精力，要把更多的精力放在绘画上。画家要做到画得慢与快是矛盾的，自己慢慢去体会吧。

话语中肯，情真意切，使我获益匪浅，也让我感受到了一个长者对于晚辈的关怀。他又说：

> 小金，你的画展我会来的。你要接受场外的声音，画展上人家都会说好，其实这是假象。画家讲的闲话要少，要让画面说话才是高级的。

大画家大多是老实的，所以老实是品行，是好事。风格不是一朝一夕形成的，是自然流露的。平时要多虚心接受人家的批评，这样就会有方向性地去吸收长处。

　　德高望重的艺术名家给我上了深刻而有意义的一课，得此解惑，"心性"也就豁然开朗起来了。

　　说起我的"老实"，有个小故事。《梦云 No.74》是我参展"具象上海2006——聚焦70"的油画作品。展览结束后挂在延安饭店二楼某画廊展出，不久该画廊主持对我说这幅画被他送给饭店的领导了，我当然相信了。既已如此，碍于多年朋友的情面也就不再追究。过了很多年后在微博上有位美籍华人对我说有一幅《梦云》在他台湾的家里，原来这幅画是他在画廊里买的。近代思想家梁漱溟在《中国文化要义》中说："所有反省、自责、克己、让人、学吃亏……这一类传统的教训，皆有其社会构造的事实作背景而演成，不可只当它是一种哲学的偏嗜。"后来想想老实或许是一件好事，吃亏也是福，难得糊涂。因为画还在有缘人手里保存得好好的。其实我更关心的是我的画被喜欢的人保管好，就像嫁出去的女儿一般心有所系。我想人到中年应该是沉稳有力了，不要计较得失与否。无欲则刚，自然为佳。莎士比亚有句名言："无论一个人的天赋如何优异，外表或内心如何美好，也必须在他们德性的光辉照耀到他人身上发生了热力，再由感受他的热力的人把那热力反射到自己身上的时候，才会体会到他本身价值的存在。"

四、上海文化新人

1. 梦云个展

2011年12月由刘海粟美术馆主办的"青春的记忆·梦云——金国明油画展"在上海刘海粟美术馆隆重开幕，展出了我在2005年后创作的七十余幅"梦云"系列油画作品。是以自己心中之梦，以油画作品系列抒发"青春梦幻"的再现。画展场面宏大，整个大厅和外厅布满了我的画作，时任上海市委宣传部的新闻发言人陈启伟和文艺评论家郦国义、张立行、徐明松及著名画家王劼音、陈逸鸣、黄阿忠等嘉宾三百余人出席了开幕式。画展反响甚佳，经美术馆艺术委员会评审《梦云系列No.177》被刘海粟美术馆收藏（收藏证书编号：1661）。上海电视台纪实频道《收藏》栏目还专题采访我，并拍摄了一部片名为《十年一梦——金国明的油画》的纪录片。片中著名旅美油画家陈逸鸣先生谈到我时如此说：

"国明与我很有缘，2005 年我的画室搬到泰康路 25 号，不久国明也来了，我俩经常串门探讨艺术，国明是一位非常有天分的勤奋的画家……"

我认为无论个人的风格如何变化，基本功的练习必不可少，没有娴熟的技巧，就无法表达自己的思想，没有技术的支撑就没有写意和表现的境界。我的"梦云"系列画得并不快。我没有兴趣复制，因为我画的东西很难复制，那种激情迸发的灵感所留下的痕迹是刻骨铭心的。沐浴在春天的阳光雨露中，我依旧走进上海泰康路田子坊的工作室，做我喜欢的"梦"，汲取灵感与甘露。有时我会走在泰康路那具有浓郁法式里弄风情的艺术街上感受着莫名的孤寂，也许在默默地享受着独来独往和风里来雨里去的乐趣的同时，一幅幅油画作品才能油然而生；有时疲倦了我也会美美地躺在沙发上看着眼前的空白画布心驰神往，因为我始终认为充沛的体力与精力是汲取灵感的保证；有时也与隔壁画室的画家陈逸鸣先生串串门，偶尔相处也甚为融洽，"静气"是我们共同所需求的。正如陈先生所说："我与国明很有画缘。"而我在心目中也早把他当成了良师益友。

2. 文化新人榜

2011 年我十分荣幸地登上了由上海市委宣传部指

导、《文汇报》主办的"上海文化新人榜"。报道上了《文汇报》头版，此后得《新民晚报》《解放日报》等报刊相继报道，还被编入上海人民出版社出版的《上海文化新人榜》一书。这是我艺术人生中的第二个辉煌点！

以下摘自 2011 年上海人民出版社出版的《上海文化新人榜》一书，《文汇报》记者吴越采访报道：

《2011 年上海文化新人榜
——金国明：梦的三段论》

上榜理由：油画家，作品五次入选全国油画展。2004 年获"全国优秀青年艺术家提名奖"。2005 年在巴黎参加"法国艺术家沙龙"获铜奖提名。2009 年获"全国优秀艺术家"称号并列全国油画排行榜前 500 名。作为上海书画出版社资深编辑，编辑出版三百余种美术类图书，曾获上海"银鸽奖"。

问答金国明

问：过去十年最高兴的事？

答：2005 年参加世界知名画展"法国艺术家沙龙"，是唯一的中国画家；同年爱女出世，可谓双喜临门。

问：未来十年最想做的事？

答：通过新闻出版的平台为美术爱好者做好嫁衣，弘扬中国传统文化，出精品图书。开拓与坚持自己的艺术风格，创作出更好的艺术精品。

问：最享受的事？

答：开阔视野，采撷世界各地的风情，记录大自然中美的瞬间。

问：从业路上希望得到什么支持？

答：家庭的支持最重要，还有专业领域中前辈的关怀与扶持、社会各界所提供的宽阔平台。

金国明以"开会"的心情和我见面，他从挺括光亮的西裤口袋里掏出一叠巴掌大的纸片，照着纸上念，念得还不大顺溜。冒出来的词儿也都斟酌得很，像在总结汇报。临走前他把那叠纸片留给了我，诚恳地笑，说他不善言辞，把想的都写了下来，给我做参考。我忍不住问道：有没有人说你不像画家？他不紧不慢答道，有，还很多。那神色，与履历照片上初出道的单眼皮少年一样平静。

不知道金国明在他的田子坊画室里是否也这么中规中矩。五楼是田子坊里最高的楼层了，放眼望出去是他熟悉的红屋顶，好天气里，晴空瓦蓝，鸽子呢哝，咖啡烘香，熙攘游客织出暖暖市声，这让他在愉快中微醺。细雨斜时，一片静寂里，他又像是回到了浦东一户清代嘉道年间的老宅，那是他出生和度过童年的地方。他的习惯是即兴起画，拾起画笔，毫无预设地画下第一道油彩，慢慢建构，渐渐成形，密疏点染，意象往来，像骰子在碗底打转，最后转出个什么来，他也是看到才知道。

打开他这十年的画集，宛如窗边小诗般青春浪漫的气息与他的本人形象又发生了进一步的反差。画中人往往是一位高挑苗条的年轻女子，一头长发永远在阳光和风中飘着，骑着自行车，荡着小舟，采着野花，一个个明快、鲜艳、愉悦的梦，时间像是也睡着了，只有梦中的眼睛轻轻眨着。这组画了十年的主题，金国明命名为"梦云"系列。

一路走来，无论画什么，金国明说：他画的都是梦。往前看，少年金国明是以儿时熟悉的田野芬芳、水乡阡陌入"梦"的，由于受到中国"85新潮"的影响，他的梦做得少年老成。十七岁那年到绍兴柯桥写生，遇上一位浙江美术学院的老师也在速写，他刚想凑上去问问，对方就不客气地赶他走。这次刺激在金国明心中泛起的"冲击波"至今还在，他立志要从"业余"转为"专业"，第二年便辞去技工的岗位去考大学，为此付出近三千元的培养费，是某大型钢铁厂第一个主动辞职的职工。

考进上海师范大学美术系，开始做起了另一个梦。20世纪90年代的金国明，是以一系列怪诞、现代、超现实的形象入"梦"的，并赢得最初的声名。他给我看1993年的一幅产生过影响的作品：画中描绘着皇帝、宫女，也有拉二胡的洋人、吹笛子的圣母，众人背后有一架飞机的巨大投影，"传递着不稳定的、紧张的情绪"。为什么会变？金国明倒是很坦然："一个画家的生活状态变了，他的画也会变的。"

金国明也不隐瞒，进入21世纪，他凭灵感抓住了经济发展的机遇，人生的境遇也由此突破了常规的发展，搬进了市中心的公寓。也就是从那时起，他画起了和以前迥然不同的梦境。"我轻松，我愉悦，我自由地做起了一连串美妙的浪漫的梦来，似南极洲的彩虹与霞光。"金国明说，他不知这个甜蜜温馨的梦什么时候结束，但他要尽力完整地记录。

这十年里，金国明像他的无数同龄人一样，在而立到不惑的路上尝到了事业上奋斗的成果和物质生活的提升。他的画也本能地记录了这一代人精神世界的物换星移——说是褪去了青涩也好，说是经济基础决定上层建筑也罢，他们的梦已变了一番景象。对照金国明的家庭照相簿，便可解开这些梦的秘密：长发高挑女子是他的妻子，嬉戏的少女是他的女儿；梦境的背景中常常闪现的屋宇是他心中的田园世界。2005 年，金国明的作品入选"法国艺术家沙龙"，展方就评价说，他的作品青春浪漫，反映了中国"70 后"生人的艺术和艺术理想。

金国明说他的"梦云"是眷恋当下的美好，也是隔着辛苦路回望曾经的青春。今天的画笔，终于可以从容淘洗出记忆中的昨日，似那般透明，单纯，蓬勃，如花开漫野，水流自在。他开玩笑说，几次画展开下来，发现四十到五十岁的中年女性最能感受他的"梦境"，对他画中青春的感觉"非常地向往"。

画了这么多年的"梦"，你究竟做不做梦？金国明碰到这个问题竟然有些不好意思，他说他没有神经衰弱，但经常做梦。"有好几次，梦中的天空上有极漂亮的画，我在梦中很赞叹，想着，醒来一定要把它们'倒'出来，可是每次醒来都忘了。"他也做白日梦：这样的梦，要是每天做一个就好了。

六岁的女儿在作文里写道："有时候我觉得爸爸很可爱。"

2011年12月31日结语：今天是2011年的最后一天，今年是值得回味的一年。我花了九个多月时间编辑出版了《梦云》画集，12月11日在刘海粟美术馆开了个展，并有幸荣登"上海文化新人榜"。这里我衷心感谢许多支持和帮助我的朋友们，是你们伴我走过2011年，新年伊始，我祝愿大家身体健康，共同开拓2012年的辉煌！

3．艺术新人展

2012年元旦寄语：抛却凡尘琐事，天真也许未必是稚嫩，浪漫也并非日夜相伴，人与人之间可否回归淳朴，或许坦然、自然、悠然是最好的诠释。2012年我的梦想是多积善缘，沉淀性情，凝练心境，回归自然。

2012年2月10日，上海新春的第一场雪凌空飘下，昨晚还在怀念去年的大雪，今日竟然神奇般的灵验了。前些天画了两幅雪景的油画，看来天地与我心有灵犀。

窗外树梢上的雪渐渐积起，与女儿一起堆雪人的时刻非常开心。这是我艺术人生中重要的一年，这一切犹如幸运之神降临一般，是天意。

2012年2月20日星期天的冬日阳光明媚绚丽，我和太太带上女儿到刘海粟美术馆去看"上海艺术新人大展"。我作为上榜的"上海文化新人"，参加了由上海市委宣传部指导、《文汇报》主办的"上海文化新人展演展示系列活动"之一的"上海艺术新人作品大展"。我选送了三幅120厘米×200厘米的油画《我的女儿No.1》《我的女儿No.2》《我的女儿No.3》和一幅220厘米×140厘米的油画《上海田子坊风情》，因此女儿在画里画外融为一体的场景，颇为引人入胜。或许二十年后再回首看这些瞬间的影像，我相信其中那令人心动的青春痕迹依旧会感人，由此我的期许也将会变得更为持久。开幕式上时任上海市委宣传部部长的杨振武、陈东副部长与著名书画家陈佩秋、施大畏先生等莅临指导。时年已九十岁高龄的陈佩秋先生亲临展览现场，堪称是最耐心认真和最"挑剔"的观众，环绕展厅一圈却足足走了一个多小时，在每一幅参展作品前她都久久驻足，细细观看，还不时躬身凑近作品一侧的标牌，看看作品和作者的名字，然后侧过脸来与身旁的作者亲切攀谈。这些足见市领导和老艺术家对扶植上海文化新人的关怀和支持。《文汇报》评论："投一束光给初开的花！在文化艺术的百花园里，有许多'追光灯没照到'的区域，许多人在寂寞中创造价值。甘于寂寞是奉献者的境界，但媒体不去关注、不向公众介绍他们创造的价值，那是失职。"

"薪火相传的美好前景——《上海文化新人榜》新书首发式暨青年文艺人才座谈会"在文新大厦举行。两代上海文化界的六十多位佼佼者汇聚一堂，热烈对话，彼此交流成长的经验、困惑和期望。他们说："今天的文化新人将来就会是文化名人。"当时出席人员的文化名人有陈佩秋、施大畏、毛时安、奚美娟等。我的作品得到了社会各界专家学者们的好评，相关媒体报道频出，并被编入上海人民出版社出版的《上海文化新人榜》一书中。

4．对话与共振

2012年2月25日，我被《新闻晨报》推荐为上海画家代表之一，参加了由全国九家主流媒体：《都市快报》《成都商报》《华商报》《南方都市报》《山东商报》《新闻晨报》《楚天都市报》《现代快报》《华商晨报》联合发起的"对话与共振——首届全国九省市艺术联展"。展览在淮海西路370号红坊国际文化艺术社区内的上海城市雕塑艺术中心揭幕。随后还在济南、武汉、杭州、南京、沈阳等地继续巡展。

5．外滩22号

2012年4月初我应"外滩22号"策划运营的上海美国商会总裁朱梅生先生的热情邀请，在那里做了个人画展。这里原本是1906年英国太古洋行建造的在远东地区的首个办事机构，经过两三年的整修已焕然一新，浦江两岸的时尚繁华与百年的历史沧桑浑然一体，仿佛每一块石壁、台阶都能述说出一段动人的风云往事。13日，参加"外滩22号"晚会派对时巧遇华东师大设计学院院长魏劭农教授，好久不见的老魏很有决断力，当场与老板谈妥了将在这里举办学生毕业展的事情。

五、走向缤纷世界

1．法国秋季艺术沙龙

刚刚从美国回上海，时差还没倒好我就又飞到巴黎。好几次来到巴黎我都是走马观花、蜻蜓点水，这次借参加画展之机好好逛逛。2012年10月23日上午8时，我携带油画《假面》与太太及表妹周秀环、诸勤夫妇从位于法国巴黎协和广场的康朋路旅馆出发，前往香榭丽舍大街大皇宫旁的"法国秋季艺术沙龙"展区。一大早从世界各地赶来的艺术家云集于此。整个路程只有十分钟，办好相关手续后开始布展。不远万里从上海带去的镜框居然被告知不能用，原来法国的沙龙展中为了公平起见而一般不用外框装饰，这也是法国沙龙展的传统。因为豪华镜框并不适合周围的环境，所以只好随俗从简了。

24日晚上5时30分，第105届"法国秋季艺术沙龙"开幕，香榭丽舍大街门口已人头攒动开始排队进场。法国人喜欢凑热闹，看画展却非常体面，穿着考究，先生、夫人和小姐们个个时尚、摩登，这种对艺术尊重和热爱的态度是国内观众所无法比拟的，这骨子里由内及外的气质，学也学不像。画展里的作品风格迥异、精彩纷呈。法国人海纳百川，喜欢个性化，他们十分看重作品的观念与创意。首先我要感谢帮助我报名参展的老朋友法籍华裔画家孙信一先生，他是陆俨少、乔木的弟子，画得一手好山水。我就是用他在巴黎的家庭地址及支票到大皇宫的法国艺术家协会报名的，经过半年多的等待，得知经过法国艺术家协会评审团严格评审后胜出，并十分荣幸地被法国艺术家协会邀请参加晚宴。作品也刊登在展览画册中的表现主义名家栏里，得到了法国艺术家协会和各国参展艺术家们的褒扬与好评。这是我艺术人生中的第三个辉煌点。

这个一年一度的艺术盛会是在法国雕塑家罗丹和画

家雷诺阿等人的倡导下，于1903年10月31日创办的。其最初目的是为落选法国官方绘画展览的艺术家提供展示作品的机会，以后逐渐成为推动法国现代艺术和发现艺术人才的重要活动。一百年来，为众多各种风格和流派的艺术家提供了展示作品的机会，使他们能得到公众的认识和认可，也让公众分享他们对世界和时代的艺术理解。这些展品一般由37位著名艺术家组成的评审团，以无记名投票方式从数千名候选人提交的作品中选定，基本反映了世界现代艺术的水平。早在2005年我便参加了著名的法国官方画展"法国艺术家沙龙"。我能有幸参加这两个著名画展或许是幸运女神赐给我的恩泽。

我的参展油画作品《假面》是1994年创作的，寓意丰富且具哲理：人生会遇见许多人，每个人都戴了形形色色的面具，其实内心世界都不敢表露出来。人性有美好与丑恶，人与人的交往情感也不同。有的人像孙悟空那般会七十二变；有的人长着一副鬼脸，但是心地善良仁慈；有的人面桃花，但内心虚假冷酷。

2."花神"咖啡馆

在巴黎期间，应法国著名艺术策展人Hanna之邀，我携夫人于2012年10月26日晚19:30与原"法国秋季艺术沙龙"主任Mpreno Pincas教授在咖啡馆见面。那天我带了两本个人画集赠送给他们，Mpreno Pincas 教授非常仔细地翻阅了我的两本画册，对其中表现主义的画作大加赞赏，同时对我的人体油画写生作品很感兴趣。他肯定了我的艺术观与绘画技巧功底，并希望我创作新作品报名参加他组织的"大皇宫艺术沙龙展"。最后他期待我再创佳作："金国明的艺术成果指日可待，艺术无偏见，我们更看重艺术家的个性与创意思想。"

在法国巴黎，那些其貌不扬的小咖啡馆或许曾经是毕加索、达利、莫奈、肖邦、伏尔泰甚至拿破仑经常光顾的地方。徜徉在巴黎的名人咖啡馆之间，法国辉煌的文化、艺术与历史似乎触手可及。地处塞纳河左岸的"花神"咖啡馆是著名的咖啡馆之一，1865 年开始营业，毕加索、萨特、布雷东等都在那里喝过咖啡。这家著名的咖啡馆是过往艺术大师与各地艺术家们交流聚会的地方，许多艺术家都喜欢在这里喝咖啡聊天。现在，由 Hanna 朋友的女儿经营，咖啡馆菜单上的画作是她小时候的作品，确实很有艺术才华。Hanna 感叹道："她没有坚持下来，要不然到今天肯定很有成就，所以坚持艺术之路是很艰辛的，走自己的路难能可贵。"

3. 艺术家的摇篮

2012 年 10 月 29 日我与太太从三区史特拉斯堡大街

乘地铁到拉德芳斯，拉德芳斯是巴黎现代建筑的代表，也是巴黎购物中心之一。我与太太从拉德芳斯向东一路休闲漫步欣赏巴黎街景，远眺凯旋门，目标香榭丽舍大街（Les Champs-Elysées）大皇宫，约两个半小时才走到。十多天里我们踏遍巴黎的每个角落，到巴黎多次，这次总算可以初步了解巴黎的风情了。比较喜欢逛巴黎北部有名的大型二手市场，不过这个区比较乱，得小心谨慎。而我更喜欢 Quartier le Marais（马黑区）的宁静与法式情怀。我对太太说："以后想来喝杯法国咖啡时就随时飞过来，坐在街边悠闲地聊聊天、发发呆。"那才是人生中一大快事！

　　漫步在法国巴黎充满艺术氛围的马黑区，它位于塞纳河右岸，西起蓬皮杜现代艺术中心，向东延伸至巴士底广场，堪称巴黎最古老和现代时尚相融合的区域。那种幽静和强烈的人文气息是任何地域都无法比拟的，看那粗粗细细的盘亘交错的线条是多么有张力，自然而强烈的逆光和近乎墨色的团块间闪烁着灵动的光斑，若隐若现中透出些许中世纪的建筑物；那种穿越历史的痕迹和划过天空的流星，使我一度陷入一种深深的莫名的思绪与情感之中。在参观法国蓬皮杜艺术文化中心时，我拜读欣赏了夏加尔（Marc Chagall，1887—1985）的名作《埃菲尔铁塔的新郎与新娘》，因为我喜欢他的作品，他的精神世界与梦幻色彩，真是我的所思所想。夏加尔是现代绘画史上卓越的大师。他的画中呈现出梦幻、象征性的手法与色彩，"超现实派"一词就是为了形容他的作品而创造出来的。

极少主义是20世纪60年代流行于西方的现代艺术流派，包括绘画和雕塑，其主要影响还在于雕塑方面。极少主义以色彩的自然属性平涂构成，简单明了，排除引起幻觉的艺术手法。我曾在意大利拿坡里博物馆参观20世纪初大师作品时惊奇地发现"十字"系列、"狗"系列等作品早已经存在。我在巴黎蓬皮杜艺术文化中心看到赛·托姆布雷（Cy Twombly，1928—2011）的一幅巨大油画，标签上写"1962"，巨大的画面中有一只线条潦草的飞鸟。赛·托姆布雷是美国著名的抽象派艺术大师，1928年4月在美国弗吉尼亚州出生，原名埃德温·帕克·托姆布雷，他的抽象作品往往是将潦草书写、素描、词汇、涂鸦和油画相结合。然而中国云南一画家画的《鸟》与大师作品极为相似，曾拍出一百多万元人民币的价格。我真不敢相信我的眼睛是否已穿越时空，借鉴与学习是可取的，但是完全的照搬照抄则是要不得的！抄袭与复制更是当下最为卑劣的手段，需要人们去反省与思考。林语堂在《生活的艺术》中有句名言："在艺术作品中，最富有意义的部分即是技巧以外的个性。"

走向世界艺术的中心是我梦寐以求的，初出茅庐的我能有幸参加2005年"法国艺术家沙龙"和2012年

| 融光·天和：情怀 |

"法国秋季艺术沙龙",内心欣喜异常。知晓世界艺术史的人们都知道,这是世界美术史上著名的历史悠久的艺术展览,许多艺术大师都是从这里名扬世界的,因此法国是备受世界各国艺术家推崇的艺术中心,也是艺术家的摇篮。当代中国艺术家能在巴黎作为法国区参评入选参展的艺术家是荣耀的:"难道幸运之神真的会如此眷顾于我?"

这一系列的成绩,在别人看来确实是非常幸运,其实我想这应该是几十年来自身的努力与坚持不懈所酝酿发酵的厚积薄发罢了。以下摘自 2012 年由上海市文艺评论家协会张立行副主席的评论:

"70 后"的青春记忆
——谈金国明"梦云"系列油画作品

一代人有一代人的青春。就一个群体而言,一代人的青春虽有其共同的特质,而落实到具体的个人,每个人的青春又呈现出不同的风貌。

与其他年代的群体相比,"70 后"可以说是十分幸运的。他们既没有像他们的前辈那样遭遇过匮乏物质的窘境,也不如他们的后辈为寻找到一个合适的生计需要付出如此的心力。他们成长于一个承前启后、千载难逢的变革转型年代,似乎每天都会有无数出人意料的大把的机会找上门来。只要有才华，肯努力，生活总是会还以他们丰厚的回报，成功的概率远远大于失败的可能。因此，他们的青春少了些许生活羁绊的痕迹，多了不少浪漫奔放的激情，显得更为多姿多彩。

作为 1970 年生人，金国明本人的经历恰好十分典型地印证了这些"70 后"的青春特征。从工人、艺术院校学生到出版社编辑、油画家，金国明一路顺风顺水，步步踏准：得奖、成名（"上海文化新人"），刚迈入壮年之列，已在画坛上闯下一片"天地"。有时候，苦难固然是艺术的财富，但是，顺境也会令画家对艺术有一种超越功利的纯粹的追求。

金国明从步入而立至不惑之年间创作的"梦云"系列油画作品，按照画家自己的话说是"对过往青春的回忆"。这些作品的基调是温馨、浪漫、抒情的，入画的无论是少女、风景抑或建筑，似乎都罩上了一层梦幻般的色彩，予人以美不胜收、浮想联翩的审美愉悦。很显然，画家以他纯熟而丰富的艺术语汇准确地将他深藏在画面中的幸福感传递给了观众。这种幸福感，既属于他那已经过往的青春，也属于他如今渐入佳境的艺术人生。金国明这组"梦云"

系列油画作品虽然是以他早年如火的青春岁月为题材，但是放笔画去，却是如此内敛，纯粹，冷静，不矫情，有回味。因此，他通过作品所表达的这种对青春记忆的幸福感才更厚实，才更具有艺术的说服力和感染力。恰如著名评论家徐明松先生所言："金国明艺术上懂得收了，真正开始成熟了。"

六、学而时习之，不亦说乎

2005 年我把工作室建在位于"田子坊"的泰康路 25 号四楼，在这里我面对空白的画布心驰神往。隔壁是著名旅美画家陈逸飞的弟弟陈逸鸣先生的画室，这里只有我们两位画家，平时我们也会串串门聊聊艺术。三四年后陈先生搬到虹桥古北去了。我也因为整栋楼被杨惠珊租下开"琉璃工房"而不得不搬到"田子坊"5 号楼 507 室。我的"梦云"系列大都是在以上两个画室里诞生的，那里记录了我而立之年后十年间朝气蓬勃的青春岁月。2011 年我又把画室迁移到了思南路 107 号国信创意中心 109 室。

2015 年 10 月我又从思南路搬到了地段更好的老洋

房集聚的上海文化广场旁的永嘉路上，这是我第四次迁移画室了，不过这次是我在几年前花巨资购置的独立艺术空间。高挑的空间梁柱上挂了一幅由中国雕塑大师广州美术学院潘鹤教授在 2013 年他八十八岁生日之际为我题写的墨宝《金国明画室》。另外我还悬挂着两块由朵云轩木版水印馆版国家级代表性传承人蒋敏先生所刻的两块匾额《金国明工作室》《仁德堂》，南京东路朵云轩的匾额就是蒋老所刻。蒋老仁慈宽厚，给晚辈刻匾额也算是忘年的交情了。行书作品《金国明工作室》由上海书画出版社老同事、著名书法篆刻家、战国玺印研究专家庄新兴（心欣）所题。篆书作品《仁德堂》由时年九十四岁高龄的上海市文史研究馆馆员高式熊先生题写，高老也是上海书画出版社的老前辈。朵云轩之翰墨缘，得二老厚爱有加！我虽学西画，然骨血传统，且嗜古怀旧，浸淫其中。壬辰岁暮，又得江宏、张伟生等书画家挥毫再题，书画同源，中西合璧，实乃幸事！南宋诗人吴惟信《苏堤清明即事》诗云："梨花风起正清明，游子寻春半出城。日暮笙歌收拾去，万株杨柳属流莺。"清明时分，思亲亦盛，清泪尽，纸灰起！昔时幼，家严告曰："仁德堂乃吾金氏世承堂号，世代通晓江南丝竹音律。"今重拾堂号悬于陋室挂之，雄心犹存，一则当勉励，二则遗训后人。

我在工作室内集藏了一些欧洲古董家具、字画、瓷器、水晶、铜灯等中西古旧器物。这些西洋家具、壁挂等都是我陆续置办的，每样东西后面都是一个个集藏的小故事。其中有清代文学家李兆洛题写的《书斋》木匾，意大利文艺复兴时期的石雕，19世纪法国的橱柜、沙发椅子等。空间虽然不大，但是在真正属于自己的独立空间里"闭门造车"也是非常愉悦和幸福的，内心也更为稳定和踏实。也许今后我的创作生活都会在这里生根开花。

有了丰富多彩的青春记忆，也就有了绘画创作的灵感，胸臆之气怦然而发，心中感悟流泻布面，一气呵成。那种朦胧的空间恍若逝去的青春，那浪漫温馨的氛围却弥漫了整个空间。完全陶醉于自由自在的创作环境和状态中，短短几年间，我在这里竟然也画了大大小小四五百幅油画和水彩画。能出版《时差——金国明随艺录》则是完全在偶然间结下的硕果。十余年来我在游山玩水中速记的美景小品已达三四百张，有时还在画的反面记录下些许文字，所以每当我看到这些水彩小品时就会想起彼时的美好时光。此外，我在创作油画的过程中常常会利用闲暇时间画上一幅水彩画，以此来调节疲劳感和舒缓压力。开始是些小幅的，后来就越画越大，大的如《枫》《秋》（500厘米×154厘米）、《幻》（440厘米×154厘米）、《炫》（360厘米×154厘米）、《江山如画》《青山绿水》《百草园》《云山秋霭》《壮丽河山》《满目青山》，以及《终南归隐》《美丽的新西兰》《金色之光》等，而数百幅是全开或对开尺寸的水彩画作品。正如俄国作家果戈理所言："艺术家的一切自由和轻快的东西，都是用极大的压迫而得到的，也就是伟大的努力的结果。"我在作画时胸有成竹，把握好整体感，绝不拖泥带水，激情澎湃一气呵成。特别是要驾驭那些巨幅的水彩画还是需要真功夫的，巨大的水彩纸吸饱水分后就会产生较强的伸缩张力，使纸张显出凹凸不平的状态，颜色也会随之积淤在纸张的凹陷处，如果没有娴熟的技巧和灵活多变的方法是很难掌控的。真是无心插柳柳成荫！德国也有句谚语："点点滴滴的藏，集成了一大仓。"就这样在不知不觉中我已积攒下来六七百幅水彩画——闲暇时光，一片彩虹。

我的作品和文章经常在《新民晚报·夜光杯》栏目上刊登，因此也十分感谢贺小钢、祝鸣华、龚建星、郭影老师等资深编辑的厚爱，2017年9月刊登的水彩画《上海徐家汇》等也是我画的许多大幅水彩画之一。我在愉悦轻松的环境与心情中创作了不少描绘上海风情的蓬勃气象的水彩画，其中大都是受当时天气和心情的影响所致，一挥而就。俯瞰上海，光影璀璨，绚丽夺目，美轮美奂。

人到中年，这是我艺术生涯中最美好的时光，所以我格外珍惜拥有的一切，争分夺秒地用画笔去体会生活所带来的各种乐趣，让幸福完全簇拥在心间，滋生出一种无比欢快的愉悦感。我非常喜欢爱因斯坦的一段话："每一个有良好愿望的人的责任，就是要尽其所能，在他自己的小天地里做坚定的努力，使纯粹人性的教义，成为一种有生命的力量。如果他们在这方面做了忠诚的努力，而没有被他同时代的人践踏在脚下，那么，他可以认为他自己和他个人所处的社会都是幸福的了。"梦想人人都有，做梦人人都会，都说梦境是黑白的，然而我的梦境是彩色的，就像一天到晚游泳的鱼，匆匆忙忙来来去去的人，分分秒秒走路的你，梦里梦外浮想联翩的鸟，这就是白日梦里一片飘浮不定的雨做的云。

2013 年 5 月，我带着女儿在空旷的滨江大道边放风筝，我们把一米多长的"老鹰"风筝放得很高，我不断地收放绳子，快放到末段时绳子突然断了，"老鹰"像脱了缰绳一般向远方飞去……再好的东西，再美妙的时刻终会消逝，然而它留给我们的是快乐的瞬间，是记忆，是可回味咀嚼的青橄榄，但愿它有更好的归宿。人生亦当如斯，心灵应当更为纯净。每一次的心绪不尽相同，每一幅的留痕无法复制，如此才是最为永恒的——忽闻海棠欲盛放，月下醉吟数芬芳。

2013 年 7 月 16 日凌晨，我梦见了自己拥有了一间宽大高挑有穹顶的"天光画室"，墙上挂满了自己的作品，心中不由地乐开了花，直到醒来后方才知道是南柯一梦。不过人生就是追梦的过程，或许不久的将来我也可以美梦成真！每个人都有自己的梦想，当梦想成真时收获的是喜悦与幸福；每个人都有悲伤与困苦，当悲情心酸来临时铸就的将是一个坚强勇敢的信心！而当你看到第一百零一颗流星划空而过时，那么不久你的梦想就会实现。

2013 年 8 月的一个午后，那种神秘般的性灵驱使着我的画笔，喷薄而出的是激情！这时所有的技巧已无法左右思绪的灵现，仿佛置身于前世的空灵之中，那富有表现主义的思维模式赋予我更多的创作语汇。布面油画《Raspukin Prophec——拉思普金的预言》诞生了，拉思普金的预言——我心中的预言。格里高利·叶菲莫维奇·拉思普金，1869 年生于俄罗斯萨拉托夫省的一个农民家庭，俄罗斯帝国尼古拉二世时期的神秘主义者、沙皇及皇后的宠臣，他三十多岁的时候开启神父生涯，以散播预言和施展神奇的医术为绝活。我的创作状态往往会被突如其来的灵感和心绪所左右，我相信这是一种神秘的力量，它是我创作中的源泉，是我内心深处的预言，一种与众不同的创作方式。

七、精神与品格

寄情于山水之间，寄情于精神和品格之上。能与稍纵即逝的无可复制的心灵对白，这才是隽永可贵的。再回首，恍然如梦，一生何求，尽在青山秀水中……有时晚上我会梦见自己所绘的作品，非常绚丽美妙，但一觉醒来就完全忘记了画面的构图和内容。但凡在我精力充沛和激情昂扬时，灵感也将随之喷涌而出，面对空白的画布，我思如泉涌，挥洒自如，每当画面的雏形初显时便一鼓作气直至完稿。这也许是让我从"梦云"系列蜕变到"时差"系列的理由和契机，由内及外让我重新审视自己——心灵澄澈，万物灵动；心无旁骛，静谧自省。随着时间的推移和心境的转变，每幅作品的意境也不尽相同。我想表达的是一个浪漫温馨的梦境，在自由想象的空间里神游，开辟一个崭新的五彩缤纷的世外桃源。当我画完"梦云"系列的收官之作《梦云桥》后就提醒自己：接下来的岁月里要画"时差"系列了，这是跨越我十年来"梦云"系列组画的桥梁。十年前我画此系列，一改我在 20 世纪 90 年代激情而又光怪陆离的表现主义风格。十年后伴随着青春感悟，由"时差"系列重拾起了我的表现主义思绪。是生活的感知，是岁月的沉淀，是梦幻中的醒悟，心中逸趣跃然画布之上。能表达出我与生俱来的原始初衷的思绪才是我想要的作品，让作品说起话来是高级的，而无可复制的心性才是永恒的。时空轮回或许超越一切想象力，也许是打开未知空间和未来世界的钥匙。

记得著名油画家王向明老师在二十多年前对我说的一段话："一个画家不怕没人关注，也许十年或几十年，贵在坚持！当人们看到你满屋子的作品时，那么你就会走得更远。"可以说今天这个目标我已经实现了一半，创作了数千幅作品。

著名美术评论家、山水画家邵琦教授说："当今没有人可以靠一幅画或一个展览而一夜成名，只有滴水成渠才能成功！"心若飞翔，无限光芒；志存高远，意守平常。

当今在纷繁嘈杂的都市里要坚守与保持静谧之心是不易的。有些画家哗众取宠地寻找社会热点搞些所谓的艺术，凑热度，不管好坏，只要谁出名了就去画他，以此博取大众的视点，热衷于追星式的行为艺术，像"狗仔队"般用画笔代替相机。虽有从事艺术之名，事实上却真实反映出他们的急躁与虚荣。纵然他画得技巧很高超，画面很震撼，但我认为这还是不可取的。艺术家的行为是一世的修为所得，要有鲜明健康的个性和自我，心如明镜、返璞归真才能出佳作。

著名画家苏剑秋先生在 2012 年的《新民晚报·夜光

杯》栏目中评论文章：

梦把心牵住

2012年"上海书展"上，偶遇去年荣获"上海文化新人"的画家金国明，得知他将于10月下旬前往法国巴黎参加"法国秋季艺术沙龙"，真为他高兴！

金国明一直活跃在油画创作的舞台上，可以讲收获颇丰硕果累累。每每读到他的油画作品，便会产生一种莫名的向往，这种向往令人开启想象的空间，是梦境，是纯粹，是精神焕发。绘画作品的成功要素是触及人的灵魂，也许金国明正是这样早早地领悟到绘画与心灵世界间的内在沟通。

油画艺术与中国画在精神层面上本质里是互通相融的。中国画讲究意到，油画则必须情到，金国明深知油画艺术作为外来画种，处理恰当叠加中国传统文化涵养，照样可以画到意出情致。我真佩服他的耐受力，想想也是，这么多人在拨弄画笔，各种流派纷呈，守得住的人必成大器。他的低调成就了作品的高格。2005年他首次参加"法国艺术家沙龙"画展就受到法国艺术家协会的褒扬，今年又一次以佳作入选世界著名的"法国秋季艺术沙龙"。

在过去的十年中，金国明游历欧亚大陆徒步旅行写生，怀着对艺术的追求，兴奋愉悦，当然也吃了不少苦，回头想想都是值得的。当重新回到画室，面对架上油画创作，我看出他又是异常的淡定冷静，其实他是个十分"内敛"的人，面对利益诱惑他泰然处之。他是一个对艺术十分有讲究的人，这也是我喜欢他作品的理由。

金国明的作品宁静悠远，艳而不俗，他的思绪热闹纷呈，而他的内心很是寂寞，这才是金国明与作品要告诉我们的真正内涵。

值得一提的是，2013年1月网上有位"音画"创作者天成先生看到《新民晚报·夜光杯》中写我的文章后就谱写了一首歌曲：

　　他勾画一片传统民居，映衬着几座现代高楼。绿树环绕的上海田子坊，风情万种跃然在眼眸。啊！岁月蹉跎，梦依旧。他耐住寂寞，苦度春秋。往日徒步旅行欧亚写生，只因怀揣艺术追求。他描绘一幅美丽社区，思念着几多亲密好友。红瓦铺盖的上海田子坊，温馨无限洋溢在心头。啊！前途坎坷，爱依旧。他淡泊名利，拒绝引诱。如今挥笔创作都市形象，已然取得辉煌成就！

万仞之巅，高瞻远瞩。无论荆棘与坦途，无论严寒与酷暑，无论愉悦和惆怅。这是一种宣泄，一种情怀，一种境界，一种精神，一种品格。

八、博观而约取

著名画家王劼音教授曾经对我说："小金，要画一些人家看不懂的东西。"我深知这句话的内涵和信息量是非常大的，因此寻找到自己合适的语言是关键，善于取舍和坚持突破才是明智之举。

2016年我作为上海师范大学校友会理事受邀参加校庆活动，在校园里碰到美术学院的著名油画家刘大鸿教授，他非常热情地握着我的手说："我一直看到你在美术专业杂志上发表作品，长年累月坚持下来不容易的，多努力！"

回首往事是多么地开心和亲切自然！因此，与其说是而立之年我做了一个青春浪漫的充满理想与追求的黄梁美梦，还不如说是步入不惑之年的我在梦醒之后又做起了一个时空多元的繁复冗长的立体之梦。坚持与忍耐的意志不断地激励着我向前走……不惑之年的我已梦想成真。"知天命"的我又做起了中国艺术家的梦，做起了走向世界的梦！追逐曾经的、今天的和未来的梦想是欢愉而有意义的……

如今的我正在慢慢地蜕变，像蚕蛹一般破茧而出，化作轻盈绚丽的彩蝶，飞向天空。生与死，快与慢，进与退，光与影，稍纵即逝……生命的意义在于有创新精神，善于捕捉辉煌的瞬间，或闪耀，或澎湃，或激情，或沸腾，在天马行空中像苍鹰一般地翱翔，在波澜壮阔的大洋中就似海豚般无拘无束地游曳、穿梭着。这绝对是一个艺术家倔强而自恋的独白，独自享受着编织梦境的乐趣和过程。因为光怪陆离和古灵精怪的梦境世界里有我的梦想，追逐梦想，放飞性情，直视自我的内心表白。我深信所有的一切不会无缘无故地出现，从来就不曾后悔，从没有过多的奢望，从不求深情的知音。只有出现在生命中的七彩云霞，令人神往，并沉浸在个体自我的陶醉之中无限遐想。深信只有辛勤耕耘与坚守梦想，才能唤出一片彩霞。

我的"时差"系列系灵感所赐，无拘无束。从"梦云"系列中热情洋溢的浪漫主义情怀逐渐切换至梦幻般的时空转换的"时差"系列中，一切都是那么自然而然地演绎变幻着。而"时差"系列将是我未来的下一个辉煌和艺术主旋律，以此奏响华彩乐章，开启艺术之门；犹如一段奔放不羁的摇滚乐，或轻吟，或激荡，或抒情，一切源自内心深处，来自生活感悟。黑格尔说："艺术的价值就在于借助外在物质形式显示一种内在的生气、感情、灵魂、风格和精神，这就是我们所说的艺术作品的意蕴。"而"时差"系列的未来将组合成一部规模宏大的交响乐！演绎表现主义的精神与品格，踏上梦幻绚丽的时空之旅。持之以恒，积淀性情，博观而约取，期待厚积薄发的那一刻。

步入不惑之年，面对未来已无疑惑可言，路就在远方。而人生半百或许有太多的诱惑与机遇在等待我的选择，就像一棵松柏，有许多的枝丫，有的枝丫长得很茂盛，有的却已枯萎，需要修剪，有的正在出枝冒芽。所以选择与发展固然十分重要，是七情六欲？是精气？是名利？当然我觉得还是坦然处之为上策。

九、励志竭精

2016年我受著名的张强医生集团之邀在上海禾新医院内举办了为期半年的"青春·梦呓——金国明油画

展"，开创了中国首家以文化艺术与医院环境相结合的医疗典范模式。同年 12 月又受中金公司之邀在中金公司家族财富管理的办公区域做了一个为期两年的"青春·记忆——金国明油画展"。能够得到这些著名社会机构的认可，我感到非常荣幸和自豪。正因为有了中金公司的展示效应，竟然在不经意中得到了同济大学经济管理学院程国萍教授的青睐，于 2017 年 5 月受邀参加了"同济大学 110 周年校庆活动"之一的"翰墨光影百十年——同济经管文创艺术展"。

2016 年 10 月至 2017 年 4 月，我被刘海粟美术馆推荐参加由长三角美术馆协作机制主办，刘海粟美术馆、宁波美术馆、昆山侯北人美术馆、亚明艺术馆等协办的巡回展览"直面冲击——长三角地区当代油画作品学术提名展"，这次展览共展出上海、安徽、宁波、常州、昆山五个地区 32 位艺术家的 62 幅作品，为观众展现了长三角地区在油画创作方面的探索与成就。上海选送的画家有我、陈逸鸣、胡志荣和黄阿忠等，我参展的两幅油画作品《时差 No.20》《时差 No.27》得到专家评委会的好评，并选登在《长三角地区当代油画作品学术提名展作品集》、网页与相关报刊上。

2017 年 12 月 25 日，应著名艺术家、南京金陵美术馆执行馆长刘春杰教授之邀，参加了 2018 年 1 月 12 日开幕的"灵犬献瑞——金陵美术馆跨年大展"，为 2018

年献上一只灵犬。随后命题创作了全开尺幅的水彩画《灵犬菲比》。"菲比"是我家养的边境牧羊犬，以它为原型创作了皑皑白雪中的画面。画面中形象生动、黑白相间的边牧犬与远山雪景融为一体，极具艺术感染力。本来我有一幅 120 厘米 ×120 厘米的油画《时差 No.65》也比较切题，但是考虑到运输麻烦就当场再画幅纸本水彩，这样可以卷起来寄送。

认识刘春杰教授二十多年了，当时他在江苏《画刊》杂志社工作，2004 年在《画刊》上刊登了邵琦教授为我写的评论文章和我的油画作品《假面》，而且每年的"上海春季艺术沙龙"上我们都会碰面。记得有一次傍晚展会闭馆，外面下起了倾盆大雨，我请他们一起共进晚餐，却被大雨堵在了门口，人群密集，情急之下我就以百米赛跑般的速度冲到兴业路对面的超市里买了两把雨伞，再折回把雨伞交给他们，这着实让他们感动了一番。春杰说："以后写文章要提这件事。"那晚我送了他一颗宋代的蓝色琉璃珠留念，现在旧事重提也别有一番情谊。

第四章

诗意美育

一、漫谈少儿美育

2015 年 8 月我在上海东方广播中心经典 947/FM94.7《智慧妈妈》栏目中接受关于少儿美术教育启蒙的一小时访谈。我曾经编辑过中小学美术教材、教辅和一些有关高考、艺术考级与美术方面的图书，也有一段美术教育经历，因此东方人民广播电视台主持人陈洁约我到电台与广大听众们交流关于少儿美术教育启蒙心得。说实话我并不擅长语言表达，何况在电台直播，有些紧张，但还是调节好心情从个人的经验来谈谈我的一些想法，结果节目播出后竟然得到了听众的热烈反响，几年中陆续重播了数次。以下节选自访谈内容：

1. 主持人陈洁（以下简称"陈"）：今天我们请到了上海书画出版社的资深编辑、著名油画家金国明老师来到电台与广大听众探讨少儿美术启蒙教育的相关问题，分享美育启蒙的学习经验。金老师您好！关于儿童绘画的启蒙教育，请问您有什么好的建议？

金国明（以下简称"金"）：听众朋友们，大家好！今天非常高兴有幸坐在这里与大家聊聊儿童学习绘画的问题，我将从个人的经验来谈谈我的一些想法。

首先我认为儿童绘画是一个人在成长年龄段中所特有的绘画形式，有个性，有趣味性，有共性。儿童对于音乐、舞蹈、绘画等艺术方面都有天生的兴趣与爱好，对于绘画来说，孩子们从会拿起笔开始，就会自己画画涂涂，不管纸上还是自己家的墙上都会留下宝宝们的手迹。有时会描绘出令你想象不到的精彩画面，也有的乱七八糟杂乱无章。那么，有的家长就会说："看我家的小孩画得多么漂亮！"也有的家长却在担忧："我家的小孩怎么没有天分呢？"似乎画得像或好看就是好，画得不像出乎常规就不好。也许你听到过儿童是天生的艺术家这样的说法，这是为什么呢？这就牵涉到儿童绘画中主题对象的共性问题，儿童对于绘画的感知力表现在不同的年龄段，你叫两到三岁的小孩画出物体的形状，那确实就勉为其难了。你看到人家高年级的学生在画素描，你也让孩子去学，结果却适得其反。所以我觉得要根据每个小孩的性格特点、兴趣点、年龄段来启蒙教育。激发小孩对绘画的兴趣比较重要，儿童对于他所感知的事物用他也不知所云的方法表现出来，这就是儿童画的心理特征，顺其自然就是最好的启蒙方式。既然家长是孩子的第一个老师，那么我要提醒家长们，不要心急，多鼓励自己的小孩，而不是去限制甚至打击小孩的自信心。比如家长们可以给孩子们营造一个舒适的空间，准备足够的不同材质的纸张，如白卡纸、铅画纸、各种色卡纸等，颜料有水粉、水彩、丙烯等，还有蜡笔、铅笔、钢笔、毛笔等各种绘画工具，让孩子们在自由的无拘无束的环境与心情中发挥他们与生俱来的天赋和创造力。千万不要去埋怨指责小孩怎么把衣服弄脏了！颜料涂抹在新衣服上或许会令一些家长感到非常不适，但是这时作为家长如果说一句："宝宝，没关系，画得很棒，继续加油啊！"那么这对于孩子来说是多么的兴奋，在兴奋与自信中自然会完成他的色彩游戏。为什么会把颜料洒在身上，因为他兴奋了画得开心了嘛，你在小孩开心的时候呵斥他，那他的情绪马上跌落到冰点，甚至会吓哭了，如此几番折腾，小孩对于绘画会产生一定的拘束与不安感，怕弄脏衣服或桌面，导致以后怕画有颜色的画了。所以情绪的调节也是儿童绘画教育里的一个课题，这里就不展开了。

因此，鼓励与表扬是最好的启蒙方法，建议家长们不妨多采用这样的方法来激发孩子们的想象力与创造力。

2. 陈：那么家长该用什么样的方式来引导孩子？

金：大多数家长是没有美育方面经验的，这点其实也不要过分担心，你的小孩具有天生的无比强大的创造想象力。你的成人观点与经验在这里发挥不了任何作用，你不要把自己的经验告诉或强加于小孩，比如太阳应该用橙黄色、叶子用绿色、天空用蓝色等。小孩子画出一个他所认为的色彩有何不可呢？他就画出黑色的或白的，飞机在水里，人物倒立，小狗在飞等，这种无意识的组合才是儿童画的主要面貌特征。启蒙的关键是要创造良好的宽松环境，多鼓励多表扬，在游戏中适当引导儿童对自然环境的反应，多到大自然当中感受自然景物，不断让小孩增加对事物的感受与理解，这样在孩子以后的绘画中自然会有他所感受的事物出现在画面里。还有，多给孩子看一些优秀的国内外绘本，通过图文并茂的感知学习有利于他们对绘画的兴趣。儿童对于绘画有着天生的兴趣，我们要呵护和培育这种兴趣，这要通过长时间看似不经意的指引来增强儿童的绘画兴趣，我们并不一定要孩子将来从事这个行业，只是让他们通过绘画艺术来感知这个世界，并有能力去描绘出他们心中的美好天地。

3. 陈：你可以跟大家谈谈你的心得体会，不同年龄段的孩子学绘画，起步时适合学什么？从哪儿入门？

金：不同年龄段的孩子有不同的绘画特点，主要区别是儿童对于事物的感知力随着年龄的增长而增强。两到三岁的小孩是在捕捉色彩游戏过程中成长的，他们没有造型的概念与描摹能力，对于色彩有着天生的感觉。大多以点、线、面组合的抽象画面为主，想象力极为丰富。

这时家长们要备好各种各样的纸张和毛笔、铅笔、钢笔、蜡笔以及各种颜料等，把它们放在家中的各个角落里，孩子们可以随手拿到并涂抹起来，这时家长也不要去干涉他的创作欲。有条件的家庭还可以专门留出一块墙面，挂上一块较大尺寸的教学用的白板，就让孩子在白板上任意涂鸦。这样既满足了小孩涂抹墙壁的欲望，也可以给小孩做上家庭课、记事之用，久而久之这块领地就属于小孩的，他也会非常珍惜。一般可以挂到上小学，非常实用。有的家长会有意让小孩学中国画，我有个中国美院做老师的朋友，他比较注重传统文化的教育，在他儿子两三岁时就让孩子接触笔墨纸砚，让小孩在宣纸上任意涂抹，感受宣纸的特殊渲染的效果，那种无意识的点线组合形成的画面别有童趣，所以体验才是最好的方法。

儿童一般在四到六岁就有了形体的概念，形象上有外星生物、怪兽、公主、大头娃娃、飞机、大炮等，这时的儿童画启蒙尤为重要，儿童画老师的教学应该起到一定的作用。但是国内优秀的儿童画教师不够多，往往会教出千篇一律的成人儿童画，学生必须照着老师设计的形象临摹或创作，但是画出来的作品却失去了儿童本来的情趣。我认为优秀的教师不仅要懂得儿童的心理，还要设计一些场景来启发儿童的绘画想象力，不要去局限于形体与色彩的完整性，要善于捕捉每个学生的特点来指导。

有时家长也可以参与其中，亲子互动的效果会更好，在引导中启发儿童的想象力。我反对一些老师用他画的儿童画让孩子们参考与临摹，所谓的玫瑰花图案应该是这样画，或者几笔就画出一个动物等都是不太可取的。儿童画的童趣与韵味只有儿童才能表现出来。老师与家长起到的作用是启发与引导，课堂的设置也要让儿童产生强烈的兴趣，让他们画感兴趣的、喜欢的事物，题目宽泛，不要单独命题。这个阶段的儿童没有什么绘画入门的概念，主要是培养兴趣，有时候会产生阶段性的反复，或在某个时期不感兴趣了。这时家长也不要去逼他，其实这阶段的小孩都喜欢美工，剪剪、贴贴、画画、搭积木、做模型等。绘画与美工制作相结合是非常好的一个方法。

七到十岁的儿童喜欢描摹，对复杂的形体事物有了较强的描绘能力。这个阶段的孩子启蒙教育比较重要。家长们有条件的话可以多带他们到国内外的美术馆、博物馆或艺术展览上亲临感受。老师可以引导他们树立正确的艺术思维与方法。简单的速写可以多练习，想象力的引导更为形象生动。我认为学习正规的素描和色彩技巧训练等还是在十岁以后开始比较合适。

4. 陈：请您谈谈对于当下儿童艺术考级的一些心得体会。

金：艺术考级是十多年来艺术教育产业链里的一个环节，作为艺术来说，用考试的形式很难衡量出一个人的艺术修为，许多艺术界人士对此也褒贬不一。我认为艺术考级有利有弊，既然谈到考级，我还是客观地谈谈自己的一些理解，仅供大家参考。前几年我参与了文化部艺术研究中心主办的《全国美术考级专用教材》的编写工作，我负责《素描考级1—10级》《速写考级1—10级》《色彩考级1—10级》《漫画考级1—10级》共16册教材的编辑组稿任务。其中《漫画考级1—3级》《漫画考级4—6级》是儿童艺术考级的重点，《全国美术考级专用教材》把儿童画归到《漫画考级1—3级》中，因为儿童画本身具有漫画的一些基本特征和元素，漫画中夸张、变形、扭曲、概括、简练等表现手法和特征都能在儿童画中有所呈现。1级的考试对象基本是四至五岁的幼儿，作为初级的起步考试，对构图造型的要求是能画出基本的形体就可以了，他们有自己对物体的理解与表现方法，只是儿童的手肌肉不发达，致使画出来的形象非常质朴可爱。2—3级多数是五六岁的学生为考试对象。这些儿童可以在画画时自由些，不拘泥于绘画的任何形式，以激发学生的创造力为目的。

《漫画考级4—6级》是儿童画向漫画过渡的一个阶段，基本是六至十岁的小学生为主。我觉得儿童画的考级比素描、速写、色彩和中国画等的考级内容更符合儿童学画的特点，一般的儿童并不需要专门训练就能达到1—3级的水平，因为儿童天生具有艺术家的天赋与想象力。你让三岁的小孩去考4级以上是不太可能的，如果让六岁的儿童去考1—3级，估计都能通过，这就是年龄差别的原因。十岁以前的儿童主要是培养他们的绘画兴趣，通过家长与专业老师的引导，使他们徜徉在儿童画的广阔空间中，让他们畅想与创意出风格迥异、形式丰富多样的儿童画来。

素描、速写、色彩的考级对象多为小学阶段的少儿，他们已经具有基本的描摹能力，只要引导得当还是可取的，这取决于老师的教学方法了。老师要根据儿童的心理特点进行教学，显然用成人化的教学模式是不合适的，我不主张用刻板的技巧训练来辅导学生。许多小学生在练习素描、色彩过程中感到非常枯燥，画得不好时老师就自己改，改好后学生拿回家，家长看了觉得小孩画得蛮好了。基础训练是分阶段练习的，是一个循序渐进的长期过程，在这个年龄段我觉得还是儿童画成熟的阶段，让小孩多用不同的材料、不同的画种和形式去创作各种有趣的具有丰富想象力的儿童画作品。

有了对绘画的兴趣与爱好，就有了将来继续学习艺术的动力。我认为小学五年级以上就可以开始接受一些基本的绘画训练了。考级是形式，我们不以考级为目的，在意识上起点要高，请优秀的专业人士辅导也是有必要的。主要是培养孩子的艺术修养与兴趣爱好，艺术与生活是相通的，也许你家的宝宝将来会成为一名杰出的教师、设计师，或是艺术家。

5. 陈：请你谈谈如何提高小学生在课堂上的绘画兴趣？

金：大多数的小学生都喜欢上美术课，因

为他们可以在画画玩玩中放松自己的心情。我曾经编辑过上海书画出版社出版的中小学美术教材，加上以前我也做过美术教师，对于体制内的教学模式有一定的了解。也深感做一名优秀的美术教师很不容易，每个学生的特点也不一样，假若我们套用刻板的教学模式，则弊多利少。教材其实提供的是范本模式，具体在教的过程中应该发挥出教师所掌握的艺术知识来灵活设置课程。

关于这个问题，我曾专门与上海的儿童画教育专家吴有源先生进行过探讨。第一，他认为现行的儿童画教学对老师的综合素质要求比较高，目前确实存在良莠不齐的状况；第二，儿童画教学要善于发掘儿童的创造力。他举了一个风筝的例子：孩子是风筝，老师是线，风筝飞到哪，线跟到哪，但也并非要在放飞过程中始终去拉这根线，时有时无，在教学过程中因材施教、逐步指导。又如画圆，是画鸡蛋好还是画土豆好呢？显然教学结果还是画土豆好，因为孩子机械地画出的鸡蛋，还不如画土豆所产生的不规则的圆形来得好看有趣味。

我女儿今年四年级，在上海一家知名的公立示范性小学上学，前些天我问女儿这学期课堂上画了几张画，她说两张，我说怎么会两张？她说老师第一节课"打形"起稿，第二节课描摹勾勒，第三节课涂上色彩，第四节课才完成这幅课堂作业，这样一个月就画了一张枯燥、刻板又无创造力的图画。

我觉得如何能让美术课堂变得生动有趣起来，确实是我们的中、小、幼和课外辅导美术教师要认真考虑的一个问题。教材只是提供章节里的教学目的与内容，我建议美术教师应该根据教材的内容灵活设置一些有趣的课题，用启发式的故事情节来引导学生，让他们对所要描绘的事物有一个初步的了解，让他们发挥想象力与创造力，画出个性迥异的作品来。在轻松自然的气氛中调动每个学生的兴趣，而不是单纯地完成教材上的内容，就是成功的教学模式了。同时对于初中学生的美术课也同样存在这样的情况，我想对于这个问题最后还是留给大家去思考比较妥当。

6. 陈：作为艺术家你怎么来启蒙你的小孩？

金：我几近不惑才有了弄瓦之喜，但我花

在小孩身上的精力不是很多，主要是我太太在操持，她是上海外国语大学的英语教师，教育的问题大多交给她了，她从小给小孩讲故事、朗读，使小孩从小养成阅读的习惯，每天记下点滴情绪等。现在小女已经读小学，每月能主动地阅读十几本她感兴趣的图书，兴趣非常广泛，喜爱体育、音乐、绘画等，学了排球、滑冰、乒乓，还弹钢琴、吹长笛，优点是一学就会，缺点是没持续性，所以我经常跟她讲要勤奋专注，不要好高骛远。至于绘画方面自然遗传了我的些许因子，她得过近十项教育部举办的"全国少儿美术比赛"的一、二、三等奖。不过我并没有刻意地去教她绘画，因为小孩子我不敢教的，现在她十岁了我也不教她绘画技巧，主要是怕抹杀了儿童特有的创造力，如果她感兴趣学习，那么到五年级以后就可以开始一些基础的绘画训练了。

儿童在每个成长阶段都有自我的感知力与动手能力。我就是让小女多看看，家里多布置些艺术大家们的书画作品，让她多到画室里来玩玩，也就是在不经意中让她耳濡目染，言传不如身教。

二、写给女儿十周岁的寄语

亲爱的 Nicole（翰文），今天是你十周岁的生日。祝贺你！

人生会经历各种各样的事情，快乐与困惑同行，从婴儿到少年，从少年到青年，从青年到中年，从中年到老年；今天你长大了，有了自己的思想，有了自己喜欢的事物，有了良好健康的心情。

记得第一次看到你时，爸爸简直无法形容高兴好奇的心情，无数次地端详你稚嫩可爱的小脸蛋，无数次地想象你长大时的模样，无数次地揣测你的脾气与个性。

第一次听到你呱呱落地时的婴啼时，我极力想把你的原声永远地储存在记忆的脑海里；

第一次用我笨拙的手抱起你时，就忍不住要亲吻你的额头与细嫩的小手；

第一次看到你戴着婴儿救生圈在水里像小鱼儿一般游曳时，我想等你长大后一定会在广阔的天地中畅游未来；

第一次托起你像鸟儿一样旋转着把你逗得咯咯笑时，我想象着你一定有一个快乐的金色童年，你的未来一定会有幸福美好的生活；

　　牵起你那纤细的小手时，爸爸在心里暗暗地说："我就是你的保护神。"

　　生命只有一次，你必须要好好珍惜倍加呵护。

　　十年前，爸爸妈妈把你带到这个绚丽多姿的缤纷世界来，想让你对生命有一个全新的体验；辛勤地养育你，为的是将来让你去创造属于自己的美好世界。愿你快快乐乐地健康成长，并祝愿你拥有一个美好的阳光灿烂的未来。

深爱你的爸爸

2015 年 7 月 5 日

　　"翰墨神韵传四方，文章风雅播天下——金国明撰联庆贺爱女金翰文十岁生日。"我请单位同事、上海书法家协会副主席张伟生老师写了一幅书法对联作为纪念。

　　梁漱溟先生说："一个人的生命，不自一个人而止，是有伦理关系。伦理关系，即是情意关系，亦即是其相互的一种义务关系。所贵乎人者，在不失此情与义。"时间永远是向前推进的，过往的所有永远是历史的回忆。两代人不同的人生轨迹永远在演绎发展。人生就像一个橄榄核，两头尖，中间圆鼓。从原点到终点永远是一条直线，生命的延续与继承也是人生的自然规律。

三、写给女儿十四岁的信

亲爱的 Nicole（翰文），今天是你十四周岁的生日。祝贺你！

记得爸爸在四年前给你写过一封信——《写给女儿十周岁的寄语》，那是一封近五百字的短信，字里行间表达了父母对你的怜爱与期望。也许你不太记得了，不过爸爸将会把这两封信编入我的《时差——金国明随艺录》中，等至二三十年后再回首，相信你读后会受益匪浅，并冀望你有一个美好的未来和幸福的生活。

看了那张在你十周岁生日时拍的全家福照片，我心中泛起涟漪，溢满幸福，那时的你依偎在我们身边——小鸟依人。而今我悄悄地站在你身旁，发现你要与我一般高了，忽然间觉得你真的长大了，并正值人生中最美好的豆蔻年华，成为一个婀娜多姿、亭亭玉立的少女。这四年间变化不小，从身高、形象、气质和年龄上看，你正在经历从幼童到青少年的生理过渡期；从思维模式、言行举止上讲，你正迈向蓬勃而又朦胧的青春期。从小学到初中，你将要面对的是如何树立起正确的人生观和世界观的关键时期。而这段人生经历对于你来说还刚刚起步，并且只有一次体验的机会。时间是无情的，它无时无刻不在悄悄地流逝，它不容许你在其间有偏差和挫折。因此你要努力学习，你要善于控制情绪，勤于思考，自我小结。学习的目的不是为了追求学分，而是为了孕育自己将来能有得以独立生存于社会的能力。我们希望你在今后几年中逐渐找到自己所钟爱的事情，也就是所谓的人生目标：理想——志当存高远。

你要珍惜和体味家庭的温暖和氛围，自由愉悦地去分享学习和生活中瞬间的幸福时光。平时，妈妈着力注重于你的学习教育、生活起居安排等，相信你也能从中深有体会和感触，那是一种伟大的无私的奉献，是倾注在你身上的母爱。我相信妈妈的辛劳和付出，定会打开你美好的未来空间，为你配到通向幸福之路的钥匙。平时，爸爸不太过问你的学习，这并不等于我不关注你，其实我一直在你身边默默地守护着你的方方面面。每次得知你获得了优异的学习成绩时，我为之高兴；当你被学校公派去英国奇泽赫斯特女子中学交流时，我为之骄傲；当你吹起悠扬的长笛时，我为之愉悦。你有你的空间，诸如学习、生活、娱乐等，我不会干涉你，然而这其中也有个方向问题——学习和生活中的各种方向和尺度。当你有困难、疑惑时我一定会及时出现，帮你一起克服和解决生活和学习过程中的所思所困，及时排除一切障碍雷区，相信爸爸就是你最可靠的参天大树和最安全的庇护所，让我们彼此间灵犀相通、心念所系。

十四岁！多么美妙的豆蔻年华！

请你仔细地慢慢咀嚼其中的滋味，似一颗青涩的橄榄，是甘甜、是苦涩、是酸辣，只有你心中所知，不必说出，不必窃喜，不必忧虑。

这是你人生旅程中最美好的时光，有父母和老师的呵护，有同窗伙伴的友情。青春之歌悦耳动听，春天的脚步已渐渐到来，你准备好了吗？你准备用什么样的姿态去接招？你将会成为爸爸妈妈心中的小白鸽吗？

最后我想对你说："人生中最重要的是学会感恩！记住这是属于你的唯一的十四岁生日派对。"

是为纪念。

你亲爱的爸爸

金国明

2019 年 7 月 5 日

四、家庭美育

2009 年开始创作四幅（100 厘米×200 厘米×4）"我的女儿"系列，这是我情之所至的主题油画，我认为能真实反映出个人情感语言的作品就是精彩的。我用画笔自由地抒发爱情、友情、亲情，这是我艺术语言的本质与基调。有小爱才会有大爱，只有在生活中去体验实践并感悟人生，才能有更多的收获。小时候我读鲁迅的《闰土》，其中捉麻雀的故事很吸引人。曾经有一次我也捉到过五只麻雀。自从我养了一对八哥后，阳台上引来了不少麻雀偷吃玉米粒。我对女儿说："让我们一起捉麻雀吧！"翌日清晨，一只饥饿的小麻雀飞来，迫不及待地进入了伏击圈觅食，猛地一拉绳子便被罩住了，女儿乐得笑哈哈，玩了一会儿后就把它放飞了——金色的童年记忆瞬间定格在了彼时彼刻。每年的圣诞节我都会跟女儿说："晚上圣诞老人会到家派送礼物，你要什么呢？"小孩子很纯真，就早早睡下了，因为她认为只有在梦里才能收到礼物。每一个人都有美好的童年，也许这个圣诞情结也会伴随她一生。

我告诉女儿："艺术除了天赋之外，更重要的是勤奋和坚持。没有飞蛾扑火的精神是不成器的，做任何事都一个道理，这是一种与生俱来不可磨灭的精神。"

2019 年 11 月 22 日"小雪"，上海的初冬似深秋一般满目金色，街头巷尾的梧桐树叶掠过眼帘翩翩飘落，一夜之间便铺满了整条马路。女儿长大了，十四岁时身高已一米七左右，俨然是一个美丽快乐的豆蔻少女。她非常有思想和个性，学习能力很强，学习成绩名列前茅。她告诉我喜欢数学、计算机和物理，想朝这方面发展，这个想法让我倍感欣慰，经常鼓励她朝着自己的目标前进。

女儿就读于上海一家（美高）国际学校，在校内的"GPA"成绩始终名列前茅，并保持全 A 成绩。高中毕业时取得五门"AP"考试 5 分的佳绩。她对数学和计算机的浓厚兴趣日益爆发出无尽潜能——在繁忙的学业之余参加诸多国内外竞赛活动并斩获一系列佳绩，其中包括："ACSL 美国计算机科学联盟全明星赛团队金奖"、"个人铜奖"、"FTC 机器人挑战赛中国地区总决赛亚军"、最高奖"启迪奖"和"滑铁卢数学竞赛优胜奖""Math Kangaroo 金奖"，等等。

值得一提的是，她的成长经历生动折射了全人类教育理念的精髓。她不仅仅是一个传统意义上的理科优秀女生，而且矢志不渝追求人文艺术道路上的精进。她的油画作品在 2020 年荣获荷兰博物馆颁授的"第六届追逐凡·高国际美术大赛金像奖"。多才多艺的她擅长长笛吹奏，并且也是学校舞蹈社的主要成员。她担任学校学生会学术部长期间，一年内组织了五六场活动，激发同学们的学习热情以求共同进步。她关注社会，关心弱势群体。因为感受到老年人在智能技术逐渐渗透的生活中力不从心，她查阅文献、自编问卷，进行课题研究，希望帮助老年人跨越数字鸿沟，提升其幸福感。她基于此项公益实践而完成的课题荣获"第三十六届上海市青少年科技创新大赛——青少年科技创新成果竞赛一等奖"。在2022年度里荣获国内外数学竞赛、机器人编程大赛等13种奖项。

女儿住宿于上海青浦区的国际学校，因此我们连续四年几乎每个周末都要驾车往返于50公里外的朱家角镇接送女儿。我对她说："今天父母的辛苦与付出都是希望你有一个美好的前程，现在就像是在放飞雏鸟一般，一收一放，待羽翼丰满时便可高飞远翔了。"然而每当我送女儿回校后，在回家路上怅然若失，就像英国著名心理学家西尔维亚所说：

> 这个世界上所有的爱都以聚合为最终目的，只有一种爱以分离为目的，那就是父母对孩子的爱。父母真正成功的爱，就是让孩子尽早作为一个独立的个体从你的生命中分离出去，这种分离越早，你就越成功。

当我看到她在体育课上练习赛艇项目时感到高兴；

当我听到她在舞台上吹奏的长笛乐曲时为之动容；当我得知她设计的艺术节徽荣获"一等奖"，并被制作成海报张贴于学校礼堂时感到骄傲；当知晓她喜获"澳大利亚国际袋鼠数学金奖"时一阵暖心；当我看到她作为荣誉毕业生时出色的（GPA4.6）成绩单后满心欢愉。

谁能想到缘分就是那么神奇，2023年9月上旬，十八岁的女儿Nicole终于踏上了赴美国波士顿的东北大学计算机科学学院学习数学和CS计算机专业之路，去追寻她的人生目标和理想……她可以经常来到波士顿公共公园的九只小鸭子的雕塑边学习看书，到波士顿美术馆看展览，也可以到附近几所著名大学里"蹭课"学习，包括哈佛大学、麻省理工学院等，这也许是2012年我们到波士顿哈佛大学校园中时她摸了约翰·哈佛先生铜像左脚的缘故吧！据说摸了他的左脚可以带来好运和智慧。然而也冥冥之中注定她在十一年后结缘于此——波士顿画家罗伯特·麦克洛斯基画的童话故事《让路给小鸭子》。

五、社会美育

社会美育的目的在于培养人们对美的感知和欣赏力，提升整个社会的审美情趣和文化品位。我是教师出身，后又从事美术图书出版工作，对当下的美术教育也略有涉猎，借此对美术基础教育的一些问题也谈谈我的看法。全国美术类高考延续至今已有数十年，其考试的方法由原来的当场写生逐渐演变到用照片形式来测试考生的水平。这个现象值得让出考题的专家们去认真思考，至少在国外是没有这个先例的。以往对于美术高考的学生来讲，他们应该已具备较高的绘画基础水平，尤其是应景写生的能力很强，这是学生进入绘画艺术之门的必经之路。十多年来全国各高等艺术院校采用照片来考试的形式较为普遍，许多考生长期用照片临摹以博取入学率，确实有许多学生如愿以偿考入了各大美术院校，但是他们进入学校后，面对真实物象的写生却无从下手。这里必须提出两个问题：第一，学生在基础训练时须以写生为前提，从生活中提取艺术养料与灵感，努力打好扎实的基本功；第二，作为指导老师应以写生为主要手段正确指导学生，不要急功近利，否则会毁了一棵艺术好苗子。不管学生将来是从事绘画艺术工作，还是其他行业，培养和熏陶学生的艺术气质与品行非常重要，这对提高国民整体美育素养也是很有意义的。

此外，还有比较严重的是考卷的雷同性，千篇一律，画风统一，好像是一个老师教出来的学生，这是非常概念的机械训练造成的结果。确实，时代不同，所面临的环境也不同，或许我是杞人忧天了。2008年我在编《上海市普通高校招生美术类统一考试评析》一书时，曾向上海考试院指定的出上海美术高考试题的章德明教授、林加冰教授等专家们提出了这些问题和看法。从近年来出的考题中可以看出考试院的专家们也认识到这个问题的严重性了，也正在逐渐坚定地提倡与指导学生们回归自然的写生之路。如2016年中国美术学院的色彩考题中出现了默写写生风景的题目，中国画试题中强调了诗书画融为一体的要求。2017年后，上海美术高考的考题也明确加试风景写生和场景速写。这就等于直接告诉考生们在绘画的过程中还是要用写生的方法来应对考试，指引学生们要走进大自然去真实感受光影和色调的变幻景象，以此来培养学生观察事物的能力和绘画创作能力，让学生们可以通过平时的正确绘画基础训练来达到考试的目的，并符合美术高考的要求。

现今的中小学美术教学方法显然比较局限，我认为现在中小学的美育非常重要，同时也对学校美术教师提出了更高的教学要求。建议有条件的学校专门设立美术教室，学生上美术课时可以走进美术教室面对画架写生或描摹绘画。教学用的美术教材只是起引导教学内容和方向作用，而使学生能在美术课堂上学到专业知识和技能是要下功夫的。因此美术教师要不断提高自身的艺术素养，通过教学实践把艺术专业知识和艺术教育理念灌输给学生，培养学生的综合艺术素养和艺术审美力。

Chapter 5

集藏拾贝

第五章

一、翰墨缘

1. 朵云轩·翰墨缘

上海书画出版社与朵云轩原本是一个单位。朵云轩1900年7月11日建店,上海书画出版社1960年成立,直到2009年因改制才被剥离成两个单位,现都归属于上海世纪出版集团。2004年我的油画《朵云轩·翰墨缘》在北京中国美术馆举办的"首届中国美术出版界美术家作品展"上展出。画面中的人物形象都是朵云轩的书画家,有于濂元、沈觉初、李成勋、杨涵、余白墅、黎鲁、高式熊、方去疾、黄昌中、赵坚、刘士镛、林野、潘德熙、徐德森、吕丁、张锦标、曲章富、刘小晴、王宇仁、岑久发、周阳高、周萍、吴建贤、刘慧芳、吕清华、茅子良、王崇礼、周志高、李慧珠、杨关麟、方传鑫、江宏、卢甫圣、沈培方、庄新兴、王惠国、华逸龙、李琼、董觉伟、戴小京、张雄、董之蕾、张伟生、吴瓯、孙扬、陈翔、邵琦、金国明、汤哲明、邵仄炯(原名邵昃炯)等。2000年4月,祝君波老师在图书《翰墨缘》的序言《我所知道的朵云轩书画家》中描述:

朵云轩书画家是一个特殊的艺术群体,尽

管每个人艺术风格不同，但有三个共同点：生活在上海，供职于朵云轩，热爱书画创作和研究。由于他们的勤奋和天赋，在朵云轩这片沃土中深广见识，最终成就了这个艺术家群体。特别值得一提的是其中比例很高、艺术修养很深、学术层次很高的专家队伍。他们是读者与作者、艺术家与收藏家之间的桥梁，而他们自己又是艺术家。

虽然按年龄排序在《翰墨缘——上海书画出版社朵云轩同仁书画选》中我是最后一位，但是正如祝君波老师所说："朵云轩的书画家们自己投身艺术创作，也就能更准确地把握艺术规律。"这也是我坚守在这里的原因之一，无论顺境与逆境，我始终矢志不渝坚持梦想。

1996 年我拿着简历走进了上海衡山路 237 号大楼，到二楼后等了许久，人事科罗龙凤老师出来告诉我单位已经很久没从社会上招聘了，无果而返。想不到 1998 年我被祝君波社长从上海市宣传系统人才会上相中招进了上海书画出版社做策划编辑，这也是上海书画出版社首次对外引进人才，以至于后来卢辅圣总编忍不住问起我是谁介绍来的。因为一般来说没有一点社会背景，是很难进入这个文化单位的。事实证明我进社第一年就成绩斐然。或许过去的坎坷经历与一切努力都是为了这个契机而做的铺垫。这种与朵云轩的翰墨缘来得很突然，而似乎又在情理之中。也许无所欲的状态才是最高境界——无欲则刚。而我的整个艺术创作活动始终都绕不开我所从事的图书编辑工作和兴趣爱好，因为这是我艺术生涯里耗费精力最多的事情。百年朵云轩的文脉传承与积淀造就了许多海上书画大家，使我耳濡目染并融入其中。以前那些老编辑都是"爱玩"之人。他们大都有收藏古玩字画的爱好，如高式熊、崔尔平、庄新兴、方传鑫、王中秀、刘小晴、江宏、茅子良、刘荣虎等。高式熊先生爱好摄影，收集了各式各样的照相机，崔尔平、方传鑫先生各收藏了几百方古代精品水坑端砚，庄新兴收藏古玩杂件，刘小晴收了几千本古籍善本和珂罗版碑帖，刘荣虎收藏海派字画等。同辈的漆澜是印石玩家，还有张春记的字画、何鸿的唐卡等。当年我们也常聚在一起"斗宝"和相互欣赏。近水楼台先得月，书画社多的是书画家。新世纪初，我备了两本空白册页请他们在上面添上一字一画，十多年后两本册页基本上也涂满了。著名书法家周志高先生也喜欢古物，后来我送了周志高先生两只云南地方窑口的元代小瓷瓶，顺便递上我的两本册页请他在引首页上题写了"翰逸神飞"四字，他临退休前到北京做了几年《中国书法》杂志的主编，后又回上海接了著名书法家周慧珺主席的班，荣任上海市书法家协会主席。

上海书画出版社人才辈出，一个书画群体中出了好几个美术家协会和书法家协会主席、副主席，还有上海市文史研究馆馆员、大学教授等，如上海市美术家协会副主席卢辅圣总编、上海市书法家协会主席周志高，还有上海市书法家协会副主席吴建贤、刘小晴、戴小京、张伟生等，以及主席团常务理事方传鑫（已故）、沈培方（已故）、王立翔和理事邵仄炯等。中途陆续调出单位的有上海中国画院的车鹏飞副院长、陈翔院长（上海市美术家协会副主席）、上海书画院江宏院长和上海博物馆书画部主任李维琨研究员。还有中国美术学院白砥教授、何鸿教授，上海师范大学美术学院邵琦教授、彭莱教授、邵仄炯副教授，上海大学美术学院汤哲明副教授，原上海艺术研究所周兵所长，原龙美术馆执行馆长黄剑（已故），北京语言大学朱天曙教授，上海人民美术出版社副总编、编审徐明松，上海油画雕塑院理论研究室副主任李诗文，朵云轩拍卖公司副总经理张春记等。其他都是从外单位调来的或新引进的才俊，如有后起之秀中国美术学院书法专业毕业的副编审张恒烟，现为上海市青年书法家协会副主席，他为人低调、谦虚好学，也是著名山水画家车鹏飞先生的弟子，我的许多印石名章都是他篆刻的，不过后来他也调离单位到上海中国画院研究室工作。如今还留在单位里的"原班人马"只有编审徐可、王彬和我等人。随着书画社名家编辑相继离退休，能书善画者日渐少矣。但愿长江后浪推前浪，一代新人胜旧人。

2．编辑轶事

1998年我到上海书画出版社综合编辑室时，就听说刚遇车祸去世的著名书法家乐心龙先生的一些事，还有书画名家王壮弘先生打太极拳和书法家许宝驯老师去巴西等轶事。那时隔壁年画编辑室主任是国画家张雄先生，年画编辑室和教材编辑室是当年最赚钱的两个部门，著名国画家吕清华也在年画编辑室，他跟朵云轩前辈胡也佛学习书画和木版水印技术，擅画仕女人物。记得那时有五年时间他一直在编这本《近现代书画家款印综汇》（上、下册），每天忙于复印资料，结果连复印机也坏了，总编办重新换了一台新的。直到他临退休前图书还没完工，最后由庄新兴老师收尾杀青发稿，故此事一直被庄老挂在嘴上唠叨。吕老师夫人也在朵云轩木版水印工作，不幸的是他夫妇二人退休后相继患病去世。

有一天，时年五十三岁的著名书法家吴建贤老师来徐汇区钦州南路81号出版大楼的编辑室上班，听说之前一直是长病假在家，这样我们也算相识了。他为人比较耿直豪爽，说话爽朗洪亮。过一段时间后他请了长病假就再也没有进过编辑室。直到他退休后的2007年，时年六十二岁的吴老师在家中因突发脑梗医治无效去世。他去世后上海市书法家协会副主席空了位，后来书协又增补了刘小晴老师做了副主席。说起上海市书法家协会副主席刘小晴先生，为人最为豁达和善，有求必应。他经常会在书法编辑室里说："你们要（我）写的尽管拿来，等退休后机会就少了。"他对境遇差的落难之人都会奉献爱心。1999年左右，青年女编辑刘晓君长病假在家，还要做肾血透治疗，经济压力很大，刘小晴老师经常会资助她渡过难关。他还时常会用现金来接济单位的单身老职工，一次还会给5000元以上。2012年他听我说起复旦大学于娟老师的事迹后就写了两幅字捐给了于娟家人。2018年，刘小晴工作室成立，他捐资500万元成立艺术基金，又拿出100万元，对口支援云南红河的书画教育事业。对于社会上的相关善事活动，他都会发自内心地给予帮助，他做的善事不胜枚举。刘老师的小楷秀美精劲，行书亦流畅自然。有次他为我的册页书写后很认真地盖了几个闲章，其中有一方闲章"瓢客"，盖上印后我们都哈哈大笑起来。记得新世纪初叶的壬午年（2002年），朵云轩在"上海书展"上搞"名家写扇面"活动，开价1000元一把扇面，但人气不足。我看看没人要写，便在收银台上付了钱，与刘小晴先生商量能否写幅小楷，他二话没说就开始写了，四首唐宋诗词一笔一画写了一小时，写完后对我说："这里嘈杂，以后到家里好好写，不过这一把可抵上四把扇面了。"后来我又请青年才俊邵仄炯在小楷扇面的反面画了一开山水画，一字一画保存至今，而二十多年前的这一幕幕情谊仍历历在目。2020年10月17日，朵云轩举办系列讲座："刘小晴、张伟生、金国明讲述编辑部的故事"，我就在讲座上说了这个故事，还有书法家张伟生的故事。

上海市书法家协会副主席、编审张伟生老师是与我交往比较久的同事。我们在同一个办公室，因此天天见面，彼此也比较熟悉。张老师是位儒雅之士，性格温文尔雅，行事低调淡定。他善行草书，小楷亦精，其行草脱胎于"二王"，恬淡静穆是其面目。十多年来我也陆续收藏了他的一些小楷、行书等手卷和册页，甚为喜欢他雅逸一路的书卷气。2013年春，我请张伟生老师用洒金红纸撰写了一副对联："象牙报奏谐金曲，琴瑟音悠萦碧天。"落款为："书奉海上金国明周艳夫妇结发十四周年纪念。岁次癸巳年春，吴郡张伟生志贺。"2014年他退休前夕我收藏了他以梅、兰、竹、菊为主题的书法精品册页，再请邵仄炯画了二十四开梅、兰、竹、菊，并请朵云轩郁德兴老师（著名国画家郁文华公子）精裱了四本厚厚的册页，最后请木版水印室的杜培明老师帮我到豫园城隍庙定做了一只红木箱盒。后来在我组织的一次笔会上又请上海书画出版社老前辈、时年九十六岁的高式熊先生为四本册页各题上引首："梅花年后多"、"兰秋香风远"、"绿竹半含箨"、"采菊东篱下"及题签"翰墨馨香，己未四月高式熊题"。一套精品册页由此诞生。

另外一位上海市书法家协会副主席是著名书法家戴小京先生。1999年我们在综合编辑室时并排坐在一起办公，由于身体原因，时任朵云轩拍卖公司总经理助理的戴老师刚调回编辑室不久。中山大学毕业的戴老师身材高大，说话中气十足，很远就闻其声，毕竟是中国拍卖师中的"第一拍"，举手投足间派头十足，看待社会问题睿智而深刻，一语中的，掷地有声。每到中午时，他会在办公桌前静坐默念《心经》，正是拥有这份心力成就了他德艺双馨的品格和艺术事业。2003年后戴老师调到上海书协做秘书长了。当时编辑室里还有茅子良、庄新兴、李琼、江宏等资深编辑。著名篆刻家吴瓯老师是戴小京老师的夫人，她善书画篆刻，著有《篆刻印文常识》《汉代印章的源流及其特色》等。2010年她退休时我请她篆刻一方印章"仁德堂鉴藏"，两年后她到编辑室找我："小金，不好意思，刻了两年多了。"而我也为吴老师的严谨治学和精益求精感佩不已。孟子曰：

> 君子所以异于人者，以其存心也。君子以仁存心，以礼存心。仁者爱人，有礼者敬人。爱人者，人恒爱之；敬人者，人恒敬之。

我与上海书画出版社老编辑的友情是深厚的，他们的人格魅力也时常影响着我的成长。2015 年，我请郁德兴老师把我的两本册页拆开后重新裱成一本厚厚的册页，里面有周志高、周阳高、刘小晴、戴小京、方传鑫、江宏、沈培方、孙扬、张伟生、董觉伟、邵仄炯等名家作品。打开册页墨香一片，留下的是一份情谊、一段美好的念想。说起书法家董觉伟老师，他原本是《书法》杂志的技术编辑，后来一直在教材编辑室。他每天早上提前一个多小时到办公室开始练书法，下班后继续练。对社会上的笔会也不屑一顾，极具个性，这种对书画艺术追求的精神令人敬佩。我也常对新进出版社的编辑说要珍惜出版社的"书画"两个字，研究中文或理论的就应该多写些文章，时间一长就可以成为作家、评论家。不会书画的可以早点学起来，数十年后就是名家。就像以前邵琦老师对我说的，要在上海书画出版社站稳脚跟还是要靠手里的绝活。以往上海书画出版社的名家个个能声名鹊起名扬四海，靠的就是自身的专业实力，正是上海书画出版社几代人的积淀成就了当年全国书画界半壁江山的美誉，没有他们坚实的奠基哪有现今上海书画出版社的业绩和辉煌。

　　2014 年，海派书画大家江宏先生曾在其"65 寿庆暨书画大展"前夕赐我书法墨宝一幅。回忆起 2002 年与江宏、孙扬出差在宁波的宾馆里切磋画艺的情景，还十分有趣。他们都带了笔墨纸砚，画得兴致盎然时，江宏说："小金没带本小册页来，否则给你画掉啦。"哈哈！结果还是我用毛笔在宣纸上为江宏画了幅速写。令人难忘的是我们在舟山朱家尖岛的海滩边冲浪，虽然海水很混浊，但是我与江宏、张春记都下海冲浪了一番，一排排惊涛骇浪呼啸而来，好刺激！连站在沙滩上的著名书法家刘小晴先生看了也眼热，一开始他还穿着衣服，后来干脆也脱了上衣一起玩海，老老少少玩得兴致盎然。一会儿一排大浪劈头盖下，只听到刘小晴老师喊道："哎呀！我的眼镜没了！"这时站在沙滩上观海的周萍、吴瓯、朱孔芬等女同事们纷纷下来帮他摸眼镜，这么大的海浪哪里还摸得到啊！一段美好往事今天回忆起来，不禁令人莞尔。临走时我与江宏到小店里买了两只硕大的唐冠螺。晚上大家都围着江老师，饶有兴致地听他谈画论艺。时光飞逝，情谊绵长！

2004年江宏在文章中说：

　　　和金国明在同一办公室共事多年，只是依稀知道他擅长油画。及至他为我作了一幅形神兼备的肖像速写才领教了他的写实手段。十数分钟的随意涂抹，那种神闲气定、从容不迫的作画情态，信手拈来间显示了深厚的功力。金国明平时不善言语表达，所思所感都在画里，而从他画里获得艺术享受者为数不少。这些年来，他的作品屡屡参赛、屡屡获奖，又屡屡被海内外识者收藏。我作为一个外行，看金国明的油画，自认为看出些门道来，是基于从外行的本色——看热闹——他那些尽管被打得支离破碎的写实形象里，细细品出点什么来。技巧纵然不是目的，然而没有手段是达不到目的的。

国画家孙扬是老兄长了，我们两个人挨在一起办公了很多年，谈画论艺，相互切磋，一直到他 2015 年退休。孙扬（原名孙金祥），擅山水，画江南水乡是一绝。2002 年我与江宏、孙扬、邵琦、李琼和朱孔芬到山东临沂、日照等地区采风，晚上在沂蒙山下的小店吃小羊肉和驴肉，江宏说："天上龙肉，地上驴肉。山东驴肉最好吃。"他还买了几斤带回上海。山东人好客拿来白酒，我们都倒了一大杯，足有三两，孙扬先生一口喝下后很快就趴下了。他喜欢喝酒，每天喝一瓶黄酒已成习惯了。喝完酒后就开始作画写字，泼墨设色，借酒发挥有时也会得到意想不到的效果。当时我是第三编辑室的主任，编辑室里有一张空台桌，上面笔墨纸砚样样齐全，每天中午休憩时，大家围在这里玩玩笔墨，互相交流。有时我也会上去涂抹一番。刚来不久的黄剑为我书写了一幅书法作品《金国明油画作品大展》，2010 年他离职去了龙美术馆，2017年患病英年早逝。那段时间里庄新兴老师勤奋练字，每天要写几十幅书法对联和条屏，有时也问他讨要了一些，那是我们最开心的时刻。刚来出版社不久的汤哲明每次从楼上下来也会涂上几笔，后来他就在这张台桌上分好几次为我画了一幅山水画。有一次上午由孙扬先生主笔与大家一起合作画了一张丈二匹宣纸（367厘米×144厘米）的《荷花图》，题款为"上海书画出版社第三编辑室同仁作"，画好后大家一起盖章，其中有我和孙扬、庄新兴、黄剑、李琼等，一数约有十几方印。这幅画由郁德兴老师托裱好后贴在墙上，一直挂到2004年出版社从钦州南路81号的出版大楼搬到延安西路593号大院为止，临走时我把此画从墙上揭下后卷起来妥善保存了。还有一次我拿了一张棉絮很厚的"红星"旧宣纸，早上等江宏先生来，大家就围在一起看江宏老师现场试纸。江老师有个习惯就是喜欢用自己带的笔墨家什画，一只小而精巧的清代大西洞端砚加一块清代旧墨细细研磨，待砚堂上飘起油花时就开始动笔了，只见他胸有成竹，从容下笔，缓缓地画下一幅斗方大小的山水《寒江钓雪图》，边画边说："老宣纸的效果非常好，灵额！"画好后贴在墙上。挂了没几天，时任副总编的周兵对江宏老师说他要了，江宏老师手一挥笑言："拿去！"一派超俗洒脱的名士风采。

当年上海书画出版社内画家众多，气氛很热闹，时时会吸引社会上的书画商和卖笔、卖纸、卖石头的贩子，他们肩挑手扛着大包小包经常光顾编辑室。因此出版社的几个编辑室每天都热热闹闹的，一会儿试笔鉴纸，一会儿挑石赏画。有一次，福建的印石贩子来了，庄新兴老师叫我："小金快来！"只见满房间的人，大家都在挑选寿山印石，站在旁边的摄影编辑李顺发老师也蠢蠢欲动，他有点犹豫不决，所以一直没下手，后来就放弃了。我挑选了几方"月尾"印石和"善伯"印石，还有一个是老李放下的通体结晶芙蓉石"佛手"把件，开价400元，庄老当时就说这件芙蓉石质地很好的。放到现在也要上万元了，哪还找得到这样的货哦？后来庄老在"善伯"印石上为我篆刻了《山水如画》闲章。可不要小看那些小贩，长年累月就发了大财。譬如卖笔的邹根源经常光顾各书画机构和书画家寓所，用毛笔换字画。

　　2015年，孙扬先生在退休前有一支常用的毛笔坏了要修，约了卖毛笔、宣纸的邹根源来编辑室，聊上几句后他告诉我们上海当代的书画名家作品他都有，数量可以开个艺术馆了。确实上海一些古玩城里的书画商当初都是卖宣纸或卖笔出身，像路画廊掌门人路亮、上海藏真海派美术馆创始人万俊池、百乐草堂的徐乐华、汲宝缘的邹常辉等现在都已身价不菲。

　　老编辑们都喜欢坐在一起聊聊天，谈笑风生，边喝茶边抽烟，经常弄得烟雾腾腾，气氛很热烈。也常常会吸引外面的名家作者们一起加入，常来的有上海大学美术学院的著名美术史论家徐建融教授夫妇、著名国画家李厚等，徐教授几乎隔三岔五到编辑室，他风趣地说他像是来上班的，大家一起侃得很有劲。是啊，都是些才高八斗的饱学之士，大家聊的话题也都是很生活化的，但却非常高级。

那时编辑们都喜欢打扑克牌"80 分"游戏，下班了还继续打，常常玩得忘了回家，有时周末也相互邀约一起娱乐。有一次著名学者、美术史论家王中秀先生在打牌时突然想起书稿中有一个黄宾虹词条好像在家中的某个卡片上，顿时兴奋起来，回家一翻果然如此。老编辑治学严谨，编外功夫是非常厉害的。不要看他们在玩，其实在玩的时候他们也还在动脑筋解决书稿中的疑难问题。王老师对我说他有个习惯，就是平时注意收集信息并分门别类归档做好卡片，然后放在不同的格子里，需要时就抽出来，这个就像图书馆的档案柜。听之汗颜，这是一种多么严谨的治学精神呵！不幸的是王中秀先生于 2018 年 11 月 28 日因病辞世，享年七十八岁。他长期从事上海美术史料的辑佚、考辨工作，做过大量黄宾虹第一手资料整理、编撰与研究工作。著有《近现代金石书画家润例》（合作）、《黄宾虹年谱》《黄宾虹画传》《黄宾虹文集全编》等。

2006 年单位组织到海南岛疗养，在亚龙湾的海滩上我体验了一把降落伞的惊险刺激。一到几百米的高空后我就后悔了，才发觉原来我也恐高，飞翔在茫茫无际的大海上空，环顾四周时我突然产生一种强烈的恐慌和无助感："掉下去就完了！"生与死的念头只在一线之间。本能使然用力抓紧绳索，当快要降落时需要单手来控制方向，而那时两手却已脱力没劲了。与此同时，张春记、郭晓霞、朱孔芬、倪凡等同事也租了一条快艇飞驰在海面上，据说张春记也惊恐地大叫："哎哟，要是掉下去可就完了！"看来男人都比较怕死。令我难忘的是在烈日底下与穿了红衣衫的陈海红、施晓俊等同事一起在海滩上捡贝壳的情景。谁能料到今天的张春记已是朵云轩拍卖公司的副总经理和鉴定中国画的专家了。

我与著名篆刻家、编审茅子良老师交情笃深，刚到出版社时与他在一个编辑室工作多年。他喜欢撰写考据文章，兢兢业业做学问搞出版，往往发现一个问题或查到一个事件出处就会兴奋不已并撰写文章，2006 年他获"上海出版人奖"，享受国务院政府特殊津贴，2009 年他出版了《艺林类稿》一书。我问他："假如您一直从事篆刻的话是否成就会更大？"曾经做过副总编的他回答说他能做编辑已经很知足了。2013 年我为他画了一幅形神兼备的油画肖像，他很满意，也为我刻了四方印章，其中有一方《神来之笔》闲章编入"西泠印社 110 年社庆·百年西泠金石华章系列"丛书《印汇天下·国际印社联展图录》。2018 年元宵节后又为我治印一方"内外明彻，净无瑕秽"。我也回赠了一幅 2013 年画的水彩画《郁金香》，因此书画家之间通常用互换作品来"以艺会友"，增进友情。

书画家中我比较敬重的是著名书法家方传鑫老师。他师从来楚生、方去疾先生，亦曾得马公愚先生等大家指授，从隶法入楷、行、草书，书法作品各体皆工，尤以隶书为最，编辑出版了大量字帖书刊，其中有《中国碑帖经典》百种等。他性情耿直，为人亲和。记得 2000 年我在虹口区三角地菜场旁边的古旧红木店中觅得一件小牛皮质地的漆画后拿到编辑室，方老师说这个应该是清代中期的东西——皮胎描金漆《瑞鹤图》。后来刊登在鉴藏图书中，藏品保存至今。当年我们时常在一起谈艺鉴宝，方老师喜欢砚台，他经常会带几方上品的清代大西洞水坑端砚来交流经验，譬如他让我对着阳光看端砚石头上的青花、火捺、金线等纹路，用手抚摸砚石就像是婴儿皮肤一般滑爽，磨墨后上面会飘有云朵般的油花，俗称"发墨"。久之我也能辨别一二了，他常夸我说："小金眼光好，悟性高。"有一次，我对方老师说要买他一幅隶书，他说这怎么可以。翌日，他就带来一张隶书送我了。

2012 年 3 月 2 日，方老师在南京路朵云轩举办了"方传鑫书法篆刻展"，他人缘好，展品不断被来宾贴上已订购的"红标签"。方老师的印章很是出名，特别是边款刻得十分精致，他可以在印石的四边用真、草、隶、篆体镌刻诗词。我请身边的张伟生老师帮我参谋挑了方"昌化掘性独石"材质的印章《上善若水》，我向原朵云轩吴琍琍经理表示方老师的展览我要捧场的，这方印章标价25000元，我当场就拉信用卡成交了。过了两个星期，方老师来到编辑室赠予我一幅他书写的四尺整张隶书精品，说这是用清代宣纸写的，这就是他的品格和风骨。不幸的是方老师在2017年1月23日因病去世，留下了我们对他的深深怀念。

我曾经三次错过进朵云轩拍卖公司的机会，主要原因还是我不太愿意去。第一次是2005年左右朵云轩李年才总经理到编辑室来找我，想问问是否会油画鉴定，恰巧我不在，编辑室的孙扬老师就说让李诗文去试试，结果李诗文就去了拍卖公司油画部，做到2010年后他就离职了。虽然钱是赚到了，但是其花费的精力和面临的精神压力却也不言而喻；第二次是朵云轩财务科长陆剑良来问我是否愿意去，如果可以我们翌日就办入台证到台湾去收东西；第三次是2013年我在组稿《颜文樑》一书期间，与朵云轩副总经理承载老师、摄影编辑李顺发一起到苏州博物馆拍摄颜文樑油画作品时，承载老师力邀我："待遇很丰厚，做上五年也就可以了。"我说我情愿画五年的画。

虽然机会有多次，在这个问题上我却是非常坚定的，做艺术家就不能去做商人，去了拍卖公司就是向艺术家、藏家去讨画作，艺术家的身份换成经纪人了。角色一换前功尽弃，几十年从艺经历和心血付之东流。有时要学会放弃，只有舍弃眼前利益，才能高瞻远瞩成就大业。

二、集藏缘

新世纪初叶，每逢周末假日我常会去古玩市场兜兜玩玩。有一天我到大木桥云州古玩市场，偶然淘到了一堆民国年间的金融保险资料，如太平洋保险、大上海保险以及中华人民共和国成立初期的中国人民保险等，有的还是保险公司规章的手稿。其中夹杂了一本曾经是这些资料主人的洋行经理在民国时期的日常生活账簿，里面记有当时洋行经理吃喝玩乐的各种物价指数。研究黄宾虹的专家王中秀先生得知后就问我要了几页复印稿，不久便编入了王中秀、茅子良、陈辉编著的《近现代金石书画家润例》一书中。有时鉴赏雅玩也会有意想不到的斩获！有次我在老城隍庙藏宝楼的"冷摊"上淘得一只宋代的青瓷碗，数日后带到编辑室对庄新兴老师说："庄老！这只宋碗送给您了，有缘！""老法师"很惊讶地看着宋碗底足上那苍劲有力的毛笔大字"新兴"，直呼："哎哟！是真的嘛！"不出几日，他也回赠我一只元末明初的早期青花碗，底足也写有一个大大的"尊"字！他说："这个就是早期的青花瓷。"哈哈，这其实就是大人的玩具罢了——其乐无穷。庄新兴老师擅长书法篆刻、印学理论，也是古董杂件玩家。他经常会带些五花八门的宝贝到编辑室，如宋代湖田窑的影青碗、五代梅子青碟、战国铜镜、北魏造像、汉代滑石猪等，我也很虚心地向他求教学习。新世纪初我们经常会在上海城隍庙的地摊上碰头，周末凌晨三四点钟天还未亮就开始逛"鬼市"地摊了。有次清晨在地摊上他抓起一件酱紫色的精品建窑盏不放，我知道这又是件好东西了，最后"12元"成交。当然我也有过很多次类似的好机会，有天早上7点左右在藏宝楼的四楼地摊上，我与老庄等一起扫货，突然他蹲下去拿起了一件唐代玉璧底青瓷单耳杯，一问价"20元"就放下了。在机场工作的玩家小范处长顺手也拿起来，一问价也放下了，当时市场中东西多，大家都是抱着捡漏的心态去淘宝的，古玩行里叫价"一元"就是100元，"一角"就是十元，因此"20元"就是2000元，相当于一个月的工资。一个多小时后行家们散去不少，最后我见机会来了，便把它拿在手里开始砍价，与小贩们打心理战也是很过瘾的："你看这个都没人要，场子里这么多专家都看过了，可能不对，要不早就成交了，算了我帮你开个张吧！"一来二去几个回合，最后我仅用"四元"就拿下了这只珍贵的青瓷单耳杯。成交后老庄、小范他们都围过来，老庄说："这只杯子当场可以卖'50元'，小样大器，精品！博物馆也不一定有。"其实这些老法师们都盯着这件宝贝呢，结果是被我捡了漏。

古玩鉴赏也是我的兴趣之一，需要耗费很多的精力和财力，不过只要我看中的东西，基本上都会很有缘地收入囊中。譬如新世纪初在杭州参加完书展活动后，我和茅子良、庄新兴、刘荣虎等老师一起直奔当地的古玩店，我的唐代越窑青瓷粉盒就是在那时淘来的，只花了"6元"。老庄常说："小金悟性高，一点就通！"确实把玩古器是靠悟性和专业知识的，而实践更重要，一刹那的工夫就能开门断代。著名书法家方传鑫常在办公室说："小金聪明，收的古琉璃也是一绝。"这样的故事不胜枚举，而我的宝贝随着年月的累积也越加丰富了。

在我收藏的文献资料中有三件精品。新世纪初，我在上海大木桥路云州古玩市场的书报摊前看到一本四开大小的红色精装硬板压凹凸、烫银封面的图集《上海市工程地质图》，右上角烫银"密"字，下面印有上海市城市建设局，打开一看，原来是1959年12月版的上海各区县地质图纸，有上海市区及县属地区等几十页，各页都敲了"密"字红色印章。同时还有一本八开大小的红色精装图集《中苏友好大厦（上海展览中心）地质勘探报告》，并是原件手稿。这幢建于 20 世纪 50 年代的俄罗斯古典主义风格的建筑是中苏两国建交后，由苏联专家帮助设计兴建的上海第一幢展览馆，在相当长的一段时间内，这幢建筑顶端的镏金五角星，曾是上海的一个制高点。这两件文献资料都凝聚了一代人的智慧与结晶，弥足珍贵。

又一个周末早晨，我发现地摊上有一卷很旧的用墨绿色丝绸料包裹的东西，当下我弯腰拿起，打开一看，只见牛皮纸封皮上用毛笔书写有"上海觉园住宅照会"，竟然是用英文书写的建筑图纸原稿，图纸上有钢印"工部局"。我合上此卷拿在手中，并问摊主价格，开价"二元五毛"。得知他是在静安区胶州路一户人家当废纸收来的。我没还价，马上掏钱成交。这时一直盯在旁边的男人着急地对摊主说："你怎么会这么便宜就卖啦！"我立马走人，要知道古玩行里有规矩，东西拿在谁手上就不能夺，待人家放下了才可以上手，所以好货早就被行家盯住了。

上海觉园就是上海佛教居士林，位于上海西康路、常德路之间。1920 年，民族资本家南洋兄弟烟草公司创办人简照南、简玉阶兄弟投资兴建觉园，占地 0.7 公顷，有楼房 22 幢。1926 年，居士简玉阶将觉园的部分舍出，作为佛教居士林社址。觉园也是赵朴初先生从事抗日救亡、传承人间佛教三十余年的旧居。这一大卷建筑设计原图资料是 1924 年协昌泰测绘建筑公司设计，工部局监制。其文献与史料价值无可估量，也就是在二十多年前我还能偶尔发现一些珍贵的文献资料。

2010 年 3 月的一天清晨，我逛上海大木桥云州古玩市场，被一位熟识的摊主叫住，他招手示意我有好东西："我有三封吴阶平的信。""吴阶平是谁？""吴阶平是全国人民代表大会常务委员会副委员长……"我说："看看吧。"他拿出一封信给我，"哟！怎么来的？""是收来的，就是随这些书信一起的，主人是上海中医药大学党委书记洪嘉禾。"我低头一看："还真是，地上一大堆。""多少钱？"他说："30 元（3000 元），一封吴阶平的信 10 元。""太多了，哪有这么多的！"其实彼此都心知肚明，斗智斗勇嘛，一来二回后我说："所有信件打包价 25 元。"于是我装满两个大塑料袋后立马走人，兴冲冲地赶到田子坊的画室中进行整理。一打开就惊喜地发现一部六百多页用书稿纸誊写的《性的教育》手迹原稿。《性的教育》（第一版）于 1989 年 10 月由上海人民出版社出版，洪嘉禾、沙友、傅安球著，责任编辑林铭纲，序言为吴阶平所撰。其中有编辑林铭纲先生在 1988 年 2 月给洪嘉禾的两封信，对此书的撰写进展及内容做了相应的要求，如其中一封说：

　　嘉禾同志：你好！我已仔细看了第一章总

论及家庭性教育的一节，总的感觉是很好，望放手写下去。这是一部独具特色、带有开创性的学术著作……

后来我在网上购得第二版的《性的教育》，其版权页上所示发行量已达 2.5 万册。作为中国第一部性学方面的研究专著，其学术价值与文献价值不可小觑。我把图书与原稿、信件放在一起，这或许也是图书与作者、编者和收藏者之间的缘分罢。

随后我在文稿中又整理出几篇洪嘉禾的学术论文和《养生十一宜》的原稿及贯穿他一生的各种聘书与证书，如有洪嘉禾在读大学时的上海学生课余艺术团团员证、1994 年聘为中国性学会首届常务理事、1993 年上海性学会会长和教授资格证书等。其他的以信函为主了，最为珍贵的是整理出吴阶平给洪嘉禾的七封亲笔书信。

另外还有近百封写给洪嘉禾的信件，如近代中医大师何时希于 1985 年 2 月 9 日的和平饭店北楼的宴会请柬，上海市领导叶公琦、华侨民族宗教部门胡绿漪和宗教局的吴孟庆、市科协潘风翔的新年贺卡；有中国台湾的中国医药学院院长陈梅生，中国香港性学专家吴敏伦、徐梅夫妇的书信，还有日本医学专家池川哲郎、根本幸夫以及众多友人们的信件。其中吴敏伦、徐梅夫妇众多的往来信件可以看出洪嘉禾与这家人的友谊绵长，并从中得知已故著名油画家陈逸飞的代表作《浔阳江头》的藏家就是香港画家徐梅女士。

显然我的这一系列藏品的主角就是中医学院的洪嘉禾教授，这么多个人文献资料的外流，显而易见是他家里发生了变故或是家属不重视当垃圾丢了，好在捡垃圾的也懂行，见好的就往古玩市场送，而我是有缘之人，权当做个资料保管员了。

后来我又觅到了原上海市地方志编纂委员会委员、上海市地方志办公室主任、《上海滩》杂志社原主编吴云溥编审的近百封书信和他一生中重要的相关证件，如结婚证、工作证、各种聘书等。这与洪嘉禾先生的情况如出一辙。

2006 年 10 月 3 日，我在奥地利萨尔茨堡住了两天。前夜，我隔着橱窗玻璃，相中了一件 1875 年产于匈牙利布达佩斯的瓷器扁壶，心痒了整晚。翌日十点开门，我就匆匆走进这家古董店，与说德语的老头砍价，语言不通，我们就用笔来写阿拉伯数字与肢体语言交流，他说他的，我讲我的，很带劲！呵呵！居然与我在国内买古董时的情景一样，一来二往，打起了心理仗。又看到两件非常精美的 1870 年产的日本瓷器，那可是 19 世纪日本的"萨摩烧"瓷器啊！这几样我全要了，这个奥地利老头没想到我一个中国人花了大价钱买他的东西，刷卡时他乐得手都抖了。其实该乐的应是我，西方人并不很了解亚洲的文化艺术，这次在异国他乡拾遗的经历真是令人难忘！

2011年1月31日，不知不觉中我来到了西班牙广场边，这里是罗马最高尚的街区，"噢！跳蚤市场"，这里什么都有，大多是西洋古旧器物，挑来挑去我买了件16世纪的木质鸭子摆件，用螺钿镶嵌的翅膀，用带工的有精细纹饰的细铜装饰鸭嘴及翅膀，尽显其古朴典雅、精致小巧，极富历史沧桑感。

法国巴黎圣母院圣路易岛的小巷里有许多特色的食品店与饰品店。2012年10月的一天中午，说好要到孙信一家吃午饭，我与夫人在巴黎圣母院附近走到一家古董店时看到里面挂着几幅16世纪的老油画，我一眼就瞧见玻璃橱柜里摆放了一套硕大而精美的清乾隆时期的精品"广瓷"，便开始与老板打起心理战，磨了一个多小时后，老头以为我不要了。临走到门口后，当我回头说"OK！"时，他额角冒汗，拍着胸脯说："心都快跳出来了，还是让它回到老家去吧！"呵！我才不管呢，喜欢就收！出门在外淘淘旧货不亦乐乎，关键是该出手时就出手，错过了，也就后悔没有了。后来我在上海博物馆展出的故宫藏品中就看到过一套类似的广瓷精品。周末我喜欢兜兜法国最大最出名的跳蚤市场，古旧物品琳琅满目，真是老鼠跌在米缸里，我里里外外地毯式扫描般地领略了欧美各国的古董钟表、动物标本、家具、字画、灯具、玩具、象牙制品等。在一个摊位上我看到一件新石器时代的玛瑙箭镞，对摊主表示这个是很老的东西，很棒！不料这位法国人见我很喜欢，就表示要送给我，也许他认为这件小箭镞太小了不值钱，我当然也乐呵呵地笑纳了。走到另一家，我十分喜欢那里的几把雕刻精美的老象牙"斯迪克"，很遗憾我不敢买，也带不回来。总不能空手而归吧，我就顺便捎上一个1880年法国产的镶嵌玳瑁边饰的首饰盒给太太用吧。

我的工作室里挂着一幅小巧精美的木板油画《在萨尔斯堡附近》，这是一幅奥地利约1620年巴洛克风格的古典油画，画面真实生动地描绘了一位画家在萨尔斯堡附近的酒窖里与男爵干杯的场景。这是2006年我在奥地利小镇Hallstatt的古董店里淘来的。这个举世闻名的湖边小镇就像童话世界中的场景一般，那些梦幻般绿色或黑色尖尖的屋顶、窗外的鲜花绿草，甜美而又恬静，令人流连忘返。

同时还有一幅配有洛可可风格画框的精美风景油画，是19世纪法国巴比松画派代表人物之一让·拉布朗斯（Jean-Labranszz）画的风景原作。不要以为它在博物馆，现在它就挂在我永嘉路的工作室里！这可是我从巴黎市中心著名的古董画廊里买的，乘火车辗转到比利时布鲁塞尔，然后再乘飞机带回家的。能如此近距离地观摩如此精美的原作，真是大饱眼福！

当我漫步在比利时布鲁日的小巷中时，经常会被一些精湛的手工艺品吸引而驻足观赏，不过我更喜欢逛当地的古董店，一幅《雅各布与圣母》（约1750年，比利时）的古典油画，就是我在闲逛中买下的。每到异国他乡我总会有意无意地选购一些喜欢的艺术品，一是欣赏，二是学习。人生几多情，唯好古嗜物。藏的是怡然心情，赏的是真挚情感。

2014年8月我在手机上发了一条"朋友圈"——民国上海知性美女，这是我收藏十多年的民国老照片。不到一小时，远在加拿大的好友徐琳女士说照片中的美女是她现年八十八岁的婆婆——严丽娟，这可是绝对本色之上海美少女。这是她十四五岁时（1939—1940）在上海大成照相馆拍摄的，朋友随后发了他们的结婚照（公公九十二岁）和一张2013年10月17日的《新闻晨报》，上面刊登了他们的"钻石婚"纪念照片和相关报道。经过这么多年历史沧桑，当八十八岁的"民国美女"又看到了昔日之影像时激动不已，据她说原照片很早以前就遗失。我是在古玩地摊上偶然得之，这真是奇闻逸事，我收藏的老照片想不到竟然就这样找到了源头，并且照片中的主人公非常精彩，俨然是一个上海滩上的历史故事。借此机缘，我便把这幅珍贵的照片转赠给严丽娟女士，也算是完璧归赵了。衷心祝愿这对相濡以沫结婚六十余年的夫妇健康长寿！

2018 年 9 月，徐琳女士到我工作室里叙旧，说起这段奇缘，感慨万分。得知她公公已九十七岁，婆婆九十三岁了。我的收藏机缘使这对老人又重温起半个世纪前他们的青春岁月！这难道不是一种缘分？

还有一件很有缘的收藏品，是我在 1997 年世界出版社出版的《路易·艾黎》一书中找到一张图片，与我在十多年前从古玩市场中觅得旧藏的原版照片一样，那张照片中的画面景象是爆发于 1937 年 8 月 13 日的上海"八一三"事变中被日军轰炸的上海虹口与杨浦的惨状。巧的是我现今参加的中国工合国际委员会就是宋庆龄、埃德加·斯诺、海伦·斯诺和路易·艾黎等在 1939 年创办的，2017 年 12 月我在北京友谊宾馆与海伦·斯诺的侄子埃瑞克·斯诺合影，友谊绵长，机缘难得。

三、善本缘

我平素好古嗜书画，而得益于身为编辑之缘故。2010 年，一日同窗电告学校先生有一批民国珂罗版画册，虽每年他都要拿出来晒晒，然常为书虫蛀蚀而犯愁。知道我在书画单位工作，有意让之。我心头一热，未加思索便提议约见，翌日邀同窗寻址上门，于距单位不远武夷路上的公寓内见到先生，一番寒暄后切入正题。只见沙发上堆有不少品相完好的古籍碑帖，足见旧藏碑帖之人乃饱学经文之儒士，我心里窃喜。见有《苦瓜和尚画选》《支那绘画选》《芥子园画谱》等民国珂罗版碑帖画册。坐定细听先生介绍："所剩不足藏品一半，余者已为朵云轩拍卖。今欲尽快处理，留着也是烦心。此原为故交所有，后去海外，故归我处。"品茗之余，问先生以何种方式置换，先生表示不论厚薄皆以同价计，我欣然悉数拿下，先生亦激动欢喜："我心病将不复发矣！"皆大欢喜。归后我拆开来，细细品读，其中不乏大家名人旧藏之书，如《黄石斋书张天如墓志墨宝》中有藏书印"南昌梅光远斐潚父印长寿"（梅光远，江西南昌清末举人）。其中亦有吴湖帆题签本等，其他珂罗版画册上的题识多为"药庐"，藏书印"冯学良"。另外还有一本厚厚的《安刻孙过庭书谱》，为康熙年间安岐刻碑之原拓本，其收藏价值也甚高。最值得一提的是其中竟夹带一本水印荣宝斋藏的手抄墨迹书论真本，字字工整，一丝不苟，曼妙无比，行楷书写足有八十余页，诚不多见，想必为其时名手所为。后详审其始末，虽未落款签章，然第七十九页第六行有云："书家第一尚风神，绝世仙姿不染尘。留得兰亭真本在，好从明月认前身。"由此推之，此书论的手写真本乃中医药学泰斗、一代宗师程门雪品读历代碑帖随笔札记。程门雪（1902—1972），又名振辉，字九如，号壶公。1902 年生于江西婺源。其父乃当地名宿。程门雪 15 岁拜上海名医汪莲石为师。汪莲石闻名沪上，诸多名医如恽铁樵、丁甘仁等都拜于其门下。1956 年，任上海中医学院院长，第二届、第三届全国人大代表，《辞海》中医学科主编，曾受到毛泽东接见。该册首页书写："钟太傅《荐季直表》是真迹无疑，须观淳熙秘阁本方知其妙用，分隶笔法处甚多，极似《曹全》结布之疏宕有味，欹侧生姿，令人心醉。三希堂形似神非，韩逢禧藏宋本（文明书局印）更形神尽失……"可见他对碑帖版本研究有独到见解。第三页有云："真楷至唐而穷形尽势，然妙则让晋人。行书至宋四家乃尽其意致，极妍备态，《禊序》《官奴》虽为正鹄，犹未尽善尽美也。故吾主学真书以《十三行》《季直表》为宗极，而以唐贤为初桄；学行书则以《禊帖》为根基，而以宋四家为归宿，虽达否难言，此志不渝矣。己卯秋九月十四日记。"从中可窥睹先生书学主张之旨归，他的书迹用笔虚灵有致，结体疏宕尽态，意境萧散简远，颇具魏晋风骨，他将自己的书法实践与书学主张完美地结合在一起，成就了不同凡俗的艺术造诣。程门雪才华横溢，一生嗜好诗文、丹青、书法、金石等艺术，品题、鉴赏水平也很高。现上海中医药博物馆藏有他书写的楹联："客至肯空谈，四壁图书聊当酒；春来无别事，一帘风雨欲催诗。"著有《书种庐论书随笔》《晚学轩吟稿》，由其高足何时希辑《程门雪诗书画集》两集。何时希曰："程门雪多才多艺，有诗、书、画'三绝'之誉。"程门雪云："我诗为上，书次之，医又次之。"此外，程又善篆刻，刀功布局"功夫不让专家"。国画大师王个簃称其"不以诗名，而境界高雅，时手鲜有其匹"。可见程门雪清雅高洁的品性和广博深邃的文化底蕴。程门雪一生清廉高洁，恪守礼仪，专注医道。晚年遭迫害，罹染多种疾患，即便这样仍坚持为民诊病，以精湛的医术和医德受到人们的尊敬，以高尚的人品和卓越的贡献受到中医界同仁的推崇，正如他诗中所言："书家第一尚风神，绝世仙姿不染尘。留得兰亭真本在，好从明月认前身。"按：从第三页的纪年"己卯秋九月十四日记"来看，书写时日为1939年秋，第八十页末尾纪年为十月六日。因此程门雪书写时年为37岁。墨书中亦夹带其高足、著名中医何时希的校注，似为何时希旧藏之物，足见程门雪书写此稿有流芳之意。今幸由我收藏，知悉埋没墨宝实乃憾事，借此抛砖引玉与同好共赏，一代宗师的呕心之作终见世众，若有识之士能研究出版，其意甚是深远。

得此珍本后，我带到单位给书法家张伟生、沈培方等老师鉴赏，他们赞不绝口。后来我请朵云轩木版水印的史一刚先生把原书的破损封面换了个上好的陈年旧纸，修旧如旧。随后被沈培方老师借去半年多时间慢慢赏读，归还我时他在封皮签条上落款并题写了《程门雪妙墨书论》。遗憾的是沈培方老师在 2017 年患病去世，留在珍本签条上的墨迹愈发弥足珍贵了。

四、琉璃缘

1. 偶见琉璃

2010 年我在全国工艺美术类核心期刊《上海工艺美术》发表了四个版面的专题文章《璀璨之中国古琉璃》，因为我收藏的中国古琉璃可以说渐具规模了，颇有心得。《财富堂》《移居上海》《收藏与投资》《检察风云》等杂志还专门采访报道了我的这个爱好，直到 2014 年《东方早报》整版介绍了我的一些收藏逸事，这才为人们所知晓。虽然我喜爱收藏，但我比较克制，没有玩物丧志。通过鉴赏与实践，使我逐渐深入了解中国古代文化之精髓，了解中华文明史，从中国工艺美术领域中汲取艺术营养，这为我现在从事的美术类图书编辑工作打下了坚实的基础，教学相长，受益匪浅，而我在长期收藏中国古代瓷器以及杂项器物中也练就了一双识别宝器的慧眼。如今我已近天命之年，无论画画还是收藏，最重要的是拥有一种良好平和的心态。人生无常，一辈子也就近百年，能遇到它们既是偶然又是自然。偶然的是我遇到了它，且对它一见倾心；自然的是我们之间的缘分，缘分让我们很自然地相遇聚拢在一起。当我把它们一个个聚到一起，它们就组成了一个大家族。俗话说："积累难而散去易！"散逸是历朝历代发生的事情，很多东西往往分散容易，积累起来就难多了。而我就是要把这些分散的东西聚集起来，让它们不再辗转流离，整体地保留下来，这才是我今生的功德。2014年，我请时年九十二岁的普陀山道生大法师写了一幅法书《心如琉璃》，悬挂在思南路工作室的梁柱上。药师琉璃光如来十二大愿中的第二大愿：

> 愿我来世得菩提时，身如琉璃，内外明彻，净无瑕秽，光明广大；功德巍巍，身善安住，焰网庄严，过于日月；幽冥众生，悉蒙开晓，随意所趣，作诸事业。

2. 心如琉璃

玻璃对于现代人来说非常熟悉，它已成为人们日常生活中必不可缺的器物之一。琉璃是外来语，源自西域巴利文 Veluriyam，又译为流璃。中国古代称玻璃为"琉琳"、"流离"、"琉璃"，从南北朝开始，还有"颇黎"之称。根据《广雅》《韵集》的记载，在相当长的一段时间内，"琉璃"是用火烧的玻璃质珠子以及其他一些透明物质的统称。我国古玻璃技术萌芽于西周，到了战国时期已生产出真正的玻璃。而琉璃这个名称到了清代以后，是专门指低温彩陶所烧成的釉面砖瓦。至清末玻璃器被称为"料器"，如鼻烟壶、烟嘴、花瓶等器皿。

在中国古代玻璃器（即古琉璃）则是价值非凡的，为权贵和财富的象征，庶民无缘目睹其真容，用琉璃器物来斗富争宠是当时显贵们的风尚之举。琉璃也被誉为中国五大名器（金银、玉翠、琉璃、陶瓷、青铜）之首和"佛教七宝"（金、银、琥珀、珊瑚、砗磲、琉璃、玉髓）之一。中国古代的琉璃源自西亚、地中海等地的玻璃器。考古发现在西周墓葬中已有琉璃珠饰，如周原、扶风县上宋乡北吕村的西周墓葬等。但所发现的琉璃多为舶来品，具有浓郁的亚细亚风格。这可能是游牧民族有意无意地把一些随身可携的琉璃饰物带进中原地区，由此也开始了中国琉璃的漫漫制造之路。根据科学测定，古琉璃中含有铅钡、高铅、钠、钾、钠钙等化学成分，熔点在一千四百度左右。由于含有多种化学成分，所以中国琉璃的配方也较混乱，加之产量较低，远远不能满足王公贵族、权力人士的丰富需求，依靠国外的贡品来弥补所需是他们的选择之一，这些进贡的琉璃器多为珠饰、小瓶、盆、盘等小件器物。

至唐代，波斯、阿富汗等不断派遣使者来中国，其贡品中就有琉璃器。20世纪70年代陕西扶风法门寺出土了20件琉璃器，都为杯、瓶、盆、盘，弥足珍贵。除一套唐代盏托是自产外，其余都为当时他国的朝贡之物。这些琉璃器在当时是权贵财富的象征，平民百姓根本无缘见其庐山真面目，更是不可能流传于民间。

到了宋、辽、金、元时期，琉璃工艺水平又有了很大进步，开始注重制造一些生活装饰用器，品种繁多，如簪、钗、耳饰、环饰、珠饰、镇纸、带板、棋子、花片、手镯、纽扣、葫芦瓶、碗、壶、盆、盘、砚台、印章、动物、人物等。色彩也开始绚丽起来，如蓝、绿、乳白、无色透明，少量有黄、赭石、红、橙等色彩。说明这时期的琉璃有了新的发展，工艺也逐渐精湛起来。江西金溪县等地区宋元墓中出土的琉璃簪、钗、手镯、鼓钉炉、花片、瓶、带扣等，河北定县一个北宋墓中出土的33件舍利玻璃瓶壁薄如纸，安徽天长出土的磨光玻璃，以及河南密县出土的上百只鸡卵状玻璃瓶，都是北宋玻璃制造技术进步和吹制玻璃水平发达的明证。

明清时期，主要生产玻璃瓶、玻璃罐等，都是世界玻璃艺术的珍品。那时玻璃生产中心在山东淄川颜神、广州和北京。康熙三十五年（1696）设立了宫廷玻璃厂——养心殿造办处玻璃厂，已能生产透明玻璃和颜色多达十五种以上的单色不透明玻璃。明清以来人们所说的琉璃是不透明的，也就是药玉，明代四品以上官员才有资格佩带。清代的缠丝玻璃、套色雕刻玻璃及鼻烟壶等，都是世界玻璃艺术的珍品。套料也开始应运而生，这时人们把琉璃统称为"料器"，而此时的琉璃则是指琉璃瓦而已。料器的色彩日趋丰富，同一色彩可变幻出很多来，器物也逐渐复杂，如可生产出水丞、鱼缸、笔筒、砚台、碗等，同时也创造了金星玻璃。金星玻璃的烧造技术源于欧洲，乾隆六年（1741），在西方传教士纪文、汪执中的参与和指导下，养心殿造办处玻璃厂成功烧制了金星玻璃，并制作了许多赏玩和实用之器。雍正、乾隆时期玻璃生产繁荣之极，开始生产鼻烟壶、烟嘴、宣德炉、玉器造型、漏斗、瓶、罐、帽筒、手镯、碗、花插、首饰等，形制上有仿玛瑙、仿翡翠和仿古玉等。

考古学者采用科学的鉴别方法，分析琉璃的化学成分和分子结构，试图破解古人制造琉璃的配方。上海的硅酸盐研究所就曾多次研究分析过古琉璃的成分构造。可以说，古琉璃的研究与探索是一门很深很有意义的学问，古琉璃的收藏那就更是一门玄奥的学问了。琉璃中存在的气泡犹如人的呼吸一般清新透气、晶莹剔透。正是由于中国的古琉璃未完全流传于民间，才异常稀有珍贵，使得平民百姓始终无缘一睹风采，所以成了当今中国收藏者所未知的冷门藏品。古琉璃的鉴赏并非一朝半日能领悟会通的，需有一定的文化修养、专业知识、锐利的眼光、平和的心态以及禀赋才能驾驭。

我收藏中国古代琉璃数十年，曾在 2003 年碰到一件直径十厘米左右的琉璃璧仿品，通体蓝色，正反两面都有谷纹，并刻有两条蟠螭纹饰，粗看也为之迷惑。然而再经过仔细推敲并剥离其表面附着物后竟原形毕露：第一，蓝色是用透明的底胶加天然石粉混拌在一起后涂在新仿的无色透明的琉璃璧表层上的；第二，西汉谷纹有一定的造型规律，而这件琉璃璧的谷纹显得无规律可循，是随意点刻在模具上翻铸的；第三，最大的漏洞是真正的琉璃璧应该单面有纹饰，因为当时的琉璃工艺是采用模铸脱蜡法浇注而成，不可能双面成形。

2009 年我在土耳其爱琴海沿岸的伊兹米尔看到街店里都陈列有各式琉璃制品，其中的蓝眼睛琉璃珠与我国春秋时期的蜻蜓眼琉璃珠如出一辙，这里应该是琉璃的发源地之一。蜻蜓眼琉璃珠的发现可追溯至古埃及第十八王朝时期（约公元前 16 世纪～前 13 世纪），最初主要当坠饰使用，即在珠饰上面留有小孔，作为串饰。蜻蜓眼玻璃珠在地中海沿岸地区流行，后向外扩展，如希腊、英国、意大利、叙利亚、土耳其、阿富汗、伊朗、巴勒斯坦地区等。我在土耳其古玩店里看了几件琉璃瓶，店主说是公元前的，我仔细看后觉得有疑问就没购买。而我国山东博山地区也有许多玻璃作坊都曾仿制过古琉璃，所以鉴赏琉璃应全面推敲，稍有疑问就果断舍弃，必须要有深入的实践和研究才能取得丰硕成果。

2018年5月，上海油画雕塑院的韩连国老师到我画室小坐片刻，他也是一位大藏家，对古代瓷器和玉器颇有心得，他知道我喜欢收藏中国古代琉璃制品，临走时送给我一只非常可爱、小巧玲珑的唐代时期的琉璃小狗，这是他几十年前收藏的。或许这就是我常说的"琉璃缘"。

时下爱好琉璃的大有人在，有专门从事现代琉璃事业的成功人士，也有专门研究古琉璃的考古专家、学者。但是专门收藏古琉璃的人士较少，近年来某些收藏人士也开始陆续出版琉璃方面的图书，这些都是功德无量的事。需要提醒的是鉴别古琉璃的真伪还是要讲科学性与学术性，千万不要被所谓"皮壳包浆"迷惑了双眼。特别是皮壳很重的琉璃物件就更要当心，我认为有些古琉璃的皮壳并不太重，这要看出土的地域而定，一定要知晓它的出处，心中多留疑问，多比较，即使是专家也要多研究与学习，真器多上手研究才有收获。既然古代琉璃在当时就是很珍贵的物件，那么藏家手上的大件琉璃品就更要谨慎甄别了，不要被卖家的故事所迷惑。有时我在网上也看些关于古琉璃的帖子，新多真少矣！地摊上的更是不堪入目，说明当下收藏琉璃的人士开始多起来，各种作伪手段也层出不穷。我认为古琉璃器大多是"生坑"，传世不多。而聚难散易，收藏要讲缘分与悟性。

中国古琉璃的存在必然有它的学术价值与考古价值，这也是一部辉煌的中国工艺美术史，上下几千年的稀世古琉璃器保存至今依然能完好如新地流传下来本身就是一大奇迹，在这里我真切希望中国的古琉璃艺术能传承下去，让世人瞩目，并愿当代的琉璃艺术发扬光大。

Chapter 6

视觉艺术书籍的编辑艺术

第六章

一、编辑是门艺术

我的书桌里至今还藏着我的第一支钢笔——新华牌钢笔。1977 年我刚读一年级时寄宿在外公家，外公周志勇在民国年间上海山海关路上有三幢新里洋房，做"白货"生意（即刺绣生意）。他也是上海绣衣二厂的创始人之一。上海地方志《三林刺绣史》：

> 20 世纪 20 年代末，三林孙金铨和镇上的陆桂根、周志勇等先后在上海开设"刺绣作场"，雇"艺师"、带徒弟。作场加工刺绣成衣，形成了一条龙的体系，闾阎家家架绣棚，妇姑人人习针巧。

我母亲周元丽 20 世纪 30 年代末出生，是周家大小姐，因此母亲的童年很幸福。她毕业于大统路 167 号的上海私立正中女子中学（1939 年由宁波镇海人李秋君创办），闺中绝艺针巧、毛笔俱佳，亦能书撰文。1978 年的一个夏日午后，我向外公提出想要一支钢笔，外公掏出一元钱给我，叫我到街上的新华书店里去买。我到店里看到只有两种价钱的钢笔，一支九毛，一支五毛五分，我犹豫了好久才买了这支便宜的钢笔，搬了几次家钢笔还在。莫非这是先知先觉的外公叫我"吃笔头饭"呵。除此之外我还保存了一张外公在上海大都会照相馆拍的肖像照，睹物思人，童年往事历历在目，许久不能忘怀。

几十年来我一直为他人"做嫁衣"，至今已编辑了五六百种美术类图书，有普及美术读物、中西方绘画技法图书、中小学美术教材、书法篆刻、实用美术、广告设计和各类大中型画册等，如《中小学美术教材（甘肃版）》上册（1—6册）和下册（1—6册）、《中学美术教材（上海版）》（1—3册）、《全国美术考级专用教材》（16册）、"大师艺术教育经典"丛书（五册）、"当代芬兰室内设计家"丛书（四册）及"人文设计系列"丛书、"上海市文史研究馆馆员书画作品系列"丛书、"西方绘画技法经典教程"丛书、《海派百年代表画家系列作品集》《海派百年代表画家评论集》《上海美术进京展作品集》《海上百年印坛——近现代海上篆刻名家印选》《上海世博会场馆大全印谱》《海上掇英——名家名作（一）》《曼翁书画艺术》《豫园馆藏书画集》《天衡书画作品集》《张充仁》《俞晓夫绘画作品精粹》《宅兹中国——河南夏商周三代文明展》等。

我责编的图书曾荣获"第二十二届金牛杯优秀美术图书银奖"、"第二十一届金牛杯优秀美术图书铜奖"、"第三十一届金牛杯优秀美术图书铜奖"、"2014年上海图书奖银奖"、"上海世纪图书奖提名奖"、"上海市第八届银鸽奖（出版类）三等奖"和"上海市第十四届银鸽奖（出版类）三等奖"、"第二届华东地区优秀美术图书银奖"等十余种图书奖。

我也编著撰写了二十余种关于美术、文玩方面的图书和鉴赏文章，如《梧桐树下——画说上海》《时差——金国明随艺录》《梦云——薰衣草采风札记》《梦云——金国明油画集》（荣获"第六届上海印刷大奖精装画册出版物铜奖"）、《国明的世界》《素描考级 7—8 级》《漫画考级 1—3 级》《西方大画家奇闻轶事》《校园海报设计 100 例》和"实用美术设计"丛书、"现代装饰图案设计"丛书等。

近年来我在出版类核心期刊《编辑学刊》上发表论文《海派美术中的选题资源开发》《艺术书籍的编辑艺术》《中国画技法图书选题策划的思考》。《艺术书籍的编辑设计和印制工艺》入选由上海市出版学会、市编辑学会举办的"2023 年上海出版论文征集活动"，并刊登在《2023 年上海出版论文集》里。《璀璨之中国古琉璃》《中西方绘画中的线描》《借鉴与"不求甚解"》《程门雪书论墨迹鉴赏》等文章在《上海工艺美术》《上海美术》《书与画》杂志上发表。《台湾水彩游记》《漫写上海》《授人玫瑰，手有余香》《鸟爸的幸福》《梧桐树下的都市情怀》《人来人往》等散文发表于《浦江纵横》《联合时报》《新民晚报》上。另外几十年来有数百幅绘画作品在国内外几十家报纸杂志上发表。

普及美术读物是广大美术爱好者学习艺术的主要参考图书，要做好此类图书除了要做到以上所述的图书形式与内容相统一等因素外，还要求编辑有较高的艺术专业学识和图书编辑业务能力，以及对读者的反馈、图书的市场营销等要有预测和判断能力。我编辑的"中国画技法有问必答"丛书是上海书画出版社2018年度选出的20种好书之一，在2018年、2019年、2020年上海书展上得到读者好评，并被上海市教委采购馆配图书两万套。2018年至2020年编辑的"西方绘画技法经典"丛书是海外引进版，计划出版百余种，这对编辑的专业素养和要求颇高。丛书出版发行后读者和市场反馈较好，取得良好的双效益。

其实我想说的是编辑工作也是一门艺术，而艺术编辑工作是充满艺术创意的工作，通过选题策划、约稿、组稿，再到编辑加工、创意设计，将艺术家、学者的作品以美的形式呈现在读者面前。编辑工作中对美的追求是无止境的，艺术图书编辑要有一种对书籍虔诚的爱，对美的追求有锲而不舍的精神，更要具备一双发现美的眼睛。从书籍整体设计、图书规格、开本等形态到内容编排、语言文字表达、插图配置，乃至图书的封面、排版、纸张、装帧材料与印刷工艺的选择，以及阅读审美和适用功能呈现，都要融入一个编辑创造艺术之美的用心。编辑工作中对编辑的审美认知、审美能力、审美趣味也有较高的要求，这需要编辑在实践过程中不断地去学习、创新和提高，真、善、美的认知统一决定了图书的品位和格调。一本图书要贴合作品的特点，与作品相适宜就是最好的。

图书是一种艺术品，既要求书稿内容优质，又要求内容与形式有和谐统一的整体美。著名出版家胡愈之说："一本好书，应当是一件完整的艺术品。"因为图书的整体装帧设计、图文排版设计、插图等元素都是直观地呈现在读者眼前，所以无论从图书内容上讲，还是从图书整体上看，都要达到一种赏心悦目的审美境界，具有一种可欣赏的阅读性和精美感。

艺术书籍的编辑工作对于责任编辑的整体要求很高。根据艺术类图书的特点，责任编辑在图书编辑加工、图书整体设计、图书印制工艺等步骤中需要注意：第一，图书整体设计。整体设计是一个相互联系的整体。设计质量是图书整体品质的重要组成部分；第二，图书编辑加工。提出编辑要重视对书稿图像照片的质量要求、调色处理和文字的编辑加工等；第三，图书印制工艺。图书的印刷和装订工艺是呈现图书整体效果的重要生产工序。

1. 图书整体设计

图书的整体设计是图书外部装帧和内文版式的全面设计，包括封面与附件、正文及辅文，以及开本、装订形式、使用材料等设计，是一个相互联系的整体。设计质量是图书整体品质的重要组成部分。

艺术类图书的整体设计要考虑的内容往往比较丰富，首先需要根据书稿的规模和要求来制定图书规格、装帧形式、装帧工艺。其次，图书的整体设计也是一门书籍装帧艺术，设计者要根据书稿内容特点制定总体构思和方案，凸现书稿的内容、气质和风格，并运用相应的艺术表现手法来体现出图书独特的品质，同时兼具实用性。编辑应整体考虑内文的字体字号、封面书名的字体、不同书脊的设计运用等。内文的版式设计也要具有现代审美感，形式变化多样。设计构思要服从整体，色彩和谐、布局统一、风格形式相互协调，从视觉上和手感上浑然一体，彰显图书的个性美，又呈现图书整体和谐的设计美。图书整体设计涉及各个方面，要有美编设计室、出版科、营销发行科等有关部门相互配合。美术出版社配有美术编辑室，主要负责图书的装帧设计，责任编辑也可以指定美术编辑来进行图书的整体设计。由责任编辑提供书稿图片或文字资料，与美术编辑商讨设计方案、确定具体设计的形式风格，并负责审定设计效果，检查、审核封面和内文版式设计样，美术出版社的责任编辑大都是美术科班出身，也可以协助印刷厂的制版设计室进行排版设计。图书整体设计是印前制版设计的行动指南，也是完成书稿形态的基础，在排版书稿过程中起到重要的作用。

从审美的认知来说，美的东西总是令人舒服愉悦的。欧几里得定理认为两个相连的部分之间最让人感到舒服的比例关系是 1∶1.68，也就是较小部分比较大部分等于较大部分与两者之和之比——黄金分割公式。当人们所看到的风景、自然事物或艺术作品在视觉上令人感到非常完美舒适，那么这样的画面构图或事物就处在黄金分割比例的位置上，符合审美的要素和情趣。抽象派艺术大师瓦西里·康定斯基认为在一件艺术作品中关键的要素是形式：对于线条和色彩做出的和谐安排，看起来应该是很美的。刘海粟先生认为人体之美在于它是物质与精神的统一，是形式之真和表现之善的统一，是作为自然的最高形态而存在的美。丰子恺先生常以哲理的眼光描绘大自然之美，寓意人生，使我们在欣赏自然美的同时感受作者对人生的暗示，他的漫画使读者不仅能用感觉鉴赏其形式的美，又能用思想鉴赏其意义的美。而一本经过精心策划、编辑加工、装帧新颖、印制精美的图书同样会使人们在视觉和心理上产生一种审美的愉悦感。

"中国最美的书"是由上海市新闻出版局发起的书籍

装帧设计类的全国图书评奖活动，每年的入选书目将代表我国参加在德国莱比锡举行的"世界最美的书"的评比。2003年至今共评选出446种"中国最美的书"，其中23种图书获"世界最美的书"。如2005年由上海书画出版社出版的《锦绣文章——中国传统织绣纹样》荣获"中国最美的书"图书奖，该书的装帧设计精心选择了不同年代、风格的云纹、升龙纹和水波纹，运用中国元素作为图书的主题，其创意设计、编辑团队的合作、装帧材料的合理应用、精益求精的印刷和装订工艺都是一个整体。犹如我们在绘画中始终要强调整体感一样，这是一种视觉与心灵上的享受，是形式与内容融为一体的美。2008年我编辑的《大男孩——韩巨良油画集》荣获"上海书籍设计艺术奖最佳封面设计奖"。2018年《朱新昌画山海经》《丁筱芳画世说新语》荣获"上海第十四届银鸽奖（出版类）三等奖"。这两本繁体字排版的画集以中国古典文学为基础，由画家根据内容把传统文化的艺术性和想象力以中国画的形式表现出来，从而使图书的内涵、品质得到提升。而除了形式和内容的表现外，最后还要考虑印刷和装订工艺环节。这样就能完美地体现出图书的整体效果，提升图书的品质，呈现给读者一种视觉上的美感。我编辑的《银坤油画集》《银坤油画选集》《水墨新纬度——纪念"'93批评家提名展"举办20年》《在恰当与不恰当之间——何曦水墨画集》等三本图书荣获

2014年"第八届上海印刷大奖一等奖",《彭小佳画集》荣获"第八届上海印刷大奖铜奖"。另外,《巡回展览画派:俄罗斯国立特列恰科夫美术馆珍品》荣获"2018年美国印刷大奖艺术书籍类铜奖",《赵冷月墨迹大成》荣获"2019年美国印刷大奖艺术书籍类银奖"。这是国际印刷行业公认的最高荣誉奖项,被誉为全球印刷业的"奥斯卡奖"班尼奖。其中《赵冷月墨迹大成》采用了线装的装帧形式,用进口特种纸印刷。线装的特点是轻巧松软,而特种纸则解决了传统线装中用宣纸印刷对作品还原度差的问题,这样便使作品清晰,墨色层次变化丰富、细腻。

2. 图书编辑加工

编辑加工整理是编辑工作中不可或缺的环节。经过审稿决定采用的书稿,在内容、体例、引用材料、语言文字、逻辑推理等方面还会存在一些问题,需要进行加工整理,使内容更完善,体例更严谨,材料更准确,语言文字更通达,逻辑更严密,杜绝出现原则性错误,防止一般技术性、常识性差错,并符合排版和校对要求。责任编辑根据原稿进行初审,对文稿进行加工处理,这里特别要注意图片中释文的审校。审稿要注意政治和政策性问题。一本编校质量上乘、内容充盈丰富和装帧形制精美的艺术类图书，要兼具文字优美的可阅读性和艺术审美的趣味性。

艺术书籍大都是图文混排，版面设计形式变化多样，区别于一般文字图书的编排风格和制作顺序。这就要求责任编辑根据艺术图书特点进行完稿处理。先要把原稿图片和文稿拿到印刷厂的制版车间进行制版设计完稿，形成定、清、齐的书稿雏形。书稿在编辑初审前的准备工作较多，其中包括图书的整体设计和排版设计。经过排版设计调整修改后确定图书原稿样，责任编辑对排定的书稿开始初审，然后按照出版流程进行复审、终审、三校。

艺术书籍的编辑加工、整体设计和印制工艺是一种专业性较强的综合性编辑实务工作，所涉及的专业领域广泛，如编辑实务能力、艺术设计能力、材料工艺、印刷和装订工艺知识等，这是打造一本优秀艺术书籍的基本条件因素。我认为艺术图书责任编辑不仅要做好文字编辑工作，还要掌握一些与艺术图书编辑相关的专业知识，不断提高自身的综合性编辑业务能力。我从长期的艺术类图书出版编辑工作中吸收、积累了相关领域的经验和养料，这要比单纯搞艺术创作所取得的体验更为深刻。理论与实践相结合的道理人人都懂，但是真正要做到融会贯通实在不易。艺术图书编辑要具备深厚的艺术专业知识和文学素养，并对文字内容要有较强的把控能力，改稿、审稿是主要的工作内容。手握一支笔，犹如一杆枪，脱靶和流弹都会伤人；又如外科医生开刀，稍有闪失则生命危殆。身处这样重要的编辑岗位，我深深地感受到只有不断提升自身的文学和艺术素养才能胜任艺术编辑工作。面对短板和不足，就要多学习，虚心讨教，诚恳接受三审稿上的一些质疑和建议，认真仔细地去逐个核实处理，唯有如此才能长足进步。减少差错率、出好书是我追求的目标；用心看、仔细听，是我的学习方法之一。这也是我早年研习绘画技法时养成的习惯，多看示范，多听指点，勤于思考。取百家之长为我所用，久而久之就形成了个人风格。宋代朱熹云："学者读书，须要致身正坐，缓视微吟，虚心涵泳，切己省察。"至今我还在不断探索和进取，年轻时读书太少，基础不牢固，用二十多年时间都难以弥补。经验固然值得推崇，而能读书、勤思考更重要。英国哲学家弗兰西斯·培根在《谈读书》中说："读书补天然之不足，经验又补读书之不足。"我想余生确实应该静下心来多思考，选择性地研读一些好书来提升自己的境界。

上海书画出版社有许多繁体字版图书，繁体字的编辑加工是比较复杂的，比简体字难，涉及许多异体字的使用和繁体字的正确用法。虽然我参加过几次古汉语的培训，并通过了高级古汉语的考试，也评上了高级职称。但在实际编辑加工中才知书到用时方恨少，事因经过始知难。面对各种古籍文献资料，书画、篆刻等文稿，如何进行准确的甄别、纠错是要花真功夫的。翻词典，读古文，向老编辑、老校对和审读室同仁虚心请教，如茅子良、朱莘莘、陈家红、雍琦、郭晓霞、周倩芸等老师。他们的高深学养和严谨缜密、一丝不苟的精神令人尊敬，值得学习。记得 2005 年我到校对室轮岗三个月，校对《书法研究》《米芾史料集》，虚心认真地向校对室的老师们学习，以此来加强和提高自己的编辑业务能力。2008年获得了国家新闻出版总署图书动漫出版专业人才证书。通过长期不断的努力、学习和实践，提升了自身文化素养和文字驾驭能力。

3. 图书印制工艺

作为艺术图书的责任编辑要了解一些印制工艺，这样更有助于提高图书的整体品质。图书付印前先要请印刷厂制作一个封面实样和装订白样书，然后由责任编辑和技术编辑进行确认，若发现问题及时提出修改意见，确保图书在装订大货时不出差错。图书的印刷和装订工艺是呈现图书整体效果的重要生产工序。印前制版设计固然十分重要，而后期的印刷和装订工艺也非常关键。生产工序环环相扣，不容忽视。虽然印制阶段属于出版社技术编辑的工作范围，但是图书责任编辑的现场"跟机"印刷参与也十分必要。印刷材料的改进使书籍、书刊印刷质量得到提升。它包括印刷纸张和印刷油墨的改进，油墨采用了环保材料、含有高科技成分，使得印刷品的颜色更加鲜艳、持久。书籍、书刊印刷的质量与印刷技术的改进密切相关。一般重要的品质较高的画集大都采用进口油墨和 PS 版（预涂感光版），技术编辑、责任编辑或作者可在现场确认最后印刷的图片颜色。现代先进的印刷机如德国"海德堡"、日本对开"小森"四色印刷机等都有电脑控制台的调色功能，印刷机长在电脑控制台上对照数码打样稿进行调色印刷。印刷时的伸放样在颜色上都有细微差别，需要机长反复调试比对数码样，待客户确认签字后方可印刷。印刷机上的色彩调色操作完全凭借编辑、印制人员丰富的工作经验，他们敏锐地辨别出印刷时细微的色差，及时在印刷机上临时微调数码样稿中的色彩倾向，拿到室外看与室内灯光下看的颜色都不一样。比如图片局部偏黄、偏红或减黄、减红，增减色彩对比度等。一本 8 开本 30 印张的图书大致需要印三四天。一般重要的图书不宜在晚上印刷，因为晚上印刷的颜色看得不太精准，一旦下印后也就无法更改了。另外，印刷后的成品建议在印刷车间里先压放一段时期，不要急于烘干并装订，压平处理的效果可以有效消除油墨未干透就装订后容易形成的图书内页或封面不平走形的现象。最后的装订成书环节也不容忽视，责任编辑要及时关心最终成品的质量，与技术编辑一起质检样书，若发现问题要及时解决处理，待确认无误后通知印刷厂进行最后的"大货"装订工作。由此可见，一本品质优良的精品图书是在各种复杂的编辑工作和印制装订程序中相互配合才得以完成的。

二、编辑催化艺术

编辑工作是我生活中比较重要的内容之一，占据颇多精力与时间。那么如何来让编辑工作与艺术创作相互交融促进发展，这是二十多年来始终萦绕心头的重要议题。艺术类编辑工作与艺术创作有相似之处，也有区别。共同之处不言而喻都是与视觉艺术相关；区别在于艺术编辑是我的职业，做好编辑工作是本职，而艺术创作完全是个人的行为。做好两者之间的平衡与发展，当然要靠各方面的协调能力。思想是重要的，但行为更重要。我认为这两者并不矛盾，而是相辅相成的，做一名好编辑，同样也能成为一个优秀的艺术家。因此，我编辑的每一本艺术图书是作品，我创作的每一幅绘画也是作品，这两大系列的作品都与艺术有关，都是我重要的艺术工作，它们凝聚了我几乎所有的时间与精力。艺术图书的传播非常广泛，影响深远，所以编好每一本艺术图书很重要。我作为编辑，能用所学知识为作者和读者服务而感到高兴，能为文化艺术的传播做出一些贡献而感到欣慰。我庆幸自己从事的编辑工作，它给了我汲取知识的源泉和动力，让我从一位画家成长为一名复合型编辑；我也非常感恩长期的编辑生涯让我成为一名有涵养、有个性的艺术家。编辑工作中的各种磨砺所迸发出的智慧火花，使我的艺术创作灵感得到了升华，它给了我无穷的想象力和创造力。

从职业素养上来说，我比较注重实践经验的积累，恪守新闻出版工作纪律是前提，运用自身的美术专业知识、编辑业务知识与其他综合经验来策划、判断选题是基础，向作者提出合理化的建议从而能提升图书的品质是做好一个编辑的基本能力。而我作为油画家和编辑的最大优势是在向作者约稿、谈选题时会取得他们极大的信任。因为我也是同道中人，把问题说到点子上别人就会信，往往在闲聊中就很轻松地完成了图书的约稿和组稿事宜。另外，在图书编辑过程中认真解决书稿中的疑难问题，让图书从形式到内容更具艺术美。而在我的编辑工作中真还有不少"催化"的轶事。

昔日我有过多年美术教师的经历，比较熟悉美术教材的相关内容，了解学生的特点与需求。早在 2000 年我担任了《中小学美术教材（甘肃版）》上册（1—6 册）、

下册（1—6 册）和《中学美术教材（上海版）》（1—3
册）的责任编辑，因此 2008 年、2009 年《中小学美术教
材（甘肃版）》上册（1—6 册）、下册（1—6 册）的改
版、修订工作仍由我负责编辑。记得 2000 年我随教材编
辑室主任、编审周卫老师和教材发行科孔勇平经理一起
到兰州出差，在飞机上俯瞰那重重叠叠、连绵不断的贫
瘠山丘时感慨不已，人们生活在这样的地域环境中是多
么艰苦，这是我对兰州的第一印象，所以我们更要全力
以赴地做好美术教材，用心为贫困地区的学生传播文化
艺术知识。甘肃省教委领导知道我是油画家，又熟悉美
术教育，双方一见如故，商议编辑教材也非常顺利。兰
州之行我为甘肃版中小学美术教材工作打了前站，可以
说是为出版社立下了汗马功劳，至今这套教材还不断在
更新改版和使用。

　　2010 年，为了编写文化部重点项目"全国美术考级
专用教材"丛书（29 册），我与书法家张伟生、国画家
邵仄炯和青年篆刻家张恒烟等同事一起到北京文化部艺
术研究所洽谈项目。我们的专业能力和编辑实力得到专
家们的认可，获取了该项目的出版编辑资格。其中我担
任了《素描考级 1—10 级》《色彩考级 1—10 级》《速写考
级 1—10 级》《漫画考级 1—10 级》等 16 册图书的责任编
辑。《漫画考级 1—10 级》这个选题对于全国美术考级教
材来说都是很前沿的。我组织了一些儿童画及漫画领域

的专家学者进行研究讨论，我提出根据考生的年龄特点进行1—10级划分的建议被采纳，随后邀约相关专业领域的专家学者根据大纲要求进行编写。《漫画考级1—10级》的出版填补了国内漫画考级专业教材的空缺，得到了文化部艺术研究所专家与全国基层考点师生的认可与好评。随着基础艺术教育的推广普及，这套图书不断被重版加印，至今仍在全国各地的校内外基层美术教师队伍中起到很好的指导和参考作用。

2008年至2011年，"大师艺术教育经典"丛书（十册）从组稿、编辑到出版花了整整四年时间，其中我编辑了《陈汉民》《全山石》《潘鹤》《布华顿》《佩希科夫》等五册。在图书初审过程中除了纠正原稿的知识性与常识性差错外，也解决了一些疑难问题，包括涉及历史、政治等的相关问题。例如《潘鹤》一书，原稿中存在较多的对历史及"文革"的评价，与作者多次沟通，反复磋商，在得到作者理解后，把一些内容删减了，经过精心细致的编辑加工，保证了图书的品质。2013年，在潘鹤教授八十八岁生日之际，我收到了他用四尺整张宣纸为我题写的《金国明画室》墨迹和一尊签名的小型青铜塑像。潘鹤是著名的雕塑大师，我读小学时语文课本中的插图《艰苦岁月》就是他的雕塑代表作。这种缘分弥足珍贵，他说这是他一生中出得最好的画集。回首往事，潘鹤深情地说自己经历了20世纪最波澜壮阔的时代，年轻时还以为是时运不济，但回首来看却发现那是自己艺术人生中最美好的时光，正因为有了这些丰富的人生经历，才成就了现在的艺术。

英国普利茅斯艺术学院院长安德鲁·布华顿（Andrew Brewerton）是英国当代玻璃艺术教育大师，对推广中国玻璃艺术教育有卓越贡献。他认为艺术中的技法是一方面，但更重要的是创造力、想象力和深刻的理念。在编辑《布华顿》一书时，该书原稿是英文，译文中出现了一些与原文不符的语句，如在《玻璃之路》一文中，作者引用了"The road that can be followed is not the true way"，这是英文版《道德经》的语句："道可道，非常道。"但译文为："可以遵循的道路并非正确的道路。"对此我及时邀请了上海大学赵炯蔚老师对全书译文进行核对校正，提出意译的要求，再请我夫人周艳（上海外国语大学英语教师）进行校对，确保了译文内容的准确。在编辑中我用所掌握的中国古玻璃知识，解决了一些玻璃艺术术语的表达问题，如吹制、离心成型、电铸成型、镀层、热模等，从而准确地反映了作者所要表达的艺术理念。该丛书出版后获得了"第二十一届优秀美术类图书金牛杯铜奖"。

丰富的艺术资源为我提供了内容丰富和宽泛的图书选题策划方向，也为深入研究与挖掘选题提供了基础。一个成功的选题方案会使图书如期出版并达到预想的目标。如《海派百年代表画家系列作品集》（18卷），其中我编辑了《吴大羽》《颜文樑》《周碧初》《刘海粟》《丰子恺》等五本图书。此书既是一次新世纪上海美术精品力作的集中展示，又是对百年来海派画家和画作的一次全面梳理，涵盖了清末、民国以及1949年后等多个历史时期在上海乃至全国具有深远影响的标志性人物，包括吴昌硕、任伯年、虚谷、吴湖帆、林风眠、刘海粟、陆俨少、贺天健、唐云、程十发、颜文樑、吴大羽、周碧初、张大壮、关良、朱屺瞻、丰子恺、谢稚柳，丛书的完整系列，组成海派美术的光辉缩影。美术类图书选题内容的正确定位是图书营销成功的前提与关键，好的创意与策划思路是提升图书品质的保证。图书编辑首先要梳理与研究海派绘画中各个时期的历史文脉，找出各自的特点和图书选题策划定位的方向，锁定读者对象，以此来确定图书的内容与体例的安排。该书出版后受到了图书市场的追捧，在2013年8月"上海书展"期间举行"上海市美术家协会主席团成员签名售书活动"，取得了双效益。并在2014年荣获"第二十二届优秀美术图书金牛杯银奖"、"上海图书奖银奖"、"上海世纪图书奖提名奖"、"第八届上海印刷大奖出版商业印刷类大奖"。可见该书在出版编辑、策略、定位与营销推广上是可取的，在当今多元化的图书出版市场中能拥有双效益的优秀出版物是由选题策划、论证、组稿、编辑加工设计、印制及后期营销、市场反馈等综合因素决定的。

　　吴大羽是我国杰出的油画家、艺术教育家，是中国现代绘画的奠基人之一。我在编辑《吴大羽》的过程中与上海市美术家协会副主席、著名油画家周长江教授积极沟通，经过一年多的艰辛努力终于从台湾藏家手中得到了吴大羽的部分原作图片。同时我辗转上海美术馆、中华艺术宫、上海油雕院等机构组织稿源，从而充实了图书内容，提升了图书的品质。为了符合丛书体例要求，我对图书的标题、章节做了调整，对年表做了统一规范处理。全书分油画和纸本设色两部分，吴大羽的作品均无签名与作品名、年代等注释内容，以往画册上的签名画作都是藏家为了出售而后加上的。根据作者的作画习惯和绘画特点，我对每一幅图片的年代、运笔等都做了甄别，还原其画稿的真实，理清了稿件内容。在编辑中还纠正了以往其他出版物中的错误，删除了原作中后人添加的款识，改正了图片排版颠倒的问题，以及年表中的谬误。并通过查阅、考证大量资料，更正了作者的生年错误（1903 年 12 月 5 日生）。解决了这些问题，对于深入研究吴大羽作品，具有重要的参考价值。对我来说，这也是一次难得的学习机会。周长江教授说："上海书画出版社中的老编辑大都是书画家，你是油画家就显得另类了，然而你能中西艺术贯通是很不容易的，由此可见，懂艺术的编辑更能做好艺术出版。"

《颜文樑》一书在编辑时碰到不少困难。由于海派油画大师颜文樑传世作品少，赝品多，给征集工作带来重重困难。为了取得高品质的原稿图片与相关文献资料，我去了苏州美术馆、上海美术馆、中华艺术宫等美术机构，进行鉴定、征集、拍摄原稿工作，随后在社会上广泛征集作品，前后历时一年有余。为此，上海市美术家协会与出版社共同举行了好几次编辑会议，由上海市美术家协会副主席俞晓夫教授担任主编。在编辑加工中我花了大工夫，原先的序言不尽如人意，后来我征得上海市美术家协会和主编同意，请了颜文樑的学生、原社科院研究员承载老师来撰写序文。初审中我从常识性、知识性入手，核查纠错，做到规范统一。我又调动自己在文物、艺术品方面的学识与鉴赏能力积累，对先生的作品进行甄别，在作品的真伪上做了一定的把关。收获最大的是通过研究画家资料发现了颜文樑在20世纪40年代的重要作品《冷月》，辑录此图填补了画家20世纪三四十年代作品的空缺，使该书的内容得以翔实完善。虽说颜文樑作品很少，但是我看到了他的许多原作，经专家指点迷津，获益匪浅。不要以为几十万、几百万买来的作品一定就是真迹哦，比如在征集入选作品中我们收到上海南汇一家房地产商花了二百多万元从知名拍卖行买来的大幅油画，但是我们并不认同这幅作品而婉言谢绝了。颜文樑和蔼可亲，为人大度慷慨，昔日的学生或朋友都可以借到原作带回家临摹学习，所以现在市面上流传的赝品之多也就不足为奇了。当我在苏州博物馆里看到一百多幅真迹后深切感受到大师传递出的对艺术的热情。颜文樑非常讲究透视、色彩与造型之间的关系，并留有作画过程中的记号痕迹，几乎所有的原作中都可以在地平线、水平线或其他局部中留有铅笔借助直尺画线打稿的原始痕迹，这也是鉴别其作品真伪的依据之一。我仔细观察了每一幅作品之间的共同点：作品中景物与人物的结构、位置比例、透视非常正确，用笔细腻，色彩丰富统一。因此研究一个已故画家的作品还是需要看大量的原作，反复比较并不难，难的是悟性。如果要临摹原作，也需要把原作的各个细节和技巧、颜料、画布材料等研究透彻后才能进行。而我通过一年的组稿、编辑，有机会了解颜文樑的艺术人生、绘画观念、技巧方法等，受益良多。书中百余幅代表作多为国家馆藏，传承有绪。后来杭州的收藏家张光铎先生告诉我中国美术学院藏有一幅颜文樑描绘火车站场景的大幅油画，很遗憾知晓晚了，未能收录其中。该书出版后得到了国内众多专家学者的一致好评，同时为该丛书评选图书奖项打下了坚实的基础。

王宏建所著《艺术概论》一书指出：

精湛的艺术作品能折射出艺术家深邃的思

想。艺术家只有对人生真谛和社会发展有精深的体察和领悟，产生独到的认识和精辟见解，才能发幽探微、洞若观火，创造出优秀的艺术作品。

从艺术史上看，真正的艺术家都具有进步的世界观和审美倾向，以及为艺术献身的精神。每一个留下足迹和光辉的作品，无不闪烁着哲理的光彩，一切得益于艺术家的深刻思想和修养。因此我们也可以从中得到一些深刻体会和启示。

三、艺术融合编辑

二十多年来我所编辑的艺术图书门类比较宽泛。对这些艺术领域深入学习都是我学习积累经验和成长的基础，它们使我一帆风顺地徜徉在艺术的海洋中吸收各种知识，让我在艺术创作的天空中驾驭自如、翱翔千里，让我的创作思想和人格情趣得到升华，更使我对艺术的真谛有至深久远的体会和感悟。历年来我通过参观一些国内外的书展（"上海书展"、"全国美联体书展"、"香港书展"）和参加艺术方面的学术交流展等方式来提升自身的编辑素养。2012年4月，我编辑《刘文西画集》，著名画家刘文西是第五套人民币上《毛泽东像》的绘制者，画集出版后，刘老看了很满意，在画集扉页上为我题字："金国明同志正，刘文西，2012年4月23日。"这种在编辑中的缘分不胜枚举，而令我十分欣慰的是得到了作者的肯定。

值得庆幸的是，我在长期从事美术出版的过程中编辑了中国近现代众多艺术大师和名家的作品集，如赵朴初、刘海粟、周碧初、张充仁、丰子恺、颜文樑、吴大羽、哈定、陈汉民、潘鹤、全山石、沙曼翁、赵冷月、黄达聪、苏局仙、刘文西、朱膺、陈道坦、陈佩秋、陈俊德、高式熊、林曦明、周慧珺、梁洪涛、俞晓夫……从他们的精湛画作以及艺术理论思想、生平经历中深受教育和启发，特别是他们对艺术的热忱和坚持不懈的努力，以及对艺术人生的深刻理解。

说来有缘，我于2004年至2005年在上海油画雕塑院进修，后来我也编辑了一些上海油画雕塑院编的图书，如《张充仁》《上海油画雕塑院2015—2016年鉴》《哈定文献》、"薪火相传·上海油画雕塑院艺术家系列"（第一辑）全十册，含吴大羽、周碧初、张充仁、陈道坦、富华、顾士本、张一波、鄂圭俊、夏葆元、周加华十位艺术家。吴大羽、周碧初、张充仁是上海油画雕塑院第一代艺术家的杰出代表。他们都有着旅欧求学的经历，都经受了西方各种艺术思潮的洗礼。几代艺术家传承的不仅是技艺，还有他们那海纳百川的艺术胸襟和关注社会、关注现实、关注生命的艺术理念，以及追求个性、执着探索的艺术精神。而这种艺术精神能使我们的心灵得到洗礼和升华。

2018 年 5 月，我编辑《哈定文献》一书，图书把丰富全面的文献资料和研究成果汇聚在一起，系统、完整而又深入地展示出哈定先生极其丰富的艺术人生，以及独立坚忍的艺术人格。在策划、编撰过程中，作者深入采访，参考大量文献资料，对哈定八十年的艺术人生进行深入研究与剖析，撰写了《哈定评传》一文，对哈定先生给予了客观公正的综合评价。其中哈定跌宕起伏的艺术人生经历令人感慨不已，他在人生最旺盛的中年时期蒙受苦难，身心遭到极度摧残，从而中断了自己所热爱的艺术事业。这是一个艺术家人生最为灿烂的时光，也是创作力最为旺盛的阶段。如果没有这十年的停顿，那么哈定的艺术又将会达到何等的高度？尽管如此，哈定先生仍然坚持自己的艺术理想，不断进取、探索自己的艺术道路。哈定早年曾任教于上海美术专科学校，又经受十年失业之痛。在 1978 年受聘为上海油画雕塑院专职画师后，他就到广西、内蒙古、西藏、新疆等地采风，创作了大量脍炙人口的好作品，如《金色的池塘》《帕米尔高原上的花朵》《勤劳的藏族姑娘》《这里阳光灿烂》。

他在 1954 年、1956 年结合自己在绘画和美术方面的艺术经验，先后出版了《怎样画人像》《怎样画铅笔画》，又于1980 年出版了《水彩画技法初步》《哈定画选》，这些基础美术教学的著作影响了整整一代人！六十岁以后，他热衷于宗教经典研究，写下了许多心得感悟文章。晚年他定居美国洛杉矶后仍勤于创作，临终时却留下一件未完成的素描草图《弘一法师》。哈定的艺术是永恒的，而他对美的理解又是那么朴素自然，他认为美源于瞬息万变的自然景象，当景物在色彩、明暗、造型等方面形成对比与和谐的高度统一时，美感顿时呈现。好的静物、风景同样有很高的审美价值。而将其形式之美结合在具象表现中发挥，创造艺术美的境界是他一生所追求的目标。

20 世纪 80 年代以降，中国艺术家们遇到了社会经济高速发展、人民生活水平日益提高的时代。今天我们完全可以在创作思想上自由发挥，百花齐放。有足够的条件来购买顶级的绘画材料，并拥有宽阔敞亮的画室和优越休闲的生活，这是多么令人羡慕的和平自由的时代。因此，我更要珍惜当下的美好生活，抓住人生中最美好的时光，聚沙成塔，集腋成裘，在精力最旺盛的年龄段创作出更多的精品力作。

2019 年 12 月《昆仑之西——平山郁夫藏丝路文物精粹》画集出版。此书是我去日本旅游采风前刚接手的书稿，平山郁夫是日本著名画家、收藏家。8月5日清晨我与家人一起从东京西新宿乘坐小田急线，到了藤泽后换乘慢悠悠的绿皮火车一路到镰仓。我们选择在两个车站停留：电影《海街日记》里的极乐寺和七里滨。极乐寺像是枝裕和的电影镜头中做法事的寺庙，听着蝉鸣、响着风铃，安静、平和。到了七里滨后我们顶着烈日沿着海岸线步行到湘南高校前，那里挤满了"灌篮迷"。虽然我们对《灌篮高手》无感，却也不能免俗，那个道口的确是取景的好地方。镰仓完全没有东京的喧嚣，蓝天、白云、大海，到处都是冲浪和玩帆板的人。来到风景瑰丽秀美的江之岛，我面朝蔚蓝的大海喃喃自语："这是多么美丽动人的地方，平山郁夫先生曾长期生活在镰仓，这里有他的画室，或许此处便有他的足迹和身影。而我正好在编辑他的图书，如此巧合，这是一种怎样的因缘呢？"平山郁夫先生曾多次跋涉于古代丝绸之路，创作了许多精品力作。他认为在绘画中首先要把握自己的思想和哲学，而如何来表现则是第二课题。在表现抽象思维时缺乏实际感受就画不好作品，因此踏遍丝绸之路才能获得实际感受。他的作品体现了祈望世界和平的心声，推动了国际文物保护、文化艺术交流和发展。他的博大胸怀与艺术精神令人敬仰。

2019年10月，我接到著名画家徐建国先生从美国打来的电话，他告诉我画了两张巨幅长卷准备出本画集，早在 2011 年我曾为他编辑《申城新瑞图卷》画集。经过几次沟通后，我对书稿的整体格局和体例规格等提了一些建议。他说："想不到你还是这样支持我！"不久他回上海后还专门到我永嘉路的工作室里叙旧畅谈，他谈起年轻时曾得到吴大羽先生提携的故事。著名画家吴大羽是吴冠中、赵无极、朱德群等当代画坛巨匠的老师，20 世纪 50 年代起曾经在国立杭州艺专引领中国抽象画艺术的吴大羽定居上海，直至 1988 年去世。20 世纪 70 年代末徐建国有幸得到著名花鸟画家乔木先生的举荐，拿了几幅习作到延安中路吴大羽先生家里求教，潮湿昏暗的小阁楼内，只见清瘦单薄的吴大羽先生靠窗拿起他的画，眯着眼看了一会后，瞬间，他的双目像鹰眼一般发出光芒，放下画作后猛地双手紧抱徐建国的双肩说："你一定要出国去，我给你写推荐信！"不久，徐建国先生凭借推荐信拿到了去美国求学的签证，从而成就了他做画家的梦想，最终成为在美国卓有成就的著名华人艺术家，作品被波士顿美术博物馆等收藏。听之也令我感叹不已，为之动容。

2020 年是赵朴初先生逝世二十周年，上海博物馆于 5 月举办"无尽意——赵朴初书法艺术展"。安徽省赵朴初研究会也于 5 月中旬在赵朴初先生故里安徽太湖举办"赵朴初书法艺术研讨会"。赵朴初（1907—2000），卓越的佛教领袖、杰出的书法家、著名的社会活动家与伟大的爱国主义者。赵朴初先生集佛学理论、文学和书法艺术于一身，诗词曲俳造诣高深，堪称一代宗师。3 月中旬，我有缘编辑《无尽意——赵朴初书法艺术精粹》一书，在审稿中仔细拜读了赵朴初先生的生平事迹和百余幅书法精品，我亦深深地被他的渊博学养和精神品格打动。他志存高远、和蔼谦逊、宁静淡泊的品格，令人景仰。他在古稀之年写下人生感悟："生老病死，自然规律，人人平等，要有思想准备，一旦阎王策小鬼来叫，无牵无挂无语，跟上走就是了。"书中收录了 1996 年 10 月他在北京医院亲笔书写的一份遗嘱：

> 关于遗体的处理，我曾在二十多年前写过遗嘱，置书橱屉内，不知缘何失去，今尚记忆原文大概，再书之：遗体除眼球献给同仁医院眼库外，其他部分凡可以移作救治伤病者，请医师尽量取用。用后，以旧床单包好火化。不留骨灰，不要骨灰盒，不搞遗体告别，不要说"安息吧"！

并立下八句偈语：

> 生固欣然，死亦无憾。花落还开，水流不断。魂兮无我，谁欤安息。明月清风，不劳

寻觅。

这种直面生死的超然态度，无不折射出一种无尽意的人间佛教思想，令人去感悟和实践生命的意义。

赵朴初先生的书法以行楷、行草见长。其书法作品端庄神秀，遒丽俊朗，墨韵丰腴，浑然一体。苍劲浑厚、豪迈雄奇的笔力散发出一种祥和雍容之气。他曾说："四十岁前没见过什么苏轼的墨迹。年轻时候多习'二王'和唐楷，之外平素比较喜欢孙过庭、董其昌、赵孟頫、米芾的行草。""我的书法不能说写得很好，但每天我都做功课。"启功先生说："朴翁擅八法，于古人好李泰和、苏子瞻书，每日临池，未曾或辍，乃知八法功深，至无怪乎书韵语之罕得传为家宝者矣。"1998 年，赵朴初对启功说："比金钱传之更久远的是诗书画，比诗书画更久远的是缘分友情。这些人自缚名缰利锁，又互相攻讦，如何再论风雅二字。"赵朴初先生书法作品内容多以诗稿或日记的形式出现，以直抒胸臆之笔，表现出了他真实质朴的思想面貌。他常歌颂祖国河山，壮丽雄浑；记叙革命友谊，情真意切；政治讽刺，嬉笑怒骂，亦庄亦谐。诗词多记事，信手拈典故。传古人遗风，精妙至微。书中《一轮圆月耀天心》一文由赵朴初先生的侄女赵雯教授所撰："漫步展厅，凝视一幅又一幅珍贵书法。伯父仿佛就在我们身旁，扶杖微笑，娓娓说历史，悠扬吟华章；

指点文字，谆谆话报国，殷殷嘱后人。唯期后辈记其言、弘其志、继其行，万里新程更向前，勤勤报国恩。"传达了风清气正的家风、家训所给予的一种世代相传的精神力量，亦给我们后人留下了宝贵的精神遗产。

结合我的艺术创作来说，艺术创作与编辑工作是相互交融、教学相长的。我在编辑工作中接触各种艺术门类的作者和各阶层的艺术人士，人脉交际与信息广泛，对我的艺术创作有一定的影响。我始终认为艺术应从生活中来，从大自然中汲取营养。而我的艺术作品中早就融入了源于编辑出版工作中的各种感悟和体验。我认为只有在交融共享中迸发出的智慧火花才能激发出灵感，使思维更活跃和具有创新能力。用原上海书画出版社总编辑、著名画家卢甫圣的话说："书画社的编辑都要力争做一名专家学者型的编辑。"但是真正要做到却是何其艰难！作为美术出版社的图书责任编辑不仅仅是要做好文字编辑，还要掌握与艺术图书编辑相关的专业知识，不断提高自身的编辑业务能力，努力打造优秀精品图书。只有具备了相当的编辑实战能力，才能成长为一名优秀的复合型艺术图书编辑，并在编辑工作中做出更多的高品质艺术书籍。二十六年的编辑生涯，让我深刻认识到编辑学是一门学无止境的学科，唯理论与实践并举，从研究相关专业领域出发，努力成为跨专业领域的复合型"杂家"人才，这样才有可能造就一位优秀的编辑。

我认为在艺术创作上的逐渐成熟，也会提升自己在编辑出版领域上的工作效能。我的艺术人生紧随着社会发展的脚步而延展，中国改革开放四十年，我是受益者，可谓是步步踏实，把握时代的脉搏。20 世纪 80 年代成为天之骄子的大学生，90 年代作为青年油画家进入美术专业出版社做编辑，21 世纪初家庭与艺事稳步发展，名利双收。21 世纪 20 年代发端伊始，我想这将是我编辑职业生涯中最后的十年，我更希望在这十年中能获取更好的成果，让编辑出版成为我终身的职业符号。我热爱编辑事业，编好书、画好画、出佳作，使自己的艺术创作更上一层楼，如此我的人生是有意义的。

作为一名艺术家常常具有更为丰富的情感，而情感是艺术的灵魂。掌握的知识越多，就能更深刻地感知社会和把握人生。目前我所要思考的是如何以艺术家特有的发现美、认识美和感知美的能力，来做好艺术图书的编辑；怎样通过艺术图书编辑来完善自己的品格，丰富和激活自己的情感，拓展自己的思路，让艺术创作如虎添翼。为此我须孜孜矻矻，一丝不苟，以形成和激发艺术创意思维，理解艺术的人文内涵和价值，并不断提高从社会历史、文化语境探索、分析、阐释艺术的能力。同时通过图书的传播，向普罗大众传递艺术家们对艺术的感悟力、鉴赏力和创造力！

四、借鉴与"不求甚解"

绘画创作的很大部分是借鉴，其实就是看画。这是一个什么概念呢，看画既包括自己本行的，又包括不是自己本行的。就拿自己本行的一部分，主要来源于学校和传承，学校这部分的学习与学科技的不同，学科技十分逻辑，缺了一课，你拿不了下一课，你得补上，这是一个链，不能缺一个链。搞绘画艺术却不同，今天上素描课，明天可以上色彩课，当中缺一课没有多大关系，要你有灵性，可以把它连起来。而且现在的美院要学的课程很丰富，真是多多益善，这也是年轻一辈与老一辈学习绘画的最大不同处，以前美术学院少，好些搞绘画的都是业余的，一个前辈、一个师傅带几个徒弟，这种学习既有好的方面，也有不足之处。好的方面，前辈既是老师，又是专门一行的大师，你可以掘"深井"的。但这也有缺陷，从一而终吸收的养料比较窄。如同编辑，如果你是搞国画的，在平时可以看看不是你这一类的，这也无妨。听老编辑讲，他们在编辑前辈画家的作品时，那些前辈画家除了钻研自己的那一行特别入神，自己不从事的那行也是别有情趣。这就是北方人讲的"练眼"。如同在音乐学院，不管你是学何种专业的，基础课都一样，都是听听各种各样的曲子。听国外的大学教授讲，他们那儿不管是学何种学科的，其基础的文化课，各种各样的教授都来讲上几堂，就是让学生在自己不从业的行当里听上几遍，虽然你现在不从事这个门类，将来有了兴趣了，或许会成为这方面的钻研者。因为来教授的老师都是这行门类里出类拔萃的，就是说路给你领准了，你以后捡起来不会走错道。所以学习不一定都是寒窗苦读，如陶渊明所说，有好读的书不求甚解。这些话粗看很是矛盾。书既然是好的，文章又是精品，对我们这些搞文字和艺术的来说，应该精读。但是学习艺术的事情并没有那么简单，艺术的学习与文学的学习一样，同工同曲，一部好的艺术作品，所以成为后人百读不厌的精品佳作，就是其中的精神内涵十分深刻，你今天读了，过了一些时间再来读，又会从另外一个角度有了新的启发。有时候你在这种场合看这些作品，在那些场合阅读这些作品，其感受都是不同的。如同一幅好作品，朋友之间互相探讨，也是智者见智，仁者见仁，你不能一听了之，要日后慢慢领会。因为你当初没有到那个水平，你听不懂，不求甚解，参加讨论是为了日后有更大的甚解。正如一位大艺术家讲，这个时候你听不懂没有关系，要你日后努力，会有新的见解的。所以他又指出，在这个时期的学习中，你应该学习大师的作品，交往比你更有成就的艺术家，这样会在长期的学习过程中不求甚解，其实这个时候你已经有了进步，只是"眼高手低"罢了。但你不知道，还有一种"不求甚解"，也是对搞绘画艺术创作来讲必须知道的。艺术的"艺"从字面上讲就是灵性，艺术的"术"从字面上讲就是功力，你在学习的过程中，永远是借鉴的。听前辈画家讲，绘画艺术越是发展到当代，前代和前辈的作品留给后代的越是多。就说前几年挖掘的兵马俑，不是古代没有挖掘能力，而是那个时候没有挖掘的技术与保存的技术。你那个时候搞雕塑，知道有兵马俑这个词，但没有亲眼目睹真的雕塑，你真的亲眼目睹了再搞创作，借鉴的时候就非常立体了。在你的眼前有了一大批可以借鉴参照的精品，这个时候你就可以求甚解了。如同在国内搞油画创作，我们所看到的是西方油画大师的印刷品，这些作品表明印刷技术的高低，并不真实反映原作创作成就的高低。当你到了国外的博物馆一睹大师的原作，竟然如此出神入化，你被原作的神韵震住了。这个时候你发觉你以前对原作的理解完全错了。所以我们说搞绘画创作是个接收的过程，什么叫过程，就是今日讲的"有解"，明日又"不解"，永远在一个不求甚解的过程中，如果你经常"有解"，那你就成为大师了。

我曾经听一位前辈画家讲过，不要小看上海人，他们虽然不从事绘画，但他们的眼力很好。这很有道理，上海人生活在都市中，大都市是用美术设计起来的，你就是不从事这个行当，看也看懂了。什么叫看懂，就是不求甚解，就是画家讲的"感觉"。搞艺术的这很重要，为什么搞绘画艺术永远在"解"与"不求甚解"的过程中，就是你能理解的，但不一定能达到。于是一个画家就是在永远追求的感觉中，虽然美术编辑与文字编辑所编辑的内容不同，但上升到感觉的高度是一样的。中国画的绘画重在精气神，什么叫精气神，就是笔的内涵。你要读万卷中国画，同样一个画家的作品，各个时期的画风也是不同的，同一海派画风也是千姿百态。编辑一本画册就是练眼，平时看看画册就是"不求甚解"。但当你编辑到一个人的专辑时，你就要将平时不求甚解的练练眼的感觉运用到有求有解之中，这样就能将每个画家的个案中的神采经过分色大放异彩。我曾听一位搞设计的前辈讲，设计无专业。粗听我不求甚解，但一品真是叫绝，美术发展到一个高度，你就有可能借鉴前人的创造，用不着自己从头开始琢磨。这不是一件容易的事，你一定要从"不求甚解"到"有所甚解"，你得在各个艺术领域中达到一定的高度，所以真正的设计是一门大学问，而不是凭闲情逸趣能驾驭的。不求甚解，就是为了达到更多的有求甚解。

五、谈艺论画

谈艺论画历来为艺术家所重视，艺术家在实践过程中必须要结合学术理论提高修养和水平，如此才能长足进步。"中西方绘画中的线描"一文是我在 2000 年 7 月所写，2011 年 9 月刊载于《梦云——金国明油画集》中，并于 2024 年第四期《书与画》杂志全文配图刊登。虽然这是二十多年前我的艺术观点，但在今天读来也是具有独创性和新思考的。从这个艺术视角阐发观点有我的优势，我既是油画家，又是书画编辑，身处书画出版的环境之中耳濡目染。时任编辑室主任的著名美术评论家、山水画家邵琦教授也赞同我的艺术观点，就在完成此文后，他也给了我一些重要的建议，比如标题的学术性和内容体例、逻辑上的统一性等修改意见。特别是要强调中国是一个诗的国度，有独特的内涵和天赋感。这些建议对我的编辑工作也有一定参考和借鉴作用。

1. 线描：作为一种艺术手段、绘画语言，中西各自运用

艺术是相通和相互交融的。虽然中西方在地理、宗教、民族和文化背景等诸多方面有所差异，但总体来说，相似之处还是多于区别之处。14 世纪源于意大利、15

到 16 世纪遍及西方的文艺复兴运动，使西方从中世纪的封建制度与教会神权的统治下解放出来。文艺复兴时的绘画取得了空前的成就，也使以线描为主的绘画逐渐向"图绘"的绘画过渡。而在中国的宋元时期，院体画与文人画的勃兴使中国画迈向新的起点。从中可以看出，中西方绘画都在相近时期发生了重大变革，并且各自的转折也都处于中西方绘画史上的鼎盛时期。

中西方绘画的共同点在于"形"，异同点是色与线的不同感悟。中国画中的线描是有理论和实践基础的，与西方的线描相比各有千秋又有共同之处：把形体轮廓作为重点，描摹精细，特别是中国画中的线描形象为了能增强其真实感，也在轮廓线的边缘进行渲染加厚，这与西画中的线描方法一致。不过，中国画中的线描，有其独有的文化内涵。更讲究气韵精神的发挥，在技法上多表现为线条流畅飘逸，气韵生动，落笔即定，以达到概括简练，清脱雅致的意境。而西方的线描十分注重造型的自然规律，尊重真实的逼真感，在技法上线条可反复修改，或直或曲，或粗或细，直至达到形体精确传神的境地。两种线描风格具有共性的一面，即对形体的准确把握和特殊要求。由于文化背景等方面的差异，致使在绘画技法和观念上有一定的差异。西方绘画注重色彩的表现，而中国画以线为主。这种差异自西方文艺复兴运动的兴起和中国宋元时期院体画、文人画的勃兴起就开始显现了。

2．诉诸视觉：线与形

✧ 西方绘画强调形与色的相互关系

从严格意义上说，西方绘画在 16 世纪以前还是以线描为主，而在 17 世纪以后开始向"图绘"风格发展。如果要区分线描风格与"图绘"风格，那么首先应确定纯素描的定义——用单一色彩的线条来描绘物体的对象称之为素描。不过，线描与"图绘"是绘画的一种表现形式，线描风格是按线条来表现的，而"图绘"风格是按块面来表现的。线描在视觉上明显地将形体区分开来，使人们对形体的轮廓概念有较深的理解，这种清晰明确的边界线往往能够打动人们的视觉感，而"图绘"风格摆脱了事物的形体轮廓，明暗的成分和块面的组合成了图绘的中心内容。莱奥纳多·达·芬奇在他的《论绘画》中劝告艺术家不要用轮廓线来勾勒形体。这是达·芬奇针对线描的技法和观念而提出来的，主要是反对波提切利、吉贝尔蒂等古典画家用黑色勾画物体轮廓的方法。如在他的名作《最后的晚餐》中就运用了明暗对比作为构图的主要因素，全幅图画分成四组，耶稣左边两组，右边两组、每组三人。经过精心构思使画面在统一中有较多的变幻，并运用了科学透视法，将透视的焦点及画面的最亮点集中到耶稣身上，使主题更加突出鲜明。画面中明暗对比强烈，形体轮廓断断续续，似有似无，可以看出一丝"图绘"风格的影子，不过这是"图绘"风格早期现象而已。达·芬奇的线描风格比波提切利更具线描性，如《博士来拜》《岩间圣母》《受胎告知》等。我们知道14世纪到16世纪文艺复兴时期的大师们并没有形成完整的"图绘"风格，如乔尔乔内的《躺着的维纳斯》、拉斐尔的《西斯廷圣母》《美丽的园丁》等均属典型的线描作品，这种线描风格一直持续到了15世纪。

15世纪后的绘画充满生命的活力，包含着所有美的形式。德国大画家丢勒的线描有着扎实的功力和严谨的风格，如从十五幅组成的木刻《启示录》、线描《母亲》《四使徒》等作品中看出，准确清晰的线条充满张力，形体结实，个性突出，流畅有力的线条力图使形体表现得更完美、丰盈。假如把一个明亮的人物或形体置于幽暗的背景中时，可以发现画面依然十分清晰，这正是线描所具有的特点。早期的西方艺术家是非常善于描画的，描摹是他们把握绘画的重要手段之一。但当时线描这一表现方法只是涉及部分现象，并不代表绘画的全部，以前的古典画家还未充分利用它。

17世纪，一种用非线描的表现方法即"图绘"风格的素描悄然出现，由于科学的进步和发展，人们开始注重光线的运用，并以明暗调子为基础，使图像阴影轮廓能更鲜明地凸现出来。另外，在表现中充分运用科学的透视方法和通过对造型的整体观察来进行局部细腻的刻画，由此画面中具有强烈的空间立体感和更近乎于真实感的透视效果，使人们的视觉受到了强烈冲击。这一风格直到 17 世纪中期才被尼德兰画家伦勃朗发展和充分运用，致使线描从这一时期开始向视觉的明暗调子为基础的方向发展，其特点是把线条转化为块面，利用光影效果把块面与块面之间的联系穿插起来，以形成极为逼真立体的画面效果。看伦勃朗的画，如《夜巡》《杜普医生的解剖课》《亨德利克像》《浮士德》等作品，人物形体好似要跳出画面，光亮的物体在暗背景中发出灿烂的光芒，可以感受到有着强烈立体感的明暗调子给予画面的生命力是如此强大，以使人们的视觉感官受到了强烈的刺激。

这种对比是强烈的，线描与"图绘"的风格也就区分开来了。例如，当我们画一个苹果时，首先是观察苹果的造型和特点，确定形体轮廓的准确性，于是用线描的方法便可把苹果的外轮廓勾画到位。然而运用明暗调子和透视的方法把苹果立体真实地表现出来。这种以明暗调子和透视法为"图绘"的观念铺平了道路，在视觉上人们也就更容易接受。最终这种纯粹的线描在发展到鼎盛阶段时，也寻求到了向"图绘"的视觉过渡的表现方式。这在 14 世纪到 16 世纪文艺复兴时期反复出现，线描拥有绝对优势，但还是存在着偶然发生的与线描不相一致的表达方式，这种方式可见于德国纽伦堡木刻中的线描，线描中那脱离形体的纷乱线条，具有一种似现代的印象主义的风格。又如乔托的《犹大之吻》《逃亡埃及》大胆地采用了明暗调子，使画面中的宗教人物有了立体感，宗教人物也明显有了个性刻画。他敢于把革新精神和人文主义思想体现在他的作品中，并确立了绘画的现实主义原则。后有马蒂亚斯·格吕内瓦尔德、柯勒乔等画家也具有"图绘"早期的影子。丢勒是第一个坚定使用和服从于线条的画家，在技法上形成了独特风格，用笔干练、造型坚实有力，从他的肖像画中可以看出线条的严谨与扎实。另外，丢勒与拉斐尔、荷尔拜因与米开朗琪罗在本质上也是一致的。卡拉瓦乔在《在伊马楚斯的晚餐》《年轻的酒神》中通过强烈的明暗对比使人物的造型和所要表现的中心凸现在人们的视觉中，像要从画面中走出来一般。而伦勃朗等画家使这种"图绘"风格得以继承和发展。鲁本斯、委拉斯贵支、荷西·德·里维拉、乔治·德·拉图尔、路易·勒南等。直到今天，西方素描仍存在着线描与图绘的表现风格，不过运用最多的还是以明暗调子为基础的"图绘"方式。

◇ 中国绘画推崇形与线的表现

无独有偶，在传统中国画中亦有线描，而且是一种具有绵延不断、清脱雅致的线韵精神。中国画以独特的笔墨来表达意境和气韵，从本质上透出一定的抽象性，因为在中国画那飞扬的线韵后面，还蕴含着极为丰富复杂的中国文化内涵。北宋画家李公麟受顾恺之影响，又师法于吴道子，经过探索提炼出一种扫去粉黛、"淡毫轻墨"的"白描"。"白描"画法是一种简洁明快的表现手法，它用曲直、粗细、刚柔、轻重而富有韵律变化的线条来高度概括形体的特征面貌。在他的代表作品《五马图》《九歌图》《维摩诘图》等中可以看出他所画的人物、动物往往凭几根起伏而有韵律感的墨线来完成，线条的顿挫变化完全依附在形体的轮廓上。这种不施丹青的"白描"方法正与西方线描方法十分相似。因此，"白描"亦是所谓的线描。而且李公麟的成就与德国画家丢勒一样，他们都把线描风格发挥到极致，对后世影响很大。"白描"中的线条是一种基本的造型元素，对于描绘物体轮廓的精确性并不逊于西方的线描画法，所不同的是两者对形体的观察方法各有见解，西方的线描或许更注重造型因素，对于形体的真实性要求相对高一些，在一些肖像画、风景画中可以看到面面俱到、极力求真的线条穿插其中，有一种描摹对象的痕迹。然而中国画在本质上具有一定的抽象性，"白描"虽然也讲究轮廓线条的逼真，但它还是具有一种超越线形本身的气质，并表现出高度概括、简练的特性，这也就是中国画特有的气韵所在。继李公麟之后，南宋有贾师古、梁楷，元代的赵孟頫，明清的丁云鹏、陈老莲、萧云从等，都以"白描"见长。其实，"白描"的雏形早在春秋战国以前就形成了，如战国的帛画《龙凤人物图》《御龙人物图》《缯书四周画像》等。它们都以墨线勾画，线条流畅飞动，造型明确，具有高度的概括和简练性。又如汉代的帛画，主要以墨线勾画。洛阳卜千秋墓壁画中即有白描的印痕。望都的壁画，人物刻画精细，线条遒劲顿挫。而敦煌壁画更是令人惊叹，线条在画中起到了主导作用，大都表现出飞动的气势，形体极为概括且准确凝练。因此，古人对于线描的理解和运用已达到了很高的境界。

东晋顾恺之的《论画》中已有唯物主义观点，他肯定了艺术是客观现实的反映。对于人物的描绘，他最早提出了"以形写神"的要求，并十分注意刻画人物的神态，如《洛神赋图》《女史箴图》《列女仁智图》等皆有神韵存在。顾恺之的观念给南齐的谢赫提出的"六法"奠定了理论基础。从此，线描画法开始走向新的高度。唐代阎立本的《步辇图》《历代帝王图》等，人物刻画细致，线条刚劲有力，遒劲古朴，具有强烈的感染力。被后人誉之为铁线描，在技法上明显有了提高。吴道子的《送子天王图》，人物生动传神，线条飞动张扬，笔力雄厚如钢铁一般，不愧有郭若虚所评"吴带当风"之誉。

3．表现或表达：艺术的最终目标

◇ 西方绘画在还原的基础上实现直观表达

14世纪到16世纪西方文艺复兴运动使人们崇尚科学，遵从自然规律，观察事物从唯物的现实主义观点出发，致使文化生活等全方位发生了质的变化，这时期的绘画艺术也成为西方绘画史中最为壮丽、繁荣的鼎盛时期。艺术家们开始研究透视学、人体解剖学、明暗法，把自然科学中的成就运用到了绘画上来，从而极大促进了绘画的繁荣和发展。艺术家们在绘画中开始注意光线的运用，强调以明暗调子为基础，并研究空间透视规律，形成了近大远小、近深远淡的立体空间观念。自17世纪开始，西方绘画中的线描风格逐渐向"图绘"风格发展，线描也就更强调运用明暗对比等科学规律，使画面从二维空间的视觉效果向三维空间的立体效果发展了，较之线描的传统画法，形体更具真实性，这也是西方人观念上的突变，使之在绘画技法上也有了飞跃的突破。

◇ 中国画在表现的基础上追求意境，但表现极端发达

宋朝时期的中国绘画发展到了鼎盛阶段，文人画的兴起，使中国画走向了崭新的时期。李公麟的"白描"画法，"淡毫轻墨"开创了一代人物画的新风格，也总结了以往中国画以线描为主的风格，他与丢勒一样都把各

自的线描风格发挥到极致，令后人仰慕。

　　文人画在北宋的兴起，表明了士大夫的审美观点与院体画、民间画之间产生了重大分歧，文人画受到了士大夫阶层的推崇，到元代文人画的发展更为壮大，影响深远。士大夫以文人画为最高境界，而对于民间画不屑一顾，谓之下品，这也许是对传统绘画中忠实与描摹形体的反叛，可能是一种强烈的逆反心理。抑或士大夫们并不想重走老路，也不想花苦功画一张精致但耗时的线描作品；抑或传统线描已达到难以逾越的高峰。故此，画家们便开始寻求创新出一种逸笔草草的并能表达出"胸中逸气"的笔墨形式，水墨写意的风格，风雅别致，而且把书法也运用到画法上来，成为绘画技法中的一部分。其中有元代画家赵孟頫明确表示"书画同源"的主张，也有倪瓒的"逸笔草草，不求形似，聊以写胸中逸气"的观点。这种美学思想和观念迎合了士大夫们的脾胃，既强调个性表现，又借物抒情。如苏轼的《古木竹石图》，有别过去传统的线描画法，用笔飞舞跌宕，形体更是生动。值得一提的是水墨画的这种表现方法亦即把线条化成了块面的形成，对于形体的轮廓线也不很要求，若有若无，隐隐约约。另外水墨画以墨色为主，素雅精致，黑白效果强烈，这不就是一幅生动传神的线描吗？所以说水墨画与西方线描中的"图绘"风格在形式上是非常相似的。水墨画更注重精神内涵，画面也更具有抽象性，在观念上对于那些真实的可触摸的形体有意避之，从而进行了一种有意味的精神趣味探索。久而久之，这种飘逸雅趣的绘画风格逐渐取代了传统中国画中的线描风格。水墨画具有中国画中"图绘"的意趣，这种"图绘"风格介于具象与非具象之间，好似西方的现代素描（抽象主义和写实主义素描）一般，那种团块与团块之间的流动穿插，留白的空间和无处不在的气韵灵动感，正如西方线描中光影效果所形成的光斑与团块面之间的流动感一般。虽然中国水墨画与西方素描有相似之处，但中国水墨画是在特定的文化背景下产生的，是独立而具个性的画种。之所以把水墨画看成是具"图绘"性的线描，是因为水墨画也追求画面的整体性和完满性，要求形神兼备，并注重图式的均衡和静谧含蓄的效应，在本质上透出一种自身心理中的空间艺术形式。

4．中国是一个诗的国度，更具有艺术的天赋感

中西方绘画中的线描风格是极为相似和各具所长的，中西方都在历史的进程中源远流长，并不断完善和发展。西方线描是基于唯物主义观念上的，且以科学的发展而发展，也从极端的写实主义发展到具有意象精神的抽象主义。然而中国水墨画是在依托于清脱雅致的带有意象精神的观念上建立和发展的。由于中国传统文化历史背

景因素，它避开了一切能借助于科学方法而达到极端写实的技法和观念，并直接升华到了一种超乎寻常的精神境界，犹如西方的意象精神状态——抽象主义风格。

"天遥来雁小，江阔去帆孤"，"犬眠花影地，牛牧雨声陂"。北宋郭熙用诗歌与绘画巧妙地结合起来，既充实加强了自身的修养，又为创作构思提供了养料。文人画的勃兴营造了一个诗情画意的艺术之国，使国人升华到了一种高雅优美的境界。单凭二三诗句，文人学士们就可借机抒发，挥毫一番，这种艺术天分不仅是绘画对客观事物的单纯再现，也是画家表达思想，努力追求艺术个性的体现。这与水墨画中的抽象意境十分吻合，也是两种文化背景的迥异所造成的必然结果。同时可以看出正当西方绘画从线描风格向以明暗调子为基础的"图绘"风格发展时，中国画的线描早已于西方五百年前就向以笔墨为中心的水墨画过渡了。相信中国画在继承传统的同时，随着中西方文化的不断交融，中西方的绘画观念也将趋于完善与融合，并将继续演绎和发展下去。

Chapter 7

艺术源于生活

世界是多么奇妙多彩，儿时的我做梦都想幻化成一只小小鸟飞出笼子，自由自在地在蓝天白云中翱翔，在风中穿梭，在雨中聆听风铃的叮当声……我一直都想去揣摩这个世界到底是什么样的，并使劲地去思索与体验。有时又像是一只困在笼子里的雏鸟，能周而复始地看着日起日落，面对漫漫的星夜昏昏欲睡。时空转换交错，雏鸟终于长成了羽翼丰满的金翅鸟，它凌空而起直冲云霄……去迎接大自然中的一切挑战。有时我经常问自己，我是这只金翅鸟吗？四十不惑，人到中年，我在这个不断变幻的世界中也在变化发展。我已学会用独特的视角去观察发现大自然的美妙之处，用自己的画笔去描绘世界，用健康的心灵去表达真挚的感受，体验大自然给予的所有乐趣，享受美好逸趣的人生。当我走进不同的地域时才深刻认识到世界之大，所包容的领域之广，以致我感叹人生的短暂——无法走遍天涯海角，无法观赏大自然中所有的艳丽之处。因为有认识到自己的渺小和微不足道，才能尽我所能做一些身体力行的事，走好完全属于自己的人生之路。

　　2006 年后我分别游历了欧亚大陆等地，从太平洋的美国属地塞班到东南亚的泰国等地，从具有浓郁欧陆风情的德国、奥地利、芬兰、西班牙、葡萄牙、法国、比利时、瑞士、意大利、俄罗斯到横跨欧亚大陆的土耳其等地中海地区……这是最直观的感受，是最新鲜的体验。而不同时段跨地域的采风是引发个人创作灵感的极佳手段，作为艺术家必须体验和深入生活。这些水彩画都是我在当地用二十分钟左右的时间快速写生的，是无可复制的性灵感受，每一幅都代表了我的真情实感。为什么我要用水彩画来表现呢？其实也是图方便快捷，旅行中的"驴友"可不会等我很久的，所以我选择了水彩画，发挥它携带方便、易表现对象且快干的特性。同时我要强调的是这批水彩画都是水彩速写小品而已，重要的是它记录了我的一段愉悦浪漫有意义的人生旅途经历。这里的语言是朴实的，并无华丽的辞藻。性灵的真实感受才是我所想要表达的，重要的是画面能传达出风景与风情相结合的精髓所在。有趣的是在画画过程中不断有外国友人围观，从他们的神情中可以看出对我这个中国艺术家的认可与尊重。他们想不到我能在十几分钟就能表现出当地的风情意韵，只有在那时才能更好地领略艺无国界的境界，要一个微笑就能表达所有，而我内心的自豪感也就油然而生了。每当看见这些画，我都能回忆起当时的情境，这比语言文字的表述更丰富、直观，因为我用我的方式记录感受并刻下岁月流逝的痕迹。旅途漫漫，视野宽广，最明智的方法就是选择合适的媒介去找乐，去玩……以此呼唤出原始的本性与人文情怀。

《薰衣草采风札记》序

我亲爱的爸爸

我爱你，爸爸：

我很喜欢我的爸爸，我要向爸爸学习，因为他的画实在太美了，我也想画像他那样的画。

我希望爸爸画得更好，也希望爸爸画一幅与妈妈合影的画。

有时候爸爸会教我画画。

有时候他还会逗我一些开心的事情，但我更喜欢的是一起玩"斗牛"的游戏。

有时候我觉得爸爸很可爱。

我爸爸会逗我玩，他会逗我开心，会教我捉麻雀，他和我一起养小兔子。

爸爸回家后经常会给我买东西吃，爸爸，爸爸，我爱你！

我喜欢到法国去，因为到法国骑自行车很开心也很好玩，也可以买到我喜欢的"巴巴爸爸"。

我也喜欢到意大利，因为可以吃到意大利的通心粉。

我想去看荷兰的郁金香和风车，我喜欢那里的颜色，特别是蓝、黄、红与紫色。

我愿与爸爸妈妈一起周游世界，看看世界各地的小动物们……

金翰文 Nicole（六岁）

2011 年 1 月 5 日

一、薰衣草采风札记

1. 德国

2006 年 9 月 28 日，我们一行"驴友"从上海飞到奥地利维也纳机场准备转机到德国慕尼黑，因为同行者中有位上海外国语大学教英语的龚建青教授，所以我们很快找到了转机的候机厅。机场不算大，可能在这里东方人比较少的缘故，那些细高个儿的欧洲人还是很关注我们的。待转机的飞机很有特色，我是第一次乘坐，那是具有欧洲特色的双螺旋桨飞机，就像老电影《虎口脱险》中的小飞机那样，听说安全系数很高。我刚坐定就看到机舱外走进一位身高两米出头的德国大个儿缩着脖子弯着腰走进来，呵呵！舱内的人都会心地笑起来，而他也诙谐地笑着，原来机舱内的空间高度与他身高差不多了。飞机飞得很低，午后和煦的阳光洒满了欧洲大陆，我坐在窗口贪婪地欣赏起下面的美景来，感叹着欧陆风情如此之美，连绵不断的绿草地与红房顶连接了整个大陆。经过一个多小时的飞行，我们很快就到了位于阿尔卑斯山北麓的德国慕尼黑。慕尼黑是德国南部巴伐利亚州的文化中心兼首府，是德国的第三大城市。出了慕尼黑机场，一辆大巴早已等候着迎接我们。司机是东欧的捷克人，听说许多东欧人如捷克、匈牙利等国人都喜欢到德国打工。巴士驶入市区，给我的第一印象就是这里街道干净、景色秀丽。正巧这里举办的德国著名的啤酒节还没结束，我们也很快融入了这难得的热闹场景。世界著名的啤酒城场面恢宏，几千人畅饮啤酒的景致还是第一次见到，一年一度的啤酒节让整个城市都沉浸在欢乐的气氛中，活泼的巴伐利亚人脸上总是洋溢着笑容，热情地向我们招手致意。我们在 Blaoe Zone 啤酒馆里面找了个长木桌坐下来，热情的男招待欢快地递上了客人仰慕已久的丰盛的大餐：德国猪手（蹄髈）、丸子和甘蓝菜与黑啤酒。可是我的胃口很小，吃了半个猪手就饱了，而我们"驴友"中的王征昊竟然吃了一个半多，真是好胃口。德国的黑啤酒散发出纯正清醇的小麦香，很是好喝。这里所有的人都坐在长木桌旁边，一边吃喝一边聊天，可谓是海阔天空、无拘无束。离开市中心时已很晚了，我们依旧带着一丝的兴奋感乘车直奔郊外的四星酒店 Lech park hotel 下榻休息。

2006 年 9 月 29 日，清晨 3 点起床，由于时差原因实在睡不着，见窗外乌黑一片，且雾气浓重。乃翻身复睡，但久久未能入眠。熬到 5 点半就起身整理行李，6 点，我拿出水彩画具后准备外出走走，画些慕尼黑郊外的速写，可是天还是很黑，原来德国实行夏令制。我围着旅馆兜了一圈，天蒙蒙亮，雾气凝重，远处有一辆露宿野外的汽车停在田埂边，隐隐约约两三幢乡村别墅映入眼帘，我匆匆起笔约二十分钟画了第一幅水彩速写。而后转身选择了另外的角度再画了一幅，这时天才开始亮起来了，路边偶尔有路过的汽车。抬起头看到旅馆的颜色很别致，所以我又在路边坐了下来，慕尼黑的郊外很清净，画了一会儿，突然看到对面有一中年清道夫走过来，他很惊讶地看着我一个东方人在路边画画。我礼貌地问他早安，他也回应了一下，彼此便分别做自己的事了。回到旅馆，女服务员看到我的画后，着实赞美了一番。早餐很丰盛，德国人的早餐很是讲究，面包、各式奶酪、牛奶、果汁、水果、米饭等一应俱全。

美餐后我们到了慕尼黑老城区游玩，12 世纪以来的近八百年中这里一直是拜恩王国维特尔斯巴赫家族的王城之地。作为拥有 125 万居民的德国第三大城市，慕尼黑一直保持其由众多教堂塔楼等古建筑组成的城市风貌。

除拥有一家规模宏大的国家图书馆、43 个剧院及一所拥有八万多学生的大学外，慕尼黑的博物馆、公园喷泉、雕塑和啤酒馆很多。与严谨、保守的德国南部风格相比，慕尼黑的生活节奏显得活泼、欢快。我先在圣母大教堂门口画了幅速写，然后又拐到热闹非凡的新市政厅广场画速写，突然新市政厅顶上的钟声响起……慕尼黑新市政厅位于玛丽亚广场北侧，是一座 19 世纪末建造的哥特式建筑。它的正面窗间壁龛立有拜恩历代君王、圣徒和神话英雄的塑像。整个建筑上面像撒了一层白霜，布局恢宏、装饰华丽。市政厅 85 米高的钟楼上装置有全德国最大的木偶报时钟（Glockenspiel），这是慕尼黑艺术工匠的垂世名作，每天有许多游人翘首仰望这迷人的表演，聆听那清脆响亮的音乐钟声，惊叹艺术工匠技艺之高超。初到慕尼黑的人，都不愿错过机会。据说 1516 年慕尼黑发生大鼠疫，全市有几千人丧生。五十二年后，威廉五世公爵为了恢复和重振慕尼黑，便在这里举行大婚庆典，游行庆祝，热热闹闹地与民同乐，慕尼黑从此恢复兴旺。人们为了纪念这次驱赶"晦气"的大庆典，便在市政厅钟楼的五六层上设置了木偶报时钟，每天 11 时、12 时和 17 时奏鸣。此时正好是 12 点，塔阁里许多彩色人像开始转动，或手持斧剑，或吹着小号，或骑着骏马，或提着花灯，分上下两层排着队簇拥而出，合着音乐节奏载歌载舞，惟妙惟肖地再现了当年大婚庆典的盛况，仪式共持续了 10 分钟。音乐钟声久久回响在耳边，让我深切感受到了德国的民族智慧与人文风貌。由于旅途时间较紧，我匆匆走进几家名牌大店，主要是为我一岁多的爱女 Nicole 购买鞋子，居然还真买到了想要的款式。后来回上海后知道我买的运动鞋要等到她三四岁时才好穿，哈哈，刚做父亲的我还真的是没经验呵！

2006 年 9 月 30 日清晨，我们住的旅馆在山顶，从阳台上向外眺望可俯瞰德国南部美丽的巴伐利亚州山景。6 点 50 分我在早餐之前乘兴对着窗外的美景写生，画完后把画放在露台上就出来了，等我饭毕回来一看画面都被浓重的雾水打湿了，虽然马上用吹风机吹干，但画面上还是留下一些水渍般的斑驳痕迹。清晨 8 点我们来到了地处德国、奥地利和瑞士三国的交界处博登湖东岸岛上的林道（Lindau）。林道的名字 Lindau 源于 Linden Au，即生长菩提树的河边洼地，林道的市徽就是一棵枝繁叶茂的绿色菩提树。它是德国南部阿尔卑斯山之路的起点，入夜各色的灯光照亮整个港口十分迷人。林道的老城在一个面积仅 0.68 平方公里的靠近博登湖右岸的小岛上，小岛由一座建于 1853 年的火车堤坝和另一座桥与陆地相连接。老城有一个老式的火车站，有许多德国小朋友在里面，估计是老师带着去旅游。天空下起了蒙蒙细雨，我在老城的小弄堂里闲逛，一个人走在那小巧精致的石板街道上颇有意境。9 点半街上行人并不多，我冒着淅沥的细雨坐在路边带帐篷的咖啡桌旁画了一幅雨中街景，而画面被细雨打湿的偶然效果非常别致，朦胧之景跃然而出。林道拥有多元的文化特色，这些充分反映在建筑以及壁画上，旧市政厅（Altes Rathaus）的外墙就有着古罗马帝国时代所留下的绘画。林道港竣工于1856年，被誉为整个博登湖上最漂亮的港口，6米高的狮子雕塑和入口处矗立着的33米高的建于公元1200年的梅格（Mangturm）灯塔左右呼应，守护着林道港的入口。狮子是巴伐利亚州的标志，而此灯塔是巴伐利亚州唯一的一座。我就站在港口边的咖啡桌旁画了一幅港口的景色，与一对当地游人简单的交流也颇为有趣，听他们介绍说这是林道的标志景色。港口边停了许多小游船，五彩缤纷的旗帜飞扬在空中，煞是好看。

中午时分云开雾散，阳光明媚，我们乘车绕行博登湖来到了高天鹅堡（Schloss Hohenschwangau，又称旧天鹅堡）。这座城堡是巴伐利亚国王路德维希二世的行宫之一。共有360个房间，其中有14个房间依照设计完工，其他的346个房间则因为国王在1886年逝世而未完成。我在旧天鹅堡下观赏老堡的遗韵，对比远方的新天鹅堡，其气势逊色许多。我利用中午吃饭的间隙开始速写，尽管饿着肚子，没吃上丰盛美味的鸡腿比萨，也许同行者较难理解我的艺术冲动，但是跃然而出的三幅新旧天鹅堡的水彩速写令我长时间地沉浸在喜悦之中。此景此情已深深地烙印在我心中，挥之不去。

　　2006 年 10 月 1 日，晴天，今天的目的地是地属阿尔卑斯山脉海拔 2962 米德国最高的楚格峰。早上 8 点半我们从富森小镇出发前往楚格峰，途经小镇（Carmisch-Partenkirchen），趁导游去买火车票之际，我匆匆用水彩快速记下对小镇的印象。这是个非常干净清新的小镇，远处有一骑自行车的男子引起我们的注意，原来他穿了套绿色的巴伐利亚民族服装，也许这就是德国式的浪漫。在这里我们要乘上爬山火车，小火车就像老电影中的欧洲火车一般，这是巴伐利亚州 1930 年造的一条多级齿轨铁路（"楚格峰铁路"，Zugspitzbahn）。特点就是在每节车厢底盘上安有两个巨大的齿轮，路轨正中加了一条齿槽，列车行驶时，齿轮紧卡齿槽，能前进，不会下滑，保证了行车安全。爬山火车约一小时一刻钟来到了楚格峰山脚下，尽管我穿上了冲锋衣，但还是感到阵阵寒意。到达终点后，还要乘坐 700 米的索道缆车，然后再乘坐一部自动电梯，才能真正到达楚格峰的山顶。我站在峰顶眺望着德奥两国之美景，心旷神怡，然而此刻我却情不自禁地想起我的亲人，回头看到气象台旁有一邮局，便挑选了两张楚格峰的明信片写上了对妻女的祝福语并盖上楚格峰顶的邮戳寄往上海，也许等女儿长大后可以看懂我对她的爱。下午 3 点我们原路返回，前往著名的吉姆湖游览。

2006 年 10 月 2 日，清晨 7 点半用完早餐回到房间，我看见远处两三只飞鸟在天空中翱翔，便应景写生画了一幅《奥地利萨尔茨堡新城区》。8 点半我往萨尔茨堡老城区走去，其实昨晚已先熟悉了环境，所以主要逛老城著名的粮食胡同，参观莫扎特、卡拉扬的故居等。中午我们到了位于奥地利萨尔茨堡市郊的海尔布伦宫。这座建于 1612—1615 年间的行宫，包括花园、喷泉以及剧院，是阿尔卑斯山以北最美丽的建筑代表之一。著名电影《音乐之声》的场景地也选在这里。当我再次观看这部老电影时，眼前似乎又展现了四百年前海尔布伦宫闻名于世的盛景。这里是多么安静，天空中两三只飞鸟划空而过……如此美景便永远地留在了《奥地利海尔布伦宫》的画面中。

　　国王湖位于德国巴伐利亚州的东南方，是著名的旅游胜地。下午 3 点我们乘上游船穿行于国王湖中，湖水呈现翡翠绿色，清澈见底。船长热情地介绍着国王湖的历史，可惜我一句都听不懂，船行驶一半时，船长停下马达，顺手拿起小号对着青山吹起来，乐声在山谷中回荡，悦人心扉，当然下船前每人都要付点小费哦。坐落在国王湖西岸中段半岛上的圣巴多罗买圣母院（St. Bartholoma），以其小而别致的造型而出名，洋葱形红色圆穹顶，礼拜堂半圆形后殿分成对称的三瓣。礼拜堂边的同名狩猎屋是在 12 世纪与礼拜堂一同建造的，现在是一家小饭店。友人们散开自由活动，我即在上岸口找好位置，用随身携带的水彩颜料花了近二十分钟画了这幅《德国国王湖圣巴多罗买圣母院》。随后慢悠悠地四处闲逛起来。这里的湖光山景胜似人间仙境一般，我能在有限的时间内大口地呼吸着清新的空气。不过在这里还是留下了一段小插曲：回程时我们安静地等候着游船的到来，看见手上沾有不少的颜料，正好旁边有个厕所，便一头扎进去洗手（里面没人），等出来时所有的人都哄笑起来了，原来我进去的是女厕所，再看下门上没有图标有德文，德语有阴性与阳性之分，好尴尬的哦！而这时耳边又响起了山谷间那令人心神荡漾的小号声……

2．奥地利

2006 年 10 月 3 日，在奥地利萨尔茨堡住了两天，我已比较熟悉这里的地形。这次来欧洲前我的右膝盖有点骨质增生，每走一步都比较疼，不过我还是饶有兴致地一个人把萨尔茨堡的新老城区走了几遍。就在前天晚上我在新区的一家古董店看中了几件物品，因为当天中午我们要离开这里前往维也纳，所以等早上 10 点钟开门我就走进这家店，里面是一个讲德语的老头，我看中了一件著名的 1885 年匈牙利布达佩斯的扁壶瓷器，开价1000 欧元，我就比画着与老头砍价，语言不通我们就用笔与肢体语言交流，他说他的，我讲我的，很带劲，呵呵，居然与我在国内买古董时的情景一样，一来二往，打起了心理仗。突然我看到有两件非常精美的1870年的日本瓷，还好他对亚洲的东西不感兴趣，开价不高，两件东西才花了250欧元，我心里很高兴，这可是19世纪日本宫廷御用的萨摩瓷啊！东西卖了，老头很开心，我趁热打铁就用600欧元把上述的扁壶一块拿下了。奥地利老头没想到我一个中国人花了大价钱买他的东西，因为在欧洲一般人口袋里带几十欧元现钱而已。当我用信用卡刷卡时，他乐得手都抖了，哈哈，皆大欢喜。另外，就在前天我在德国富森小镇上的一家古董店，买了一幅17世纪巴洛克风格的古典油画《在萨尔茨堡附近》同样非常精彩。这也是我到这里来的最大收获。

下午4点我们在前往奥地利维也纳的途中于湖边小镇Hallstatt歇息，我花了一刻钟时间画了幅水彩速写，记录下一段美好的回忆——奥地利的小镇实在太美了。我特意进入一户乡村小屋参观，门厅的墙壁上悬挂着古董油画，房间里布置得十分古朴典雅，具有中世纪的巴洛克的装饰风格。生活在这里简直就是世外桃源，就像童话世界中的场景一般，那些绿色或黑色尖尖的屋顶好似上海的马勒公寓，窗外家家户户都装点着鲜花绿叶，甜美又恬静的田园生活气息让我陶醉而流连忘返。

2006年10月4日，我们来到位于阿尔卑斯山北麓多瑙河畔的奥地利首都——著名的音乐城市维也纳，多么美妙的城市。最吸引我的还是老城区，这里的街道纵横交错，多为巴洛克式、哥特式和罗马式建筑，中世纪的圣斯特凡大教堂和双塔教堂的尖塔耸立蓝天，路边生长着各种树木，两旁有博物馆、市政厅、国会、大学和国家歌剧院等重要建筑。在维也纳花了一天时间去了维也纳艺术史博物馆（Kunsthistorisches Museum），作为全世界第四大艺术博物馆，珍藏着哈布斯堡王朝数百年来收集的欧洲珍品。我如饥似渴，贪婪地欣赏着鲁本斯、伦勃朗、丢勒、拉斐尔、提香等大师的原作，作为学习西方艺术数十年的我是多么需要这样直面大师作品的机会啊！站在巨匠们的作品前仿佛有了对话的机缘，许多疑问也在其中不断地得到诠释，欧洲的文明史光辉灿烂，其文化传承依然保存完好值得我们借鉴与思考。晚上我们每人花了 80 欧元去著名的金色大厅听了一场交响乐，让感官体验了音乐之都的魅力。

维也纳市西有幽雅的公园、美丽的别墅以及其他宫殿建筑，从美泉宫到国立歌剧院到处洋溢着往昔奥匈帝国的繁华盛景。2006 年 10 月 5 日，我们来到位于维也纳西南部利哈布斯堡正室的夏宫，又称"美泉宫"。气势磅礴的宫殿和巴洛克式花园仅次于法国凡尔赛宫，宫内有 1400 个房间，从中央大厅进去，可观瞻拿破仑、茜茜公主和弗兰茨·约瑟夫一世曾居住过的寝宫。这里大多是洛可可式与巴洛克式的建筑风格，建筑内外装饰雕琢繁缛精细。我走到带有东方古典式建筑风格的房间，看到里面有紫檀、黑檀、象牙等装饰品，也有用泥金和髹漆装饰的日式房间。房间内部的装饰品也以东方风格统一协调，四壁和天花板上镶嵌着陶瓷器。在琳琅满目的陶瓷器摆设中，有中国青瓷、明朝万历彩瓷盘和青花瓶等。宫殿后面是一座巴洛克式大花园，我沿着铺有碎石的小路一直走到花园的尽头，两旁矗立的雕塑与花园背景浑然一体，让我真切感受到了宫殿的匠心独具与幽雅的人文气质，这是一种心灵的共鸣与震撼。

下午我独自一人走在维也纳最长的购物街（Mariahilfer Strae）上，两边都是名品商店，其实我主要是想去一家可以买箱包的商店，因为我在萨尔茨堡买的瓷器要运回上海还是比较麻烦的，所以能买个箱子才能放得下。嘿！我在街旁的小巷里看到一家二手店铺，里面居然有二手箱包，价格很便宜，讨价后才 20 欧元，我选了一只崭新的上海产的蓝色行李箱，虽然在大街上拖着走样子不太雅观，但是我心里觉得很踏实了。在一家上海人开的超市，我看中了架子上的方便面纸盒，老板娘看我是上海人，就很爽气地送给我了，这样我的瓷器用纸盒包装就万无一失了。

2006 年 10 月 6 日，清晨我们驱车走进位于维也纳西郊著名的森林，整个林区绵延 40 公里，覆盖着大片山岭。森林里有许多耐寒的柏树，还有云杉和漂亮的蓝杉。原来以为森林是树木高大、林区深邃的那种样子，而维也纳的森林树木并不高大粗壮，但布局非常整齐，沿阿尔卑斯山的前沿高地绵延伸展，东南部是一片二千多公顷的森林洼地。一路上星星点点的小镇错落有序，那些中黄色、白色的墙壁和绿色的窗户以及鲜花在蓝天白云的映衬下显得格外有生气。站在高地的观景平台上俯瞰维也纳全城顿觉心旷神怡，其清新秀丽之景令我们为之高歌动情。而此时此刻，耳边似乎响起了约翰·施特劳斯的悠扬乐曲《蓝色的多瑙河》《维也纳森林的故事》，令人十分陶醉。

2006年10月7日，今天我们要离开维也纳了，刚刚有点感觉就要走了，真是意犹未尽，恋恋不舍。大巴把我们送到了维也纳机场后便进入办理退税与登记进关的手续。我准备把两个行李箱托运，手里一个小手提箱带上飞机，因为这里面是我购买的宝贝瓷器，如果托运那肯定是要碰碎的。但是海关人员还是坚持叫我全部托运，我说等会再说就离开这个窗口了。过了一会我又从另外一个窗口进入，这时一个女性机场人员走过来用中文对我说这个箱子不能上飞机，我一下子急得脸都发烫了，急忙向她解释这里面放的是瓷器，托运是要碎的，过了好一会儿她才说："打开来看一下。"我连忙蹲下开箱，刚打开一半，听她说"OK！"没问题了，虚惊一场的我连忙向她道谢致意——看来奥地利人还是很通情达理的。

3. 塞班岛

2007年2月2日，今年的上海比较冷，我与太太告别了抱在外婆怀中的女儿准备搭乘东航的飞机到位于太平洋上的美国属地塞班岛。一岁半的女儿已会说话，也似乎知道我们要去游玩，她也带劲地嚷着要一起去，毕竟还太小带着不方便，我对女儿说等你大点了一定带着你周游世界。四个多小时后我们到了塞班机场，时差比中国快两小时。机场不是很大，见一些黑黑胖胖的机场工作人员对入境的游客进行安检，很快我们通过安检进入了美丽的塞班岛。塞班岛为北马里亚纳群岛首府，也是群岛中最大的岛屿，面积185平方公里，人口约八万。官方语言为英语，土著语言为查莫洛语等，这里日本游客多，所以日语非常普及。全年温暖如夏，属热带海洋性气候，平均气温是28 ℃。我们从寒冷的冬天一下到了夏天，恍然如梦，像时空倒流一般。这里的气候非常宜人，并不像海南岛那样的酷热。由于是海岛，其生活用水都为海水过滤，必须煮开后方可饮用，但口感还是有点咸。为此我们特地在行李箱中托运了两桶20升的矿泉水备用。来到异国风情的太平洋岛国，我们还是非常的兴奋。北马里亚纳群岛是美国属地，当地出生及原住民都持美国护照，享受美国国民待遇。虽受美国管辖，但享有高度自治权，总督及上下议院的议员仍由民众选举产生。回顾历史我们可以看到北马里亚纳群岛的原住民以查莫洛民族为主，1521年葡萄牙航海家麦哲伦发现了这片岛屿，1565年被西班牙占领，1899年为德国所有，第一次世界大战中被日本占领。1947年后成为美国"太平洋岛屿托管地"。1975年后，塞班岛、天宁岛、罗塔岛等11个岛屿举行全民投票后决定成为美国自治领土。1990年联合国通过决议，正式成为美国的一个自由联邦。首府设于塞班岛。天宁岛是美国在第二次世界大战期间的军事重地，世界上第一颗原子弹（1945年8月6日）及第二颗原子弹（1945年8月9日）就是由美国军机从天宁岛上起飞，投向日本广岛及长崎……二次大战结束。如今风景如画的塞班岛已成为西太平洋地区著名的度假胜地。岛上天然的热带丛林原始风貌与市中心的繁华商业区、高档酒店等形成鲜明的对照，古老的查莫洛原住居民和美国文化的融合，使得塞班岛古朴温馨而又现代时尚，别具异国情趣。

晚上我们入住Hafadai Hotel的海景房，景色幽静迷人。由于旅途较近，所以并没有疲惫的感觉。

2007年2月3日，一大早我就醒了，虽然时差比中国快两小时，但是并没有什么异常感觉。窗外景色怡人，院子里郁郁葱翠的灌木林、红瓦白墙的小屋与远处的太平洋海面融为一体，尽显一派风和日丽的海岛风情。我对太太说："快把画具拿来。"在窗口我满怀激情应景写生，从容地把窗外之景绘入画面中，清新亮丽的色彩还原了真实的自然面貌。

早餐后我们前往万岁崖（Suicide Cliff），一路上太平洋上的湛蓝色与那些盛开的鸡蛋花树、凤凰花树和棕榈树浑然一体，坐在车上我竟然会与中国的海南岛做比较。约二十分钟到了万岁崖，这是一个海拔 360 米的山崖，听说这是二战日军战败后所有的士兵和家属跳崖自杀的地方。战争时期这里有个日本学校，数百名学生被迫从山崖跳下而丧生。后人在山崖旁边立个和平碑，另有一尊铜制观音，还有一个十字架，下面还有一枚炸弹倒插在土中，寓意世界上的各种宗教、神灵都要维护人类和平，把战争踩在脚下。站在岛屿的制高处俯瞰群岛，一边的海水呈现了普蓝、深蓝、浅蓝、紫罗兰、深绿、浅绿、粉绿等颜色，好似油画的调色板一般色彩饱和明亮，这种比喻并不夸张，而大自然的杰作往往会是超乎人们想象的。岛屿的另一边，却是一大片深邃的普蓝色，画画的人都知道普蓝色是非常纯净和深的，恰恰在这个深蓝色下面就是世界上最深的海沟——马里亚纳海沟，深度为 11034 米，并且是地球的最深点。哇！是不是很厉害啊！站在崖顶往下看，头好晕。整个岛屿沐浴在和煦的阳光中显得非常宁静，欣赏着雪白的浪花重重地拍打着深赭色的崖岸峭石，远处泛起层层白浪与碧海蓝天融为一体，这时我们谁都不愿意去想象与战争有关的事件，我不由感叹道："这是多么靓丽多么雄伟的景色啊！"

第二站我们直接去鸟岛（Bird Island），哈哈！其实这是个珊瑚小岛，我还在问当地人鸟呢？一只鸟都没有，原来此岛又为情人岛。每天黄昏时刻，浪漫的情侣们来到此地观赏海鸟归巢的情景。然而战争毁了它们的家园，鸟儿们栖息到了其他地方，留下这个美丽的珊瑚岛。我给太太拍照留影，随后两人坐在礁石上静静地发着呆，白色的沙滩、明媚的阳光、五彩的珊瑚礁环绕四周海域，远眺鸟岛和湛蓝的大海思绪万千，流连忘返。遗憾的是今天出来时没有带画具，所以一幅也没画，但是留存在脑海里的记忆是深刻而美妙的。

其实塞班岛不大，开着车沿着塞班岛东北角走，一会就到了著名的景点——蓝洞（Grotto）。见一个男性老外穿着潜水衣从深水洞中钻出来，看来西方人的生活方式与观念很是时尚，休闲度假就是玩个刺激。这里就是举世闻名的潜水洞之一，最深处为40米以上的海底洞窟。一般说潜水到水面下10米深处，其海水的压力就很大了。听当地人介绍，当阳光透过洞穴的海水直射深处时，其折射的海水会闪烁出绚丽的蓝光。大自然巧夺天工形成的天然景观如此美艳，不愧为潜水爱好者的度假胜地之一。我们也是走马观花，因为不可能去潜水，所以只能看看风景。随后我们来到了当年日军最后的指挥所（Last Comman Post），这是一座建立在岩壁中的建筑，也是日军将领南云忠一的驻扎之地。我环顾周围寻寻觅觅有关二次大战的痕迹，确实地上有不少被风化了的铁疙瘩，而这些锈迹斑斑的弹片或火炮留给我们的却是隐隐的阵痛。我站在炮台上环视大洋，隐约中似乎看见了远方的战舰，像海市蜃楼，恍如幻影一般挥之不去。这里的日军堡垒修建得非常隐蔽，其裸露在外的钢筋水泥可以见证。不过再牢固的堡垒还是挡不住美军的最后攻击，用不堪一击的比喻非常恰当。至今洞内墙壁上还留有两个大洞和一片凌乱密麻、深浅不一的弹孔，那是美军海上舰队在海上用舰炮穿透的。我站在洞内，听一位当地导游对我说："你站的位置正好是日军指挥官剖腹自杀之地！""哎哟！"我惊叫一声赶紧跳开了，惹得旁边的人们一阵哄笑。走出指挥洞，我呆呆地看着那些日军遗留的大炮、坦克、重机枪等，仿佛闻到了一股弥漫在空气中的浓重的火药味。心中不由得想到它们可是直接经受了二次大战的硝烟啊！

塞班岛确实是度假的好去处，除了浮潜和潜水，还可以选择钓鱼、冲浪、坐直升机、乘船出海、丛林探险、水上降落伞等各类活动。下午阳光灿烂，我与太太选择了乘潜水艇，这是我有生以来第一次看到真实的海底世界。潜水艇不大，估计有10米长，船舱里有一位胖胖的非洲裔水手给我俩各一副防紫外线的眼镜，船上连同我们也就八九个人，船慢慢沉下海面，船舱内一片蓝紫色，每个人身上都闪着蓝光。我看到上面的海水泛起涟漪的波纹，光线从海面上折射下来，五颜六色，非常好看，估计潜下约十五米后潜艇才开始缓慢前行，时不时海面上驶过一艘摩托艇，其马达发出"突突"声的噪音很大。我最喜欢看海底游来游去五彩斑斓的各式海鱼和美丽珊瑚，这个感觉与我们在上海或香港的"海洋世界"看鱼的心情完全不一样。肥大的海参趴在海底的沙堆上，真是美妙无比的海底世界啊！过了一会我的眼前居然出现了一艘庞大的军舰，这艘军舰长两百多米，足有一个足球场那么大，舰身长满了各种水生植物，半个多世纪来它早已是鱼儿的栖息之地了。见三四个布满水锈的螺旋桨静静地躺在沙石上，沙地上还有许多座椅和一堆飞机上的机枪子弹，原来这是二战时期美军坠落的战斗机和被击沉的日军军舰残骸。我们完全可以想象并复原当时的战火惨烈之状，据当地人介绍说当时舰上运载的都是来自朝鲜半岛的士兵，最后被美军飞机击沉。过了半小时潜艇开始从军舰的另一侧返航，我与太太对换了座位继续临窗欣赏着那自由自在游动的鱼儿。

晚上我与太太漫步在塞班的市中心，这里到处可见高档宾馆、商店、饭店，高尔夫球场就有好几个。游

| 融光·天和：情怀 |

客也大多是日本人，也有一部分韩国人，中国人每年有一万人左右来旅游。走进商店里服务生都会用日语问候，而我竟开玩笑地用上海话来说，上海话与日语的发音和语速还是有点相近的，都很快，搞得他们不知道我俩是哪里人。毕竟是旅游区，这里更多的是各种日式按摩店，听说也有中国的东北人开的店。塞班的夜市还是很热闹的，用灯红酒绿与纸醉金迷来形容也不为过。然而对于我们来说，今天的安排还是很丰富充实的，值得回味。

2007年2月4日，一早起来我迫不及待地对着窗外之景画起来，出来前我特地到上海福州路商店购买了水彩纸与固体颜料准备到塞班写生。昨天我已对塞班有了大致的了解与概念。早餐后我在 Hafadai Hotel 的海滩边画了一幅速写。这时一位晒得黑黑的当地男青年用英语向我们打招呼，意思问我们是否要到军舰岛玩，他有快艇可供搭乘，因为我们是宾馆的住客，所以可享受优惠价两人来回40美元。我与太太商量了下决定去，于是我们在沙滩边穿好救生衣，乘上了他的摩托快艇。因为我不会游泳，快艇开得很快，心里总还是有点害怕的。我们经过粉蓝色的、浅绿色的、深绿色的、淡蓝色的、湖蓝色的海水层到达了军舰岛，银色沙滩边有许多游客在戏水游泳，我与太太走在沙滩边的海水里，这是最纯净的海水，水底布满珊瑚礁的海面经过阳光折射，变幻着多种美妙的色彩，小鱼儿在脚边游来游去。听说在二战时期美国空军在深夜把它当作了一艘日军军舰便从空中投下了无数炸弹，黎明时分美军才发现这艘"炸不沉"的"军舰"原来是一个小岛，军舰岛由此而得名。

花了一刻钟时间我们环绕岛屿走了一圈后，我选址席地而坐开始写生，画了两幅后，我们走进树林中，发现里面有个很隐蔽的日军地下堡垒，几个小孔对着对岸的塞班岛，里面黑洞洞的没敢进去。海滩旁边的树丛非常古朴，有的已枯化，枝桠粗大形状怪异。蔚蓝的天空中朵朵白云，晶亮的光斑透过树梢间的空隙忽闪忽闪的，海阔天空之景浸润在我的水彩画面中。我眺望着对岸旖旎风情的塞班岛浮想联翩，沐浴金色的阳光畅想自由的空间。那明媚的阳光、蔚蓝清澈的大海、海里自由自在游动的鱼和宜人的气候都给我们带来美好的享受。中午12点半是我与当地人说好返航的时间，虽然在军舰岛逗留了几小时，但还是给我留下了深深的记忆，因为在这里我用心去写生，用情去体会，用爱去享受浪漫。

中午回到了塞班岛，天有点热，我们走进美国纪念公园。这里葬有攻占塞班岛时牺牲的 5000 名美国人，并刻有他们的姓名。公园建在海边，树木繁茂，海风徐徐，看着碧蓝的天空、广袤的太平洋和沙滩上玩球的小孩，心情好极了，我的艺术激情也喷涌而出，我尽情地在画面中表现热带海洋性气候所特有的太平洋风情，用饱和的色彩讴歌塞班之美。相信在这里，人类所有的恩怨纠结都如浮云一般，都是历史的尘埃，拥有蓝天碧海的广袤空间才是永恒的。

夕阳西下，风光绚丽，我与太太到塞班著名的饭店就餐，等到五点半就入店，成为第一批客人。太太点了爱吃的龙虾，我也要了几个特色海鲜，品尝着红酒佳酿，非常浪漫。我们吃得很慢，在这里消费都要收 15% 的服务费和小费。晚上我们去逛塞班岛上唯一的一家全球连锁的 DFS 免税店，里面有许多国际品牌。太太看中一款 3000 美元的"卡帝亚"手表，这次我也很大方爽快地购下，看着太太满意的笑容，心想今天可算是满载而归了。

2007 年 2 月 5 日，清晨我们乘上豪华喷射客轮去离塞班岛不远的天宁岛，同行中有三人没赶上这班船，结果他们因祸得福，原来他们在当地人的帮助下乘上了直升机，十分钟就到达了天宁岛，我可是从来没有坐过这个家伙哦！很是羡慕。

船开了一个小时才到，我很纳闷：在塞班岛上远眺天宁岛，距离很近，为何还要开这么久呢？当地人说："你不知道，船是绕着弯走的，要避开中间的那条世界著名的深度为 11034 米的马里亚纳海沟，这是世界上已知的海洋最深处，船只太靠近会被它强烈的吸力给拖进海底深渊。"哦！我也算长知识了。

上岸后我们住进岛上唯一的天宁皇朝赌场宾馆，基本设施很好，是当地人和游客赌博的地方，据说输赢有的在百万美金上下的。我们也开开眼界去体验一下，呵呵！有打梭哈的，有玩老虎机的、推牌九的，等等。我可不敢尝试，毕竟不懂，就在旁边看看。见一位日本老男人慢悠悠地抽着烟斗玩梭哈，一会儿桌上的一堆筹码给庄家没收了，围在他身边的人较多，他显得有点不耐烦，原来一个筹码就是 100 美元，有钱人真是一掷千金啊！

天宁岛上仅有居民七千多人。这里主要产甘蔗、椰子、稻米、香蕉等。为了环保现在全岛都不种植和放牧了，海中也不能捕鱼，什么都依赖进口。天宁岛上现有的道路有一部分就是原来日军飞机场的跑道，还有日军的一个联络中心的遗址。我们来到二战时美国向日本扔的两颗原子弹的装载点，可以看到两颗原子弹：一号"小男孩"和二号"小胖子"的照片，旁边有两个小木牌标有"Bomb1"和"Bomb2"，后人在原来放置它们的地方做了一个三角形的玻璃罩子。1945 年载有这两颗原子弹的飞机就从这里起飞，一颗在 8 月 6 日投向广岛，一颗于 8 月 9 日投向长崎。在位于岛上东北端的喷水洞，岸边礁石上的火山岩上有无数大小洞穴，惊涛拍岸时受水流的冲压会喷涌出高达十数米的水柱，场面极为壮观。我站在凹凸不平的砾石上面朝马里亚纳海沟，伸开双臂呼吸着清新的空气，心中由衷地感叹着大自然的鬼斧神工。

黄昏时分我们来到美丽的星沙海滩，亦称为登陆海滩，这是美军占领天宁岛的登陆地点。清澈透明的海水，星星点点布满了珊瑚礁。我们在这里寻觅像星星一般的五角形与八角形沙粒，非常可爱。不过按照美国法律，这里的一草一木都不能带出境，在机场海关被发现就要没收罚款。我坐在礁石边用画笔真实地记录了这些美好的场景，画画的心情是轻松愉悦的，所以画面上的色彩也是欢快跳跃的，从中散发出大自然质朴的美丽。黄昏时分我回到宾馆，落日红霞的光线分外妩媚，我对着窗外快速地写生，记录下落日黄昏的一刹那，天地融为一体，心情尤为舒畅。

　　2007年2月7日，因为今天上午要赶上从塞班到上海的航班，所以深夜两点我们起床乘船返回塞班岛，每天有一个班次，船上人很多，热热闹闹的。高速快船开得很快，夜晚的海浪很大，过了20分钟，船上开始有人晕船了，此起彼伏的呕吐声不绝于耳，我看看身边的太太好像有点反应，不一会也"哗哗"起来，我不得不照顾她，然而我刚起来才发觉船摇晃得连路都走不稳，我也觉得恶心起来，呵呵快点到卫生间，整个人像油盐酱醋被打翻一样难过得不行，好不容易挨到上岸，心想下次可再也不能坐船出海了。呵呵，塞班之行可真是酸甜苦辣并重。

4. 西班牙、葡萄牙

2008 年 2 月 7 日，时逢中国春节假日，我们一些旧友相约赴西班牙与葡萄牙度假。我们乘上芬兰航空的航班到达北欧的赫尔辛基机场，然后转机到西班牙的巴塞罗那。出了机场就见到早已在那里等候着我们的当地导游。一路上我观察着当地的风情，郊区的房子与上海的莘庄差不多，可能是新区，这里的建筑物大多是咖啡色和中黄色的，其建筑物外立面看上去较为单薄，在阳光的照射下，显现出金咖啡色的光芒。巴塞罗那是西班牙的第二大城市，也是工商业和文化艺术非常发达的城市，有"地中海曼哈顿"之誉。艺术巨匠如毕加索、米罗、达利等都诞生于此，是伊比利亚半岛璀璨的明珠。文艺复兴时期大作家塞万提斯曾赞誉她是西班牙的骄傲和世界上最美丽的城市。从空中俯瞰地中海海滨城市巴塞罗那，呈现在眼前的是一幅金灿灿的精妙绝伦的油画。神秘的地中海环抱着金色的城市，雄伟壮观的圣家族大教堂、新颖别致的奥运村，无不展示着人与自然的和谐相处；整个城市依山傍海、地势雄伟，气候舒适宜人，市区里哥特式、巴洛克式建筑和极具设计感的现代建筑交相辉映。

2008 年 2 月 8 日，上午我们来到古埃尔公园，公园位于西班牙巴塞罗那市区北部，建于 1910 年到 1914 年，公园的道路、出入口和大广场等公共部分由高迪设计建造。古埃尔公园是一个开放式的空间，不管是石阶、石柱和弯曲的石椅上都嵌满了五彩的马赛克，全由色彩斑斓的瓷砖拼贴而成。我与太太来到公园山坡的高处，远山近处的各色小屋点缀在树丛中。我顶着金色的阳光选好位置对景画起来。过了一会儿，旁边多了一位漂亮的东方女性，她安静地看着我画画，我抬起了头微笑着与她对了下眼，然后我继续关注着我的画面，而她仍然默默地站在旁边对景欣赏。等画好后太太对我说："你知道那是谁吗？""不知道啊！""刚才站在你身边的美女就是韩国电视剧《大长今》中的女主角李英爱！""哦！怪不得有点眼熟，呵呵蛮好请她签个名。"而这幅水彩写生《西班牙古埃尔公园高迪旧居》保存至今。

中午我们到了位于巴塞罗那市区中心著名的圣家族大教堂，它是巴塞罗那的精神支柱和标志性建筑，同时也是城市社会活动的中心。同行的有两位朋友因带了记者证，所以可以免票参观。圣家族大教堂这座象征主义风格的教堂，最初是由出生于巴塞罗那的安东尼·高迪建造的。他几乎用尽毕生精力设计的两个教堂均未能全部建成。目前尚未建成的教堂共有三个宏伟的立面，东面一个代表基督的诞生，西面代表基督受难与死亡，南面最大的一个是象征上帝的荣耀。每个立面上的四座高塔代表基督的 12 位门徒，教堂后部半圆形的圆顶象征圣母玛利亚。《基督诞生》立面也采用了大量的自然主义装饰，在这一面的三座大门之上，高耸着四座107米高和装饰着彩色马赛克的塔楼。我仿佛来到了一个奇妙的世界，藤蔓状线条、波浪形的外观吸引人眼球，高迪式的螺旋形图案自然地融入建筑装饰中，那圣诞大厅的边墙就是用果实卷须图案装饰的。我与太太先在底楼参观他的一些建筑手稿，然后攀上旋转的扶梯到达屋顶的平台上俯瞰整个巴塞罗那市貌。屋顶的外观造型怪异神秘，站在不同的角度有不同的感受，艺术的灵感与梦想可以用这种独特的手法表现，打破常规是创新的途径，可以断定再过一千年高迪的设计思想还是时尚的。建筑外立面运用玻璃、陶瓷、马赛克等拼贴装饰与彩绘为主要特点的高迪风格，成为20世纪建筑史上光辉灿烂的一页。

2008年2月12日，我们在巴塞罗那逗留数天后来到了位于伊比利亚半岛中心——欧洲著名的历史古城马德里。这里有极尽奢华的王宫，三百多个纪念广场，还有著名的艺术金三角区和西班牙斗牛，广场中央大都有雕塑或喷泉，因此又称喷泉之都。雄伟的塞万提斯纪念碑矗立在西班牙广场上，而有"马德里塔"之称的西班牙摩天大厦位于广场一侧。中午我与太太坐在西班牙广场边的长木椅上享受着阳光灿烂的好心情。咖啡金色般的光芒在树影婆娑中闪烁着迷人的色彩。为何说西班牙的阳光是咖啡金色呢？我觉得应该是土壤的缘故，这里的土壤大概含铁等金属矿物质高，呈现出褐色，阳光照在大地上再反射出来就变成咖啡金色了。我坐在椅子上环顾四周，悄悄地选好合适的角度拿出准备好的画具开始写生。一个西班牙老头站在我旁边静静地看着我画画，并与我太太聊起来，他不断地夸我画得好，老头自报家门是附近大学的教授。而我也用蹩脚的英语单词附和几下，当然旁边有我在上海外国语大学做教师的太太做翻译，彼此间的交流自然就不在话下了。马德里是全国教育科研中心，拥有西班牙一流的大学和科研院所。其文化氛围浓厚，拥有众多博物馆、美术馆和展览馆，所以路上遇到一些教授就很平常了。

下午我们参观的世界十大博物馆之一的普拉多美术馆建于18世纪，由建筑家班·德·彼加诺瓦设计。这座新古典主义建筑收藏着较为完整的西班牙绘画及雕塑作品。其中以西班牙绘画大师委拉斯贵支、格列柯、戈雅的作品为最多。要看完所有藏品估计一星期都不够，我们只能走马看花兜一圈了，而我主要是看画面的技法，其他的一时消化不了。原作毕竟不同于印刷品，与大师作品对话的机会等下次有缘再来朝拜了。

2008年2月13日，西班牙的科尔多瓦是11世纪开始就成为主要都市的，当时市内清真寺林立，盛极一时。科尔多瓦与格拉纳达、塞维利亚是南部安达卢西亚地区的三颗明珠。昔日曾为伊斯兰教王国首都，兴建了三百座以上的清真寺及宫殿，成为当时欧洲最大的都市及学术中心。最吸引我们的是安达卢西亚所拥有的狭窄街道和白色房屋。我与太太一起穿梭在位于旧犹太人区的百花巷中，小巷两侧的白墙上无论何时都装点着各种鲜花小草。两边是建筑围合中庭的住宅，这里家家都有美丽的庭院，有镶嵌在墙面和窗台上的绘画瓷砖、喷水池、灌木树和盆景花木、雕花铁栅栏等，装饰得非常精致，我们都为之陶醉。我们参观了一所陈列著名斗牛士马诺列德遗物的斗牛博物馆，其院子的周围排列着摩洛哥集市的民艺店。另外还去了一座14世纪的具有穆德哈尔风格的犹太教教堂，这是西班牙仅存的两座犹太教教堂之一，另一座在托雷多。我们找到好几家古董店，不过价格都很贵。走了好长时间，由于里面七转八拐的有点搞不清方向，还好我对太太说："大清真寺边高高的长臂吊车方向就是我们集合的地点。"

2008年2月14日，我们来到安达卢西亚自治区东部的格拉纳达，下午两点参观了阿尔汉布拉宫，这是摩尔人在伊比利亚半岛上修建的最后一个王国首都的宫殿，也是文艺复兴时期的建筑瑰宝。我与太太置身在宫殿中想象着昔日摩尔人的辉煌，漫步在宫殿的后花园中欣赏喷泉、池塘的碧波所展现出的水光迷离之美，远山松柏丛间点缀着城市白屋，其狭窄的街道与雍容华贵的花园形成鲜明的对比，冷寂的色彩令人赏心悦目，浮想联翩……

2008 年 2 月 16 日，我们来到欧洲最西端的葡萄牙罗卡角，它的地理位置位于西经 9° 30'，北纬 38° 47'，海拔 140 米。罗卡角上竖立着一座天主教碑，上面刻着葡萄牙著名诗人卡蒙斯的诗句："陆止于此，海始于斯。"陡峭的悬崖一边是大西洋，我到旁边的小屋里花了五欧元买了一份"到此一游"的证书，上面印有罗卡角的地理位置图和葡萄牙国徽，"Jin Guoming，Zhou yan 于 2008 年 2 月 16 日驾临欧洲大陆的最西端"。中午我们在葡萄牙著名的百年蛋挞店品尝了原汁原味的葡式蛋挞——以此为素材从而成就了我的油画创作《葡萄牙百年蛋挞店》。

5. 泰国

2008 年 4 月 14 日，在这个时节来到泰国是非常热闹的。自古以来泰国保留着许多传统节日，如元旦、万佛节、查库里王朝纪念日、宋干节等，每年的 4 月 13 日至 17 日就是宋干节，亦为泼水节。所以到了首都曼谷后迎接我们的就是洒水礼了。这里正举行各种庆典活动，每个城镇街道、乡间小巷都熙熙攘攘挤满了人，有许多高鼻子蓝眼睛也夹杂在其中，甚是热闹。原来我想象中的泼水工具都是用盆盘类的器物，而实际上人们用的都是喷水枪，器具有大有小，这与我们小时候玩的抽水枪一样厉害。4月的天气在泰国已经很热了，水喷在身上凉飕飕的很能消暑。那些破旧的小卡车上载满了年轻人，他们穿梭在马路上直接对着行人打起了水仗。看到行人一声声的惊叫，他们咧开嘴哈哈大笑着似乎很享受这种刺激感，这也是我初来泰国时的第一印象。

中午我们参观泰国大皇宫，大皇宫是泰王拉玛一世于1782年在曼谷定都后建造的，历代皇帝又不断修缮和扩建。大皇宫周围以洁白的高墙为屏障，里面的十几座亭台楼阁坐拥当中。皇家寺庙玉佛寺很大，大殿正中便是玉佛的所在。玉佛身高仅66厘米，但整个佛像却是用一整块玉雕刻而成的。玉佛的宝座下面有十个佛像，一个十多米高的镀金祭坛，其他都是些风格迥异的泰式建筑。宫殿雄伟庄严，到处可见高耸的塔尖金碧辉煌，尽显皇家之富贵。一队肃穆整齐、气势逼人的守卫军笔挺地站在大门口，旁边架着机枪，真是紫气东来，威风凛凛。进入宫殿时人人都要脱鞋，以表示对皇室的敬重。四面墙壁画有精美的壁画，以及华丽的装饰和璀璨的雕刻。里里外外的佛教壁画题材丰富，团花纹饰繁缛，体现出佛教王国浓郁的宗教色彩。

2008年4月15日，我们从曼谷出发。在曼谷与清迈之间有一座古城"大成府"，原是泰国大成王朝的首都，现被联合国教科文组织列为世界文化遗产。这里记载着一个民族曾经的辉煌和荣耀。中午我们在大成河畔的宾馆住下，在宾馆的露台上欣赏对岸的景色，映入眼帘的是极具特色的泰国大成宫殿，红红绿绿的人影在婆娑婀娜的树阴间闪烁，远处一座隐没在树梢间高高耸立的白色塔尖忽隐忽现。我摊开画具凝神屏气，悉心描绘别具异国风情的大成遗韵。第一幅很快画好，想不到这里天很燥热，颜料干得很快，所以在画第二幅时我特意加快了速度，控制好干湿的节奏。而此时我旁边不知不觉多了一位同事崔晓力先生，他是一位很有亲和力的长者，他看我在作画便饶有兴趣地与我攀谈起来，彼此之间的沟通也很愉快。我在水彩画的右下角签上姓名年月时才发觉今天竟然是我三十九岁的生日，呵呵！我心里暖暖地并默默地祝福着自己。蹉跎岁月，人生如歌，谁承想三十九年前的这个日子是我的新生呵！此时的我也自然而然地怀念起我的父母来，在异国他乡体验着对生命的激情与感悟，心中不免也泛起阵阵涟漪……

2008年4月16日，今天我们到了位于首都曼谷东南154公里、印度半岛和马来半岛间暹罗湾处的芭堤雅，这里有著名的"人妖秀"。由于我画过人体画，所以鉴别男女的特征还是很在行的，虽然他们从小变性或整形，但是人体尾椎的结构是没法整的。尽管我看了"秀场"，但还是没什么感觉，因为我知道都是"人妖"在做"秀"。以致我对泰国女性形象的印象打了些折扣，谁知道与你交往的是"人妖"还是真女子呢。芭堤雅最热闹的还是在晚上，我们去逛街，到处灯红酒绿，大街两旁簇拥着各种亭式小酒吧，里面隐约有些较为暧昧的男男女女扭来扭去，那些震耳欲聋的流行音乐声响充斥着大街小巷，泼水节的热闹吸引了来来往往的游人。突然，一盆凉水灌进了一位美国男子的脖子里，他也跳脚惊叫着，此时彼此间的摩肩接踵也不足为怪了。我们做完泰式按摩后到了一家鱼翅店用餐，由于吃得较晚已很饿了，其泰式鱼翅捞饭下肚，真是美味，心满意足也！今天的芭堤雅之夜灯火璀璨，浪漫刺激，在人声鼎沸的喧嚣中达到了喜庆节日的高潮。

2008 年 4 月 17 日，中午我们游览美丽的珊瑚礁岛——格兰岛，金色的沙滩上聚集着密密麻麻的游人，海上乐园的众多旅游项目吸引着他们，有潜泳的、跳伞的、骑摩托艇的，等等。天很热，而我却躲在阴凉处用心地画上了，我快速地捕捉着眼前的景致，那一排排简陋的竹屋居然也能入画，别具异国风情。我的游玩方式与其他人不一样，我喜欢用欣赏的眼光去看别人的生活，用灵感去体验浪漫的心情，用最直接的第一新鲜感觉去描绘色彩，让快乐的痕迹深深地驻进我的脑海中。

6. 土耳其

2009 年 10 月 2 日，我们一家三口飞到了土耳其伊斯坦布尔，然后转机到达土耳其第二大港伊兹密尔。这次我们带上了四岁的女儿一起踏上了这个神秘的国土。土耳其地跨亚洲、欧洲大陆，位于地中海和黑海之间。全国总面积 78.36 万平方公里，其中 97% 国土在亚洲的小亚细亚半岛，3% 国土在欧洲的巴尔干半岛。西汉张骞出使西域开辟的古代丝绸之路与土耳其有许多渊源可述。土耳其就一直是不同种族和文化的熔炉。土耳其语为国语。

上午我们来到爱琴海地区最具吸引力的旅游胜地——库萨达斯（Kusadasi），亦称鸟岛，它曾是以弗所（埃菲斯）古城中富人们度假的胜地，同时它在奥斯曼帝国统治时期也是一座非常有名的贸易港口。站在山岗上俯瞰鸟岛，饱览爱琴海之魅力，海湾碧海银波，风光秀丽，浑然天成。而从这里远眺爱琴海的对岸就是著名的希腊。我抱起女儿让她看得更远，心里默默祝愿女儿志存高远。这里到处是橄榄树，我摘了一颗放在嘴里咬一下："妈呀！一股苦涩味。"女儿对我哈哈大笑："馋嘴巴。"不要小看这些橄榄树，它可是土耳其主要的经济作物之一，是土耳其主要的出口农产品，在土耳其农业中占有重要的位置。其橄榄油产量大、质量好、价格低，也是世界主要橄榄油生产国之一。在这里我画了几幅水彩速写，也留下了一段温馨美好的记忆。

午后天气炎热、阳光明媚，我们前往建于公元前7世纪的以弗所（埃菲斯）古城遗址，这是土耳其目前保存最好也是最大的露天遗址。它曾被亚历山大征服，成为古罗马帝国在亚洲的首府，并兴建了剧场、赛跑场和竞技场。我们走进以弗所古城遗址，其恢宏的气势令人震撼，其中阿耳特弥斯神庙规模宏大，随处可见散落在地的大理石建筑遗迹；博物馆内收藏着大量的大理石雕塑，也有数量较多的柱头、陶片等。从富人区到购物区，从塞尔萨斯（Celsus）图书馆到剧场，从美杜沙神庙到多梅天广场，从罗马浴室到妓院等各类建筑遗迹，可见三千年前的以弗所古城是何等繁荣奢华。此时我与女儿兴奋地坐在土耳其浴室遗址中的马桶上过了一把瘾，其乐融融。塞尔柱镇的拜占庭城堡附近是建于6世纪的圣约翰教堂，据说教堂的下面就是这位信徒的陵墓。过了圣约翰教堂就是建于14世纪的伊萨贝伊清真寺。这时远处传来阵阵悦耳动听的女高音歌剧声调，循声走近，见古剧场中一群西方游客安静地聆听着一位美丽女士的放声清唱，其声其景回荡在空中让人兴奋和感动。也许这就是从遥远的古代文明传来的天籁之声，而此刻我也由衷地感叹着——生命之歌原来如斯！

2009年10月3日，从库萨达斯到土耳其天然奇景棉花堡要花三个半小时的路程，行驶在蜿蜒的乡间小径上，旁边生长着各种农作物，还有石榴树、苹果树等，远远的我们已看见棉花堡的山影，那似"白雪皑皑"的山顶也引起了我们浓厚的兴趣。突然大巴停下了，见司机下车跑到棉花田地里摘了几个棉花苞上来，这就是棉花啊！大家兴奋地传看观赏着，其实我小时候也采摘过棉花。我猜想棉花堡也产棉花吧。我给女儿看并介绍给她听有关棉花的知识，她说："回去带给小朋友们看看好吗？""好啊，呵呵！"我开心地说道。

棉花堡位于土耳其西南，远看像棉花的石阶地形，那山上的白色其实是坚硬的石灰岩所致。自罗马帝国时期人们就已经开始利用温泉进行治疗，如今棉花堡的部分石灰岩因为受污染，已变成黄色、灰色，似用过的棉花一般。在用午餐的间隙，我躲在酒店大草坪边的树阴下悄悄地画起来，约一刻钟时间我快速地画了一幅水彩《土耳其棉花堡 No.1》。接下来我们去棉花堡独一无二的温泉泡脚，看着女儿高兴的样子，我很感欣慰，幸福感油然而生。我们来到逾一百米高的山坡上的温泉，温泉终年维持在摄氏 29 ℃，水的酸碱值为 6，泉水富含钙、镁等矿物质。西方游客打赤膊或穿比基尼泡露天温泉，而中国游客还是很保守，仍然穿着平时的衣服。按当地政府规定游客必须赤脚下温泉池，以防鞋底磨损棉花堡的石灰岩。棉花堡的"棉花"，看似白白软软的，然而

"棉花"其实很生硬，富含钙质的温泉水缓缓流过脚下，赤脚踏在上面滑溜溜的，一不小心就会摔倒。泉水中的石灰矿物质沉淀下来，把整个山坡染成了白色，形成层层叠叠奶白色的梯田，颇为壮观。棉花堡石阶的凹槽布满天然温泉，泉水深浅不一，有些没过脚踝，有些可达腰部。温泉的一边是悬崖，所以我很担心女儿会乱跑，不得不十分留神地盯牢。我们顶着烈日俯耳聆听着淅沥的水声，突然走在旁边的太太一不小心掉进了泉水湍流的齐腰深的石槽里。我连忙把她拽上来，哈哈，总算是"湿身"一把了。这般美景不忍错过，于是我穿上鞋子，拎了画具走到山腰的树丛中匆匆地画了两幅水彩画。远眺迷人的蓝灰色山景，漫天的朵朵白云，微风拂面仿佛进入仙境一般。白色的山岩覆盖了整个山坡，游客们拎着自己的鞋从山顶沿曲折的小径往下边走边泡，形成了一道奇特的风景线，相信大自然的鬼工雷斧倾倒了所有的游人。

接下来我们又走到了公元前 190 年白加孟国王欧迈尼斯二世所创建的具有古希腊和古罗马风格的希拉波利斯古城，这里大型的罗马剧场就有两座。公元前 129 年，希拉波利斯城成为罗马帝国属地，曾被后面的几代罗马皇帝作为王室浴场。这里有宽阔的街道、剧院、公共浴场，还有供应温水的住宅，盛极一时。公元 17 世纪一场大地震将这座两千多年历史的古城夷为平地，如今我们只能从断壁残垣中寻找昔日的辉煌了。

2009 年 10 月 4 日，清晨 5 点，沉寂的夜空中传来阵阵伊斯兰教诵经声，浓郁的宗教氛围增强了土耳其的神秘感。早餐后我们驱车五小时到达公元前 2 世纪由波格蒙（Pergamon）王阿塔罗斯（Attalos）二世建立的地中海安塔利亚（Attaleia），迎接我们的是地中海迷人的阳光。阿斯潘多斯圆形剧场迄今仍在被使用，20 世纪 20 年代，土耳其国父凯末尔执政后下令修缮了剧场的损坏部分，重新上演歌剧和流行音乐会，安塔利亚省歌剧院每年都要在此举办夏季旅游艺术节，向世界展示其博大精深的歌剧艺术，那完美的音响效果绝不亚于任何一座现代音乐厅。我与太太带着女儿穿梭在高高的狭窄的台阶上，女儿虽然才四岁，但胆子可不小，一会儿就蹿上高高的看台了，你追我赶，吓得我一身冷汗。

随后我们漫步在老区卡勒伊奇那蜿蜒狭长的街道上，两旁各色的土耳其小店陈列着琳琅满目的工艺礼品，如玻璃珠"魔眼"饰品。最吸引女儿的是卖冰激凌的小摊，见那土耳其大叔满脸堆笑地拿起长长的装满冰激凌的勺子，快速地在 Nicole 面前来回晃动，而那冰激凌却黏性很足像橡皮筋一样弹进弹出，呵呵，好有趣！舔着冰激凌，女儿也美滋滋地洋溢着满足的笑容。附近地中海沿岸的海湾风光十分秀丽迷人，波光粼粼的海面上停驻着各色帆船，这也是我见过的最迷人的地中海风情。

2009 年 10 月 5 日，早餐后驱车七八小时到达卡帕多奇亚，一路上丘陵绵延不断，土黄色的丘陵上栽种的大多是橄榄树。卡帕多奇亚位于土耳其安纳托利亚（Anatolia）高原的腹地，它是世界上最为壮观的"风化区"，这种地貌的形成起源于三百万年前 Erciyes、Hasandag 和 Golludag 三座火山的喷发。喷出的大量岩浆冷却、钙化、凝固成的风化岩层具有良好的可塑性，易受腐蚀。之后，较耐腐蚀的玄武质火山岩覆盖了松软的风化岩层。随着时间的推移，雨水将风化岩石侵蚀出一条条沟壑，或高起如锥、尖耸的岩石如金字塔，或像戴了帽子的堡塔，或呈圆柱形、蘑菇形，构成奇异陡峭的烟囱景观。这片被土耳其人称为"妖精的烟囱"的奇特地形中有一片被挖满洞洞的岩窟山——古罗密天然博物馆。公元 6 世纪的基督教徒为了躲避迫害逃到这里，并挖洞建房，以洞窟做教堂，在洞内做礼拜。这里交通不便，山区荒芜，可想当年基督徒的生活是多么的艰辛。参观岩窟教堂，里面的彩色壁画仍清晰可见，其艺术价值非常高。如今这里已被联合国教科文组织确定为世界文化遗产之一。在这里我给太太与女儿拍了许多照片，黄昏时分卡帕多奇亚在夕阳的照耀下呈现出璀璨的光芒与色彩，记录下这一美好时光令我兴奋和欣喜。

　　6 日晚上我们乘飞机到达首都伊斯坦布尔。伊斯坦布尔的夜市非常热闹，咖啡馆、酒吧灯火阑珊，人影攒动。

不愧为一座跨越欧亚两洲的璀璨的不夜城。

2009年10月7日，早上我们参观了屹立在伊斯坦布尔的老城区苏丹阿哈美特广场的圣索菲亚教堂。圣索菲亚大教堂是公元330年时由君士坦丁大帝修建的，6世纪时查士丁尼大帝把教堂改建成清真寺，周围矗立起四座高塔。教堂为长方形，内部装饰除了各种华丽精致的雕刻之外，还用彩色大理石砖和五彩斑斓的马赛克镶嵌画装点铺砌。连我的女儿也惊叹道："哇！这么大的教堂啊！"而在教堂墙壁上显眼的地方悬挂着六个直径约10米的大圆盘。我太太与女儿站在一根矩形大理石——"哭泣的石柱"旁的一个拇指般大小的洞前将拇指塞在里面，并用力地旋转，据说将大拇指插入潮湿的石洞，并以平面旋转360°，便可以实现自己当时许的愿望。随后我们去了著名的蓝色清真寺。不过在去往多马巴切新皇宫的路上，女儿累得趴在我的肩膀上睡着了……

下午我们坐船游览博斯普鲁斯海峡，两岸风景如画，横跨欧亚大陆的博斯普鲁斯海峡大桥使欧亚两大陆连在一起，蔚为壮观。风光旖旎，海风徐徐……留在记忆中的是最真实的土耳其地中海式的浪漫，那神秘的宗教色彩画面把我的思绪定格在博斯普鲁斯海峡边的君士坦丁堡（土耳其最大城市伊斯坦布尔的古称）上，这里所有的文字表述都是苍白的，唯有心绪的流露波动才是最真实永恒的。

7. 法国、瑞士、比利时

2010 年 9 月 28 日，早上刚拿到法国领事馆的签证，于是魂牵梦绕的法国之旅终于得以成行。法国签证官真牛，特意在昨天下午 5 点签出，知道我们全家要今天晚上 8 点飞往比利时首都布鲁塞尔。因为是自由行，我们全家还是很开心地带上行李赶往上海浦东机场，特别兴奋的要数五岁的女儿 Nicole 了，她自己提了卡通行李箱穿梭在机场里。然而到了海关登机口，却被告知因比利时机场罢工，现在无法登机，要等对方通知后才可登机。真是好事多磨啊！同机乘客焦急地等待，晚上 10 点多，我们被安排进入浦东机场旁的上航宾馆住上一宿。

2010 年 9 月 29 日，早上 4 点我们又从暖暖的被窝里钻出来乘上机场大巴准备登机，等到早上 10 点才起飞，真是够呛哦！到达布鲁塞尔机场已是晚上 10 点了。我们赶紧叫了的士赶往预定的位于火车站旁的宾馆入住休息。大人还好，可把女儿给折腾累了。

2010 年 9 月 30 日，7 点起床用早餐，经过一夜的休息后大家的体力都有所恢复，丰富的早餐让女儿吃得津津有味，她最喜欢麦片冲牛奶了。在上海我们已订好所有的宾馆、飞机票和火车票，所以餐后我们一行驴友走到火车站乘上了到根特的火车。火车站旁到处都是涂鸦作品。比利时政府为了不影响市容而颁布法令，规定在特定的区域允许涂鸦创作，这样反而形成比利时富有地域特色的文化方向标——漫画墙。欧洲之星的头等舱非常宽敞干净，还有面包、点心加饮料招待，我与太太、女儿一路欣赏着窗外的风景，并比较着比利时与其他欧洲国家郊外的不同之处。火车上许多欧洲人都会随身带一本书来阅读，相对而言，国内的长途汽车或火车上却很少这样一道阅读的风景线。如今中国人均购书量比20世纪90年代增加了不到0.5本，而收入却增加了近十倍。如果我们读书花的钱不比买烟糖的钱多，那么我们如何斯文？如何高贵？

一个半小时后我们就到了美丽的比利时小镇——根特（Ghent）。根特是东佛兰德省省会，位于斯海尔德河和莱厄河汇合处，由根特市和周围的一些小镇组成，别名"花城"——五年一度举办世界闻名的花展。根特市拥有一条最繁忙的运河，也是进入布鲁塞尔的必经之路。运河两岸有大量古老而豪华的建筑，走在圣尼古拉斯教堂、圣巴冯大教堂和钟塔之间，踏着青石板路，聆听着远处悠扬的钟声，仿佛回到了中世纪的欧洲。置身于此，感受着中世纪欧洲的神秘与浪漫，我为之倾倒。坐在河岸边我描绘起根特的美景来，很快吸引了一群游客驻足观看。我看风景，然而他们却看我，不经意间就成了戴望舒那首诗作中的景象。

随后我们包了一条游船游览运河。一个半小时的时间是令人难忘的，每一个角度都是一幅典雅的油画作品，许多艺术大师的作品都取材于此。我想：要是在这里待上一个月天天写生，该是一件多么美妙的事啊！也许这不是梦。

下午两点我们从根特到了著名的布鲁日小镇。布鲁日的景色与根特有相似之处，中世纪哥特式的建筑萦绕在河畔，教堂和钟楼永远是这里的主旋律。在比利时的小巷里，随处可见热衷漫画涂鸦的年轻人的"作品"。每一个漫画造型都源于艺术家们的灵感创造。在布鲁日的小巷里穿行可以看到许多很有特色的小店，如蕾丝商店中的编织工具和琳琅满目的蕾丝花边，各色巧克力则是比利时人引以为豪的产物，小酒馆里还有上千种口味不同的啤酒，比利时人那充满丰富浪漫的想象力是如此富有童心和情趣。我在小巷的一家古董店里看上了一幅佚名的18世纪中期的古典油画《雅各布与圣母玛利亚》，画得非常好，价格也不贵，太太帮我翻译，很快就谈妥了价格。女儿问我："爸爸，你买的是什么好吃的？""呵呵！这是爸爸饿的时候看看就饱的东西。"兜了一圈后我们回到广场上休息吃点心。女儿看到了广场上招揽游客的高头大马车就嚷着要坐，"好吧！乘爸爸高兴我们全家就坐一回吧！"60欧元全城兜一圈，车夫是一位年轻美女，听她一吆喝，那匹高头大马立刻撒腿奔跑起来，女儿乐得笑哈哈！太太专注地聆听着车夫的景点介绍，沿途经过一排没有窗户的房子，美女介绍说这是工人和仆人们住的房子，在古代墙上开窗户是要交税的。而我则用画画人的眼睛快速地扫描着飞驰而过的美景，体验着异国风情的乐趣。这也是我们一家人难忘的经历，女儿还知道了马儿为什么要戴上眼罩等有趣的知识。傍晚，我们回到了布鲁塞尔准备明天的巴黎之旅。

2010年10月1日，早上我们乘上了欧洲之星，约一个多小时到达巴黎北站，这时住在巴黎的山水画家孙信一先生早已等候我们，他告诉我们火车站附近的人员很复杂要当心，似乎这是个放之四海皆准的规律。巴黎市区以西堤岛为中心，以顺时针方向螺旋排列着20个区。因为我们明天要去法国著名的度假小镇安纳西，所以住在第十二区的里昂火车站旁的四星宾馆，著名的巴士底广场也近在咫尺。老孙很热情，中午他安排我们到一家餐厅吃巴黎最好的法国牛排，做牛排的厨师问我们怎么吃法：一种是五至七分熟，一种是三分熟。我想还是熟点的吧，见他笑了笑，原来法国牛排最好吃的是生牛排，所选用的牛肉非常鲜嫩。那就各上一份尝尝鲜吧！红酒和着牛排确实美味，当然价格也不菲，打了折后还要100欧元一份。餐毕老孙开着车带上我们一家在巴黎市中心兜兜风，最后驶入法国巴黎城西著名的布洛涅森林。布洛涅森林相当于整个巴黎城区面积的十二分之一，这个环境优美宜人的地方一直是巴黎人休闲健身的场所。森林很幽静，但一到晚上这里就是妓女与同性恋的天地，老孙说这里被当地人称之为"黑色森林"。记得荷兰画家波希的油画《布洛涅森林》就十分真实地描绘出了这片森林的独特魅力。

晚上我们坐游艇游览塞纳河，行程约一小时，主要集中在西提岛。罗浮宫、巴黎圣母院、埃菲尔铁塔、奥赛美术馆、司法大厦、圣路易岛等一一映入眼帘。巴黎那无与伦比的气派与浪漫气质令人炫目，塞纳河畔咖啡色的埃菲尔铁塔时时透射出法国人的精神与傲气。游艇上像麻雀般的唧唧喳喳中国旅游团和印度游客多集中在前舱拍照或呼喊，原本中国人的含蓄气质到了国外忽然变得格外高调外向起来。而后舱的西方游客则很安静，说话都很轻。天色渐晚，我与太太带着女儿走进地铁站，法国地铁站的自动售票机上可以用信用卡买票，即使买一张 1 欧元的票子也没问题。可惜我们没有那种带芯片的信用卡，于是只能求助于正在卖票的一位美女，她二话没说帮我们买了两张地铁票，我们还她现金。这样我们就很顺利地回到了宾馆。

2010 年 10 月 2 日，安纳西（Annecy）位于罗纳——阿尔卑斯大区的上萨瓦省，在瑞士日内瓦以南 35 公里，是法国阿尔卑斯山区最美丽的小镇——"阿尔卑斯山的阳台"，亦称"法国的威尼斯"。安纳西湖的水来自阿尔卑斯山的冰雪——纯净甜美，被誉为欧洲最纯净的湖泊。

附近的依云小镇就是生产"依云"矿泉水的地方。安纳西山青水绿，自然景观恬静秀美，人们生活得非常悠闲。时逢金秋十月，安纳西湖畔那金黄色的法国梧桐树与翡翠般碧绿而又朦胧的阿尔卑斯山脉形成色相上的对比，宽阔的大草坪上点缀着白色、黄色、红色……人们尽情地在安纳西湖畔漫步、骑车或在湖中划船，眺望远处白帆点点，一切如此和谐自然，俨然一幅陶渊明《桃花源记》中所描绘的世外桃源的景象。

女儿嚷着要骑自行车，四岁时她就学会骑两轮的自行车了。她看到许多人都在湖边骑车游玩，心里也痒痒起来，太太就带着女儿去租借了两辆自行车绕湖游玩。我依旧是老规矩，趁她们游玩时躲进公园的密林丛中写生，一连画了好几幅水彩都觉得不太尽兴，这时假如有油画工具该多惬意啊！毕竟它可以完全表达出我对安纳西的真实感受，其色其景完全具有法国巴比松画派与印象主义的风格特点。

2010年10月3日，我们漫步在老城，主要的街道都在休河的两侧，许多楼房建造于12世纪到17世纪，古老的石板路仍是中世纪的模样。著名的中皇岛上有一座12世纪的建筑——利勒宫。沿河的小街上都是露天咖啡馆、纪念品商店、旅店和餐馆，而楼房的拱廊前和桥头上种满了鲜花。沿着老城的街道往上走，就能到达安纳西城堡，其中有建于12世纪的"王妃塔"。登上安纳西城堡的宽阔平台，可以一览安纳西全城的美景。夕阳西下，太太与女儿坐在平台上休憩片刻，金色的阳光洒在她们身上显得非常妩媚动人。最开心的是我们一家与明松夫妇驾驶游船环游安纳西湖，当游艇驶入阿尔卑斯山脉边时，游艇起伏晃动激烈，赶紧让老徐避让到平静的湖心区域，因为我是"旱鸭子"，一上船就牢牢地抓住救生圈的绳索以防不测。女儿也笑我："胆小鬼，羞羞羞！"阿尔卑斯山脉那幽静深邃的蓝灰色与碧绿的湖水接壤，浑然一体，湖面上数点白帆，心情也随着美景逐渐舒展愉悦起来，哦！好浪漫的法兰西风情！

2010年10月4日，从安纳西到瑞士日内瓦乘巴士要一小时。日内瓦坐落在风景秀美的莱蒙湖畔，又称日内瓦湖，湖的左岸 Left Bank 主要集中了百货公司、银行、老城等，右岸称 Right 为一些国际组织办公地、饭店、机场、火车站等。我们站在老城的教堂顶上俯瞰整个城区，可以清晰地看到日内瓦湖上的大喷泉。瑞士的钟表闻名于世，女儿看到花花绿绿的手表就嚷着要买，最后我还是给她买了一块斯沃琪芭比款式的手表，其实比较下来在这里买还是比其他地方贵。相比法国的诗情画意，我们已失去游览日内瓦的热情。因为是阴雨天，我们走到老区喝喝咖啡、热巧克力，看着来来往往的人们，对于其他诸如联合国总部等景点都不太感兴趣。其实这也是我们度假的目的，到某个地方看看风景或停下来发发呆。而我不由地想起二战时期人们都向往到这个中立国家避难，今天我居然可以在这个自由的国度里悠然地喝着咖啡并呼吸着清新的空气，此时心里竟泛起阵阵涟漪。傍晚我们回到了法国安纳西准备明天到里昂待上一天，然后再回巴黎。

2010年10月7日，一大早我们乘上轻轨到达位于法国巴黎以东32公里的迪士尼乐园。这里的迪士尼乐园与中国香港的感觉完全不同，特别是法国人穿上米奇、米妮、跳跳虎、维尼等服装特别好玩，就像童话世界里的小精灵一样可爱。最开心的是女儿——老鼠跌入米缸里了。"小飞象！"女儿尖叫道。原来女儿三岁时到中国香港的迪士尼乐园最喜欢乘"小飞象"了。不过我心里一直惦记着昨天与老孙到巴黎市中心的古董店里看到的那幅巴比松画派的风景画。中午12点，我告别太太、女儿准备与老孙碰头，让他带我去买画。由于我不懂法语，竟然一下找不到乘轻轨的地方，东闯西撞好不容易进了车厢，我用蹩脚的英文问法国人是否到里昂火车站，确定后这才定下心来。反正里昂的单词我还是认识的，半小时过去了，突然手机短信来了，原来是老孙叫我过里昂火车站后第二站下来——一长串的法语站名，这下我可懵了！呵呵！欺负我是"哑巴"嘛。还好我凭着小聪明下对了车站，可是我竟然会找不到出口，那个急啊。看到一个东方女孩走来，我赶紧用中文问她地铁出口在哪儿，哪料到她不是很热情地用手指了指上面就走了。嘿！我知道是上面啊！后来我还是用肢体语言加"哑巴"英语问了法国人，这下我顺利地出来了。也许有缘，我们到了古董店，见女老板在，很快我就按昨天谈妥的价钱成交了19世纪巴比松画派让·拉布鲁斯的那幅巴比松郊外的风景油画，这也是我在法国的最大收获之一。

2010年10月8日至10日，这几天巴黎民众为抵制退休政策而走上街头进行示威游行，交通地铁都在罢工，尽管如此巴黎的秩序还是平和的。我们在荣军院旁的咖啡馆聊天，外面喇叭喧闹、人声沸腾，听说有恐怖分子捣乱，警车"呜啊呜啊"来回乱窜，最忙的要数警察了，这样的景象还是第一次碰到，甚感新鲜。这两天我们包了辆小巴，开车到巴黎郊外的巴比松和枫丹白露等地游玩。这里有众多的私人古城堡，有些由大公建造的城堡规模与气势堪比宫廷城堡。巴黎郊外风景如画，任选一个角度就似一幅印象派的油画作品，19世纪巴比松画派、20世纪印象派都源出于此，如塞尚、西斯莱、米勒、卢梭、凡·高等众多艺术大师纷纭聚集。在巴比松我们参观了米勒的故居，许多画廊都集中在小街两旁。老孙介绍说上海的方世聪曾住在这里，后来回国了。这里带庭院的乡村别墅非常别致，价格从15万到30万欧元一套，我看了很是心动，要是在这里住下多惬意啊！女儿也非常喜欢这里，不一会儿的时间她就与当地小孩玩在一起，其适应能力比大人强多了。在尚堤的古堡前我与女儿一起坐在大草坪前写生，留下的作品《法国尚堤》尤显珍贵，因为它记录下了我们父女情深、美妙精彩的剪影。

10日晚上我们回到比利时，我的行李多了一幅油画，在下火车时女儿不小心掉进了夹缝中，我赶紧把她拉出来，还好没事，吓得我一身冷汗，我对名记老张说："其他皆可抛，女儿最重要！"

2010年10月11日的清晨，金色的阳光照耀在比利时广场上熠熠生辉，我们漫步到街头的《撒尿小童》雕像前合影留念，有趣的是今天的《撒尿小童》穿上了衣服非常可爱，给女儿留下了挥之不去的美好回忆……

8. 意大利

2011年1月29日，我携妻带女从浦东机场出发飞往罗马，开始意大利南部的自游行。由于在浦东机场耽搁了四个多小时，中途在莫斯科机场转机时已是当地时间晚上9点半，还好飞往罗马的飞机等了我们两个多小时后才开，后来才知道我们这是莫斯科机场当天的最后一个航班，否则要等到第二天的晚上7点半开。一般来说，在国内如航班延迟飞行，那么已坐在机舱内的旅客都会有所抱怨，但是这里的旅客很安静没有一点声音，大家都在耐心地休息等待，这也许就是所谓的中外文化差异吧。莫斯科的雪下得很大，外面的雪堆得像小山一样，摄氏零下一二十度——莫斯科的冬天真冷。到达罗马是当地时间深夜两点钟，雨下得真大，从雨水落在地上的飞溅程度可以判断是暴雨了。我们在机场叫了的士足足开了45公里才到达罗马市中心的 Una Hotel，一路上司机热情地介绍着罗马的景点，而我关心的却是计价器，原来意大利的司机与中国的个别出租车司机有点相像，能不开计价器就不开，当然意大利人还是比较规矩的，结账还是行情价60欧元。这样我们从出发到目的地折腾了将近二十四小时，加上时差原因深感疲惫，不过五岁的女儿很是厉害，一直熬到宾馆后才睡着，或许旅途的兴奋感一直在刺激着她。

2011年1月30日，天气已放晴，我们运气真好，气象预报未来两周都是阳光明媚的好天气。意大利的首都罗马始建于公元前700多年，位于亚平宁半岛的中南部西侧，台伯河下游的丘陵平原上，西距第勒尼安海24公里，城市面积两百余平方公里，是全国政治、经济、文化和交通中心，罗马教廷所在地——梵蒂冈位于古城区西北角，是一座创造过辉煌文明的世界级古城。

上午10点我们开始徒步游览罗马城，首先远远地看到的是罗马的帕拉丁山。山上有奥古斯塔纳的宅邸、利维娅住宅、帕拉丁博物馆、法尔内塞花园、隐廊、塞维鲁大帝宅邸等，如今留下一些大型的拱顶大厅的基础构架，虽经历两千多年的风化洗礼，但仍然气势恢宏令人惊叹，正对我们的是凹陷的长方形广场像个大河床，原来是多米提安一世大宅的一部分，也是当时的赛马场，两边栽种的是一排帽冠状的松柏树，非常雄伟，尽显古罗马人的古朴英勇气质。我们看到两三群人聚集在一起，有的在演讲，有的在唱歌，见一群意大利人围在一起合唱《哈里路亚》，整个场面很是感人，不知不觉中我们也被吸引着走近俯首聆听……很遗憾我没有在这里画帕拉丁山，因为同行者急着要去看著名的建于公元6世纪的科斯梅丁圣母堂。教堂旁边是一个优雅的罗马式钟塔，在门廊里有电影《罗马假日》中广为熟悉的"真理之口"，它是一块硕大的雕刻成人面张嘴形状的圆形石头，可能是远古时期的一个排水口的盖子，传说说谎者的手放入它的嘴里就会被咬住，而他的假面具就会被脱去。还好排队的人不太多，工作人员免费为大家拍照留念。我们一家三口也模仿着把手伸进这个"真理之口"，体验了《罗马假日》中的场景。为了了解罗马城的整体风貌，我们坐上了环城观光巴士，每人15欧元可以在一天内无限次上下，车上还提供耳机，观光旅客可选择自己的母语或熟悉的语言聆听罗马的历史与景点介绍，当然也有中文普通话了。当车开到我们仰慕已久的圣彼得大教堂时，见圣彼得广场上人山人海足有数万人在举行宗教仪式，场面非常震撼，这提醒了我们原来今天是星期天。这里是著名的国中之国——梵蒂冈，坐在车上欣赏着古老的梵蒂冈城墙，仿佛中世纪的繁华尽收眼底。不知不觉到了西班牙广场边，这里是罗马最高尚的街区，有著名的西班牙广场台阶、贝尔尼尼的破船喷泉、许愿喷泉、名品街、马儿古塔路的画廊与古董店等。有人眼尖："噢！跳蚤市场。"所谓的跳蚤市场，原来是在星期日人们把家里没用的东西拿出来置换而已。好古的我很起劲地与家人一起下车来逛逛了。这里什么都有，大多是西洋古旧器物，挑来挑去我买了件16世纪的木质鸭子摆件，它的翅膀是用螺钿镶嵌的，鸭嘴及翅膀的边饰等用带工的有精细纹饰的细铜来装饰点缀，历史的沧桑感尽显其古朴典雅与精致小巧的品质，看到妻女很是喜欢，我也很高兴。此时已是下午两点了，这是意大利人午餐休息的时间。我们在名品街的一处小弄堂里找到了一家建于19世纪的餐馆，餐馆小而精致，门头店招的设计装饰得非常典雅，细部装饰处处体现了意大利人的设计风尚。午餐很丰盛，是正统的意大利餐，大家要了一瓶69欧元的上好的红酒来佐餐品尝，最后还上了老板母亲亲手制作的极品甜点——提拉米苏，真是美味。结账360欧元，用一个字概括"值"！其实今天是蜻蜓点水走马看花而已，大家对罗马的概貌是有依稀的印象，因为明天我们要乘四小时的火车到索伦托（Sorrento），在那里可以看到著名的维苏威火山，再过些天等我们从美丽的西西里岛游玩后还会从埃特纳火山下的卡塔尼亚飞回到罗马。

2011 年 2 月 1 日，我们一大早在罗马火车站买好票乘上到索伦托的火车，约三个多小时行程，火车停在那波利，太太告诉我再乘一个多小时就到索伦托，三天后我们会再回到那波利。很快我们到了索伦托火车站，见城内街道整洁，到处都是结满果实的柑橘林，我们叫了两辆大奔的士一会儿就到了宾馆。大家都惊叫起来："哇！太美了！"风光秀丽旖旎的索伦托有那波利海湾与莎勒诺海湾的蓝色，远眺即是美丽的卡普里岛，而维苏威火山就近在咫尺，镶嵌在湛蓝的大海中是如此的雄伟。天空中翱翔着硕大的海鸥，我还是第一次看到这么大的海鸥。我俯下身在女儿耳边低语："这里多美啊，看！那是维苏威火山，公元 79 年 8 月 24 日火山爆发淹没了庞贝古城。"女儿问："那么这里怎么没有被淹没啊？""哈哈，正是这里的海水阻挡了火山的熔岩，等你长大了但愿我们还能来这里哦。"四星宾馆嵌在山坳的峭壁中，需要乘电梯往下一层才能到大厅，大厅布置欧式而温暖，色彩缤纷明丽，各种软装饰如珊瑚、书籍、雕塑、灯具、贝壳、陶瓷砖等工艺品点缀在各个角落间，体现了意大利人与众不同的现代时尚感和与人文自然相结合的设计理念，典雅的生活品质触动着我们的感官神经。每一间装修不同的海景房更是令人赏心悦目，连女儿都高兴得在大床上蹦跳起来。我对太太说："泡在这里不出去都可以，这才是度假的胜地啊！"在通透的大窗户前，我完成了《意大利索伦托》的水彩速写，描绘了对索伦托的第一印象。随着朋友们的吆喝声，我匆匆放下画笔，与大家一起到位于火车站旁的一家很出名的比萨店用餐。

2011年2月2日，一大早我们乘巴士去索伦托半岛南面的阿马尔菲海岸（Amalfl Coast），这个长达50公里的悬崖海岸在欧洲享有盛名，每年都吸引着大批度假者，那里的小镇位列全球五十大最美丽小镇的第二名。本来我们想自己开车去的，但是这条开辟在海岸线上的163号国道极为狭小蜿蜒曲折，基本是在嶙峋的悬崖峭壁间行驶。我们坐的巴士很高且视野很开阔，有时在悬崖边转个弯，我都觉得身体重心已凌空悬荡。硕大的海鸥在蔚蓝的天空中飞翔着，湛蓝色的大海碧波荡漾，其色彩斑斓似油画般的堆砌肌理效果——沉静凝固，青绿色连绵不断的山崖间簇拥着白色、淡黄色、粉色、赭色的小屋，这些滨海小城镶嵌在其中就像古典美女般散发着优雅恬静的气质。陡峭的悬崖绝壁直插入大海，与柠檬色的岩石和洞穴形成了一道独特亮丽的风景线。中途有六位台湾高雄人上来，其中一位坐在我们旁边，大家就攀谈起来，当他知道我们从上海来，不由地感叹起来并热情地拿出地图介绍起他的游线来。一个多小时后我们到了阿马尔菲，这里崎岖蜿蜒的小径旁聚集着许多琳琅满目的小店，有陶瓷、蜡烛、巧克力、花布衫、香橼果店等。远处圣母升天教堂上那黄、蓝、绿彩砖镶拼成的大圆顶在金咖啡色阳光的照耀下忽隐忽现。由于时间很充裕，我就让妻女先去玩，自己选择在伸出海岸的码头尽头处坐下画了两幅《阿马尔菲海岸》。冬天的海风很大，我不得不把冲锋衣上的帽子翻出来戴在头上。过了一小时，远远地看见女儿兴奋地奔过来叫着"爸爸"……哈哈我收工了。

2011年2月3日，到达那波利已是中午12点。那波利是坎帕尼亚区的首府，人口一百二十多万，是意大利南部最重要的城市，也是仅次于罗马和米兰的意大利第三大城市。那波利港是世界上最古老和地中海最重要的港口之一。那波利的"扒手"很多，特别是在公共交通场所，所以我比较警惕，尽量离那些可疑之人远些，一般在路上步行或坐的士还是很安全的。那波利的街道与建筑物非常陈旧，老城托莱多大道非常繁华，两旁的名品店非常多，又逢大减价的季节，所以是购物消费的好去处。我与妻女找了一家比萨店坐下，吃了些意大利海鲜饭与香肠蔬菜、果汁等，店里分站位与坐位两个区域，站着吃没有服务费，只要支付坐位的三分之一价钱。随后我们乘缆车到山顶上俯瞰整个那波利城。远处的维苏威火山还是那般迷人，山上风很大，我们就到旁边一家卖红珊瑚饰品的小店看看。这下可好，一泡就是一个多小时，太太们都在选自己中意的小玩意，我女儿凑热闹也忙得不亦乐乎。店主是八十岁的那波利老太太，不要小看她，这么多人围着她转，头不晕眼不花，算钱折价思路煞清，而慈祥的脸上总是乐呵呵的，不停地推荐她的珊瑚首饰，大家也不辜负她的期望都各自选购了些，临走时她希望我们给她一本中文书留个纪念，因为店里从来没有中国人来过。同行的《文汇报》"名记"张立行很慷慨地拿出了一本半新旧的中文杂志送给这个可爱的老人，不料她却拿起书倒着看——大家都笑得乐哈哈。

2011年2月4日，在上海我们就在网上买了意大利航空公司的廉价机票，从那波利飞往西西里岛卡塔尼亚才27欧元。晚上6点到达卡塔尼亚机场，随后我们再乘8点最后一班的巴士开了一个多小时，到了风景如画的西西里岛陶尔米纳小镇。陶尔米纳视野开阔，风光迷人，东面是碧波粼粼的伊奥尼亚海，西南方则是白雪皑皑的埃特纳火山。在陶尔米纳山的最高处，是一座古希腊歌剧院的遗址。歌剧院建于公元前300年间，直径距离达209米，是西西里岛第二大的剧院遗址。我们的旅馆位于山腰间，面对伊奥尼亚海，周围都是结满了红果子的柑橘树，我试着摘一个尝一下，嘿！很甜，真新鲜。旅途的奔波虽然有点疲惫，但是伊奥尼亚海的轻风拂面令人浮想联翩，感受着西西里岛的异国风情。

2011年2月5日，天蒙蒙亮，我起床来到旅馆花园。伊奥尼亚海近在咫尺，大片的烟灰蓝色云朵覆盖在神秘的伊奥尼亚海上空，光影闪烁一缕红云缓缓飘过，看来朝霞将从云中透射出来。我赶紧铺上意大利的水彩画纸洋洋洒洒地抒发着灵感带来的激情，不一会儿两幅《西西里岛陶尔米纳》收入囊中，但见徐明松先生穿着棉衣拿着镜头对我一阵"咔咔咔"，小田则穿着浴袍也是拿着"大炮"镜头嚓嚓声不停，结果两人都得了感冒。小田在飞机上认识个意大利老头大力先生，他在上海外高桥开了家物流公司，也是与我们一起从上海过来的。由于航班延误他没去成米兰，正巧在这里又遇见了，大力先生很热情并不断地联系车辆欲带我们到西西里岛上著名的大酒庄参观。中午我们在他的安排下于陶尔米纳一家意大利餐厅用餐，先开了两瓶红酒，前菜有虾仁、色拉等，然后是三块小牛排，主食是意大利面，呵呵最后还有甜点，其实大家都吃不动了。饭毕我们乘上他朋友的小巴约一个半小时到了位于埃特纳火山下的大酒庄。酒庄的大老板早就等候我们了，待遇有点隆重，谁知道大力怎么介绍我们的，反正像我们在国内接待外宾一般，哈哈，在意大利我们也享受到了这个待遇。我抱着睡着了的女儿，正好有这个借口，我就在酒庄的一角坐下，刚好女儿也醒了。我出神地看着远处一个月前刚喷发过的埃特纳火山若有所思，再看酒庄内随处可见的火山岩石，俯身捡起一块火山岩石，用手指轻轻地碾下就纷纷掉落黑色颗粒状的粉末，其感觉就像豆渣一样酥软。看来火山爆发的威力可以侵入到方圆几百里。我选好角度花了十几分钟时间描绘了这个给我带来震撼与感触的场景，临走时我随手从地上捡起一块火山岩作标本。

2011年2月6日，清晨我从三楼的餐厅向西眺望远方。那积满了白雪的埃特纳火山顶似有袅袅青烟，与碧蓝的天空形成动与静的对比，伊奥尼亚海上空那深灰色的云彩中折射出几束强烈的圆柱状光线，像射灯般地照在海面上，原以为这在梦境或想象中才会出现，然而大自然是无所不包容的，不是奇迹，而是我们想到或看到的应该都是大自然的杰作。我就地选景在餐厅的电梯口开始画，画到一半时，老板娘很惊喜地对我说，画面上的一些房子是她家的，我也想这个老板能拥有这里应该是很有实力的。老板娘很热情对我说，在不远处的平台上还可以看到这里最好的风景。确实陶尔米纳风景独美，而那无与伦比的西西里岛的伊奥尼亚海风情将会永远地收藏在我的画集《梦云——薰衣草采风札记》中……

中午12点我们先到卡塔尼亚的五星宾馆，然后我们六人一起游逛这个西西里岛第二大城市。卡塔尼亚位于西西里岛东岸、埃特纳火山南麓，面朝伊奥尼亚海。这里也是音乐家贝里尼的故乡。海拔3323米的埃特纳火山就在卡塔尼亚境内，最近一次喷发是2011年1月。1669

年的一次猛烈喷发，卡塔尼亚受到毁灭性打击，两万余人丧生。我们走到埃特纳大道，两边都是商店，不过星期天都不开门，来来往往的人们都在庆祝卡塔尼亚守护神圣亚加塔的生日，所以街道上满地洒满了木屑，风吹过后都飞扬起来了。走到主教堂广场中央，我对女儿说："看！那是意大利建筑大师瓦卡瑞尼在1736年用整块火山岩雕成的大象喷泉。"我们一家人就坐在喷泉下晒太阳休息一下。老实说这座巴洛克风格的城市面貌较为脏乱，城市建筑破旧不堪，人们的眼睛都是直勾勾的，非常冷峻。一些非洲人在街头巷尾摆地摊，卖一些从中国批发来的小商品，红珊瑚等特色产品在这里几乎已销声匿迹。而红红绿绿的糖果摊成了这里唯一的一道亮丽风景线。所以我们决定明天一早乘班车到阿基米德的故乡锡拉库萨。

2011年2月7日，锡拉库萨由科林斯的古希腊人建于公元前734年，是世界遗产之一，奥迪加岛（Ortygia）老城区的古老建筑更是希腊、罗马、伊斯兰、诺曼等文化融合的见证。如今留下的遗迹，包括阿西娜胜利女神庙、希腊剧场、罗马圆形剧场等。锡拉库萨右边是伊奥尼亚海，南临地中海，风景幽静。我们串街走巷体验着两个海岸的独特人文风情，这时太太说道："看！上海酒楼。"果然从里面走出一位中国男子，我用上海话搭腔，原来他是福建人，我们攀谈了一会就告别了。就在酒楼前的小巷里我发现一个小店，走近一看都是琳琅满目的各色古董，老板是个年轻小伙，他说他喜欢一个人满世界游玩，曾到西藏去了三次。所以这里点着檀香并有许多藏族的饰品物件，后来他拿出了三串古琉璃珠饰，哈！真是踏破铁鞋无觅处，我用了一个小时的时间并花了一千多欧元，终于拿下了这些两千年前地中海地区的带有亚细亚风格的古代琉璃。带着收获的喜悦，我们高高兴兴地乘一个小时的巴士回到了卡塔尼亚，明天一早乘飞机到罗马。

9. 梵蒂冈

2011 年 2 月 8 日，中午我们直奔梵蒂冈博物馆（The Vatican Museum）参观，它是世界上博物馆中最早的，公元 5 世纪末就有了雏形。

梵蒂冈位于意大利首都罗马城西北角的高地上，国土面积 0.44 平方公里，是世界上最小的袖珍国。其领土包括圣彼得广场、圣彼得大教堂、教皇宫、政府大楼、梵蒂冈博物馆、梵蒂冈图书馆等。常住人口五千多人，其中 85% 是意大利人，15% 来自瑞士和其他国家。梵蒂冈既是世界天主教中心，也是欧洲和世界上著名的游览胜地，每年接待数以万计的外国游客和天主教信徒。圣彼得大教堂是梵蒂冈的教廷教堂，位于梵蒂冈城内，是世界上最宏大的天主教堂。1450年开始兴建，直到1626年才建成。教堂上有穹窿大圆屋顶，高137米，长200米，最宽处130米，能容纳5万人。它是意大利文艺复兴时期的建筑家和艺术家米开朗琪罗、拉斐尔、勃拉芒和小桑加洛等大师们的共同杰作。

梵蒂冈博物馆内所展示的巨作毫无争议地使之成为世界上最大最辉煌的壁画博物馆之一，其拥有6公里长的展示空间，里面有很多博物馆和展厅，如八角庭院、动物雕塑馆、缪斯厅、圆形大厅、马车厅、烛台陈列廊、壁毯陈列廊厅、地图陈列廊、圣母怀胎廊厅、拉斐尔画室、博尔戈大火厅、西斯廷教堂、梵蒂冈图书馆和画廊。保存着无数古希腊、古罗马、古埃及、中世纪以及文艺复兴以来的艺术珍宝。在梵蒂冈博物馆内，地上有几种颜色的引导路线，它是按小时计算路程，最短的是两个小时。当我们走进西斯廷教堂时，里面摩肩接踵的人们都屏气抬起头欣赏着，原来是文艺复兴时期的艺术大师米开朗琪罗的绘画珍品《创世纪》《末日的审判》。女儿问我他们在看什么？你看天顶上的画多美……拉斐尔画室是梵蒂冈博物馆的镇馆之宝，天花板壁画《雅典学院》闻名于世，还有《希略多拉斯的放逐》(Expulsion of Heliodorus from the Temple) 和《波塞纳的神奇弥撒》等名作，在其回廊内还有取材于《旧约全书》即犹太教《圣经》的《拉斐尔的圣经》。看来短暂的欣赏是远远不够的，我们都很累，走出博物馆就在圣彼得大教堂广场的廊柱下休息。

罗马这个迷人的城市牵动着我的心魂，把我带进了神秘的古罗马帝国，那象征古罗马荣耀的圆形竞技场、古罗马的集市、图拉真市场、帕拉蒂诺山丘、大竞技场、卡拉卡拉浴场、牛集市、威尼斯广场、西班牙广场、万神殿等，无不炫耀着它昔日的辉煌。

10日我们从罗马飞回上海，结束了魂牵梦绕的意大利之旅。

二、拥抱大自然的生活真谛

我的创作灵感源于生活，我的工作与学习生活经历源源不断地提供了丰厚的艺术营养。每个艺术家都有自己独有的艺术语言，也就是所谓的个性化语言。然而这种语言不是随手拈来的，它必然与艺术家的性别、出生地域、学术背景、生活状态、性格与人格等相关。所以我们应该站在巨人的肩膀上去俯瞰世界，开阔视野，既不轻易否定，也不随意盲从附和。百花齐放、百家争鸣是当今艺术发展的主流，我认为只要能抒发艺术家个体性情并有益于大众审美取向的，就是好作品。

在《薰衣草采风札记》中我以日记的表述形式，结合水彩画写生作品图文并茂地记录了我过往在游览世界各国旅途中的所思所悟，丝丝缕缕的片段最终连接成一段浪漫感人的艺术人生轨迹。采风写生源于生活，而创作是经过不断写生后累积的结晶。其中我会不断地去体验新鲜的感觉，保持自然的笔调和浪漫的青春情怀：胸中丘壑，万水千山；融贯中西，自然而然。

至今我已换了三本护照，游走世界：美国、德国、奥地利、西班牙、意大利、比利时、法国、瑞士、俄罗斯、澳大利亚、新西兰、泰国、土耳其、韩国、越南和日本等国家；饱览了各地区的风土人情，收获了数百幅水彩写生作品。不同地域的人文与自然风情是不同的，只有了解世界，了解各国、各民族的风情和人文景观，才能精准把握所要正确表达的艺术形式和艺术语言，从而能随心所欲地为艺术创作提供丰富的养料与素材，由此也深切感受到在没有疑惑和困惑的情况下创作出的作品，便会是具有人文情怀的、自然的、情真意切的，我想要的艺术作品。

2012 年，五一假期我太太带着女儿驱车至上海松江郊区游玩，从乡间农家觅得若干丝瓜秧苗，傍晚我便把丝瓜秧种在阳台的花盆里。居于"钢筋水泥"城市中的我会常想起小时候的那种乡野情趣。在我的记忆中最喜欢的两道上海本帮菜是"丝瓜炒蛋"、"红烧茄子"，那是回味无穷的小时候的味道。每当春风拂面时，家里的庭院中央总会留出一块泥土种上几棵丝瓜秧，待夏季阳光明媚时摘下几根时鲜的嫩丝瓜，炒上一盘喷香的"丝瓜炒蛋"。我非常喜欢丝瓜淡淡的清香味儿，喜欢看嫩黄色的鲜花蕊，更喜欢满园的草绿色。宋朝杜北山诗云："数日雨晴秋草长，丝瓜沿上瓦墙生。"待到黄花蔓藤缠绕瓜熟时，再随着思绪回味起这番"野趣乡情"——这又何尝不是我记忆中儿时的水乡情结？

2013年，我担任了《海派百年代表画家系列作品集：刘海粟》一书的责任编辑。图书出版后的某晚，我和海派书画名家陆康、张伟生与刘海粟爱女刘蟾老师小聚，听陆老师惟妙惟肖地描述了海粟大师对他经常说的一句话："自然点啊……"声情并茂地再现了大师的点化之语。我被深深地震撼了！这仿佛也是对我说的，隔代相传，受益匪浅！确实在生活中有时我还是太拘谨了，或许这会影响我的艺术气质和创作风格，崇尚自然首先要从小处着眼，以小见大的道理还是明了的。今后，我仍将会一如既往地创作自然界中美好的事物。我也十分享受感悟艺术和迷恋于生活中所带来的那种自然成趣的状态，这已经成为我的一种生活状态和习惯。

艺术的激情和灵感源于自然界中各种情趣的体验，艺术家要走进自然，并在生活过程中不断实践和磨炼。因此，我从周游世界各地开始，体验大自然中的各种不同的风土人情，从中汲取艺术灵感和养分。时间一长便会有胸中有景、笔下生景之境界。

1．七彩云南

2012 年 4 月中旬，我去了云南省的昆明、大理、丽江等地，印象中的云南与现实总有些许差别，不太适应干燥的亚热带气候。我对昆明与大理的最初感觉与神往源于金庸先生的《天龙八部》，如今旅游业红红火火刻意斧凿修饰，昔日的茶马古道却难以修旧如旧，历史遗存缺失古韵矣！大理的山连绵不断，大理的白云神秘梦幻。丽江是近年来文人骚客隐居或度假的栖息地，它仍旧像虞美人一般妩媚，傍晚华灯初上时，震耳欲聋的酒吧风情街却令人十分难忘。玉龙雪山那雄伟的飒爽英姿是如此的楚楚动人，远眺更是赏心悦目。我就在山脚下写生，静静地思考并飞速地记录着刹那间的感觉。苍鹰在空中盘旋翱翔，而我恬淡的心绪也为之绵延悠远起来。

2．美国之行

2012 年 10 月，我踏进了世界上最具声望的位于美国纽约市曼哈顿城边高地的哥伦比亚大学（Columbia University）校园，感到无比激动与好奇。参观校园里的一间间教室，观察着来来往往的学生。边走边想：若能在哥伦比亚大学艺术学院里听一堂课该有多好啊！

纽约的繁华令人炫目。当我走进世界上最杰出的现代艺术收藏博物馆之一的 The Museum of Modern Art 时，被如此宏大的展览空间震撼了，我一层一层地参观 19 世纪以来的绘画和雕塑作品，这里有多达十余万件的藏品，尤以早期现代派艺术大师的作品为最多。我又去了大都会艺术博物馆，欣赏了馆藏的欧洲 13 世纪至 20 世纪的绘画，以及埃及、美索不达米亚、伊朗、埃特鲁斯坎、希腊、罗马的陶器、壁画、雕刻和其他工艺品，还有来自中国、印度、日本的绘画、雕塑和工艺美术等。

几天后我们一家从纽约租了一辆七座"道奇"车前往波士顿，途经新罕布什尔州的白山（White Mountain）国家森林公园，那里以优美的乡村风光、秋天赏枫和冬天滑雪而闻名，许多人都以到过那里赏枫树为荣。每年都吸引着大批来自世界各地的旅游者。然而在途中突发了交通事故，我驾车奔驰在高速上，由于前面的车突然改道，我正准备减速变道，哪里料到后面一辆红色跑车高速急赶，反光镜中只见火花腾起，耳边听到爆裂声。也许是本能反应，情急之中我加大油门朝前开，稍后就靠边停车了，幸好车上人没事。只见后面的跑车下来一位高挑的美女军官，急切地问讯是否有人受伤。我的车

| 融光·天和：情怀 |

只是轻轻擦了一下并没留下什么痕迹，但是美女的跑车氙气大灯破碎了。人生地不熟，我想麻烦大了。那美女说她是美军基地的，是她追尾了自己负责，大家各自有保险，不用找警察了。庆幸！这何尝不是我们所想的，不过确实也吓着我们了，真是有惊无险。

我们继续一路前行，途经罗得岛州，它是美国最小的一个州。罗得岛上有一条海滨大道，沿路有许多豪宅，有些后院大得超乎想象，全美著名的豪宅就在此处。这里也有创建于 1877 年的罗得岛设计学院（简称 RISD），至今已有一百四十多年的历史，是美国排名第一且享誉全球的著名艺术院校。到达波士顿后我们直奔市中心的波士顿公共公园，只为女儿要去看公园内的九只鸭子的雕塑——一只"鸭妈妈"和八只"鸭宝宝"，每只小鸭子憨态可掬，它们高高兴兴地跟着妈妈闯世界。在家时女儿就已经读过了儿童作家罗伯特·麦克洛斯基 Robert McCloskey 在 1941 年出版的图书《让路给小鸭子》(Make Way for Ducklings)，故事的背景就是波士顿公共公园，他画了一个警察拦下所有车辆，护送排成一排的鸭子过马路的温情脉脉的故事。

接着我们来到闻名全球的哈佛大学，它是英国移民仿照剑桥大学筹建的美国第一所高等学府。哈佛大学的名字是为了感谢 1638 年一位名叫约翰·哈佛的牧师对学校的慷慨捐助。我们抱着女儿在校园内的一尊哈佛先生的铜像下合影留念并摸了摸左脚。这尊雕像虽然以哈佛先生命名，但雕刻的并不是哈佛先生本人。更有趣的是塑像的左脚黄灿灿的，光可鉴人，因为据说学生摸一下左脚就会在考试中交好运和拥有智慧。

参观波士顿美术博物馆是我们此行的主要目的，它位于美国波士顿亨廷顿大街465号，是新英格兰地区乃至全美境内的艺术博物馆重镇。该馆收藏广泛，从古埃及、两河流域考古文化遗存，到希腊、罗马文明和欧洲各个时期的绘画流派作品，以及东亚、印度的古代艺术品都有收藏。这里有唐代阎立本《历代帝王图》、五代的黄居寀《杏花鹦鹉图》、宋徽宗《捣练图》《五色鹦鹉图卷》、宋代的杨士贤《赤壁图卷》和明代仇英《弹箜篌图轴》等中国文物，放了十个大厅，看到如此多的海外遗珍不由感慨万千。

3. 韩国之旅

2013年我们一家乘海洋水手号邮轮赴韩国度假。邮轮旅行在国外并不鲜见，最享受与惬意轻松的莫过于海上旅行了。站在十二层的甲板上远眺蔚蓝的大海，蓬勃壮观，视野开阔！第一次发现海平线是圆弧形的，这或许是站得高、看得远的缘故。小时候学画时，老师说画面中的地平线是平行的。我想那是站得低、看不远的原因吧！

韩国并没有想象中那般绚丽，不知为什么有那么多的"韩迷"、"星迷"。釜山是出韩星的摇篮，年轻的男女青年90％都是几个标准模子里浇铸出来的。偌大的免税店里涌入了众多富有的"蝗虫"进行大量的采购。赌场里一掷千金的富婆、"款爷"心甘情愿地献上大把的"绿钞"。丽水市（Yosu）位于韩国南海岸中心，是韩国全罗南道的第二大城市。这是一个非常美丽的城市，风景秀丽，四面环山，有着典型的海洋性气候，类似我国的浙西地区，是天然的氧吧。值得回味的仍然是邮轮的服务——适合老人与小孩的旅行，惬意休闲地躲在大海上漂泊几天，舒缓尘世间的压力与喧嚣。

4．新、澳之吻

2013年5月我又去了新西兰、澳大利亚采风。先到了美丽的新西兰——绚丽的色彩，梦幻的森林，壮丽的山河，一切是自然原生态，呼吸着自然清新的空气，激发了我的灵感。奥克兰（Auckland）是新西兰第一大城市，位于新西兰北岛，是全国工业、商业和经济贸易中心。它拥有56个小岛，一半是内陆城镇，一半是海边城镇，使之成为一个多元化的水世界。这里有大片的绿草地，有梦幻般的云彩，神秘而纯净的空间让人遐想无限。

22 日，我们从奥克兰飞往新西兰南岛的皇后镇（Queenstown）。刚下飞机立刻被瑰丽奇秀的风光和险峻的地貌所吸引。小镇宁静幽雅，清新怡人。远山白雪皑皑，湖水碧绿悠远，是电影《魔戒》的重要取景地。这里雪山巍峨、湖水深邃、森林苍郁、草原辽阔，云层漂浮于山腰间，恰似人间仙境一般。而我已用画笔将此景永远留存下来。《魔戒》这部充满魔幻色彩的英国史诗小说，也使人们为新西兰的梦幻景致所震撼。白雪皑皑的山峰、梦幻的蓝色湖泊、壮丽的冰川、开阔的平原，让新西兰从此拥有了"中土世界"的名字。其拍摄外景点一共有一百五十多处，而其中皇后镇和峡湾一带是主要外景地之一。皇后镇有座著名的"二婚"教堂，许多"二婚"夫妇喜欢在这里举行"二婚"婚礼，映入眼帘的是贴在教堂门口的一幅图片，其中有来自中国的一位姓姚的女影星与其导演丈夫的婚纱照。新西兰婚礼新娘穿白婚纱，而伴娘穿黑婚纱。富有的"二婚"们都喜欢在此庆典，并在风景如画的国度里欢度蜜月。牧羊人教堂（Church of the Good Shepherd）位于新西兰南岛蒂卡波湖（Lake Tekapo）东侧，是一座石头砌成的古朴教堂，和附近的牧羊犬铜像一样，是蒂卡波湖口的标志。这里四面环山，湖光山水景色优美。因为它是库克山区唯一的教堂，常有人在这里结婚，山盟海誓白头到老。远处高大的南阿尔卑斯山脉露出云端，流光溢彩，恬美静雅。

23 日，我们从皇后镇出发，一路向北后到达箭镇（Arrowtown），当地以秋天的落英美景、黄金开采历史和古建筑闻名于世。每年四五月份，随着冬季的临近，落叶乔木的树叶开始变得绚烂多彩。河边的华人区由中国矿工于 1868 年建设。早上八九点钟时天气很冷，我在山坡上选好角度画下了此景。在街上的商店里摆放着各种纪念品，还有原矿金沙等，很遗憾我没有捎上那个价值 7500 新元的"狗头金"（天然矿金）挂件，同伴中有位识货的，他劝我买，当时我也只是犹豫了一下，却被另一位游客后来居上，因此走过路过不要错过不是一句空话。新西兰南岛西南端的"米佛峡湾"（Milford Sound）国家公园是风景区中规模最大的峡湾，同时也是最完美地保存了新西兰自然景观的一处峡湾，被英国作家吉普林（Rudyard Kipling）誉为"世界第八大奇观"。我们乘船游览"米佛峡湾"，峡湾两岸是陡峭的岩壁，岩壁上有雄性小海豹在晒太阳，非常可爱！

24 日上午，我们来到美丽的新西兰基督城（Christchurch），基督城位于新西兰南岛东岸，是花园之城，也是新西兰第三大城市和南岛最大的城市。雅芳河（Avon River）绕着花园流淌，两岸树木翠绿，环境恬静。在河堤岸边漫步或野餐，忘却城市喧嚣，尽情享受休闲宁静的生活。

2013 年 5 月 26 日，我们从新西兰飞到澳大利亚悉尼，这里有著名的鱼市场，非常热闹，楼下主要是大排档，生猛海鲜随意挑选，价格便宜。楼上是饭店，价钱比较贵，但环境幽雅。来这里咱也做一回大爷，每人平均消费 200 澳元，游客都要预约进店。第二天我们驱车两个半小时到澳大利亚悉尼城外卧龙岗，领略太平洋风光，Austinmer 海滩是全新南威尔士州最美丽的海滩，远处的卧龙岗灯塔若隐若现。途经华人经营的 Jasper Intl Trading Pty 国际免税店，当地称土特产店，不过到此类店里消费就要特别小心了。

28 日上午，我们从墨尔本始发驱车 300 公里一路欣赏大洋路的美景。澳大利亚大洋路是维多利亚绮丽的西南海岸线，在标志性的冲浪地点拜耳斯海滩（Bells Beach）欣赏动人心魄的巨浪。十二门徒（Twelve Apostles）在南大洋（Southern Ocean）的波涛中巍然耸立。到达海滩后我用很短的时间写生了一幅水彩，有此收获，顿觉神清气爽。国画与水彩不同，韵味也不同，色彩明丽轻快是水彩的特点，而这些水彩只能作为速写小品，一般是二三十分钟，有的只有十几分钟。我画得很快，落笔定稿，稍微做些细节刻画。水彩之旅丰富多彩，作为写生素材融入油画创作中，因此我外出游玩时必携带简便的水彩工具，把旅途中的风情逐一描绘下来。

5．草原之歌

2014 年至 2015 年我携妻带女到香港和内蒙古等地采风。香港去了很多次，每次都会有不同的感受。然而令我感受颇深的还是内蒙古的草原情怀，我们与朋友一家飞到内蒙古海拉尔机场后租了一辆越野车，从海拉尔开到呼伦贝尔、呼和诺尔、额尔古纳河、恩和、室韦、临江，再折回海拉尔到阿尔山，我们沿着中、俄、蒙边境来回跑了将近一千多公里。对草原的最初认识是在小学语文课上读到的《草原英雄小姐妹》。1964 年 2 月 9 日，一场罕见的暴风雪袭击了内蒙古达尔罕茂明安草原。蒙古族少女龙梅和玉荣为生产队放羊时遭遇暴风雪，为使集体财产免受损失，两人始终追赶羊群，直至晕倒在雪地里，被救醒后她俩因严重冻伤而截肢，被誉为"草原英雄小姐妹"。

怀着对草原的敬畏与向往，旅途中我们开着车一路上听着草原之歌，用 120 码的速度奔驰在一望无际的大草原上。我们追逐着蓝天白云，欢快地飞驰在空旷的原野上，领略着内蒙古草原的风土人情。远眺空旷的大草原上空已经卷起乌云，驾车前行，可还是躲不过乌云的追赶，不一会乌云密布下起了令人惊恐的特大暴雨，我打开左右警示灯后靠边停车，在风眼中体验着暴风雨来袭时电闪雷鸣的瞬间感受。稍后我们又被雨过天晴后的七色彩虹所惊艳，大自然真的是神秘而又美丽。每到一处景点，我都会停下来用画笔记录下我对草原的深情和留恋。

6. 台湾之恋

2015年我去各地采风，有美丽的宝岛——台湾，甘肃兰州、敦煌、张掖、山丹和青海西宁，以及福建厦门、古田、长汀等地，画了许多小品。不管我走到哪里，总有我喜欢看的景物，所经之处我都留下了对大自然的感悟和体会。我用最简便的水彩画工具记录下旅途的点点滴滴，用艺术的视角来审视各地的风土人情。观察世界的方法有很多，而我喜欢用感性的方法来记录这个既熟悉又陌生的世界，或雅致美丽令人激动，或俊俏伟岸使人肃然，或悠扬轻慢让人遐思神往。我所记录的是直觉，所写入的是心灵，所回味的是情与景的融合。因为我画出的是对大自然的心灵感应——与自然对话。艺术家离不开对生活的真切体验与阳光雨露的浸润，由此艺术创作的源泉便会汩汩溢出，拾掇心情，记忆恒久。

习惯成自然，作为一种"色彩日记"也别有一番情趣。特别是对一些异域风情颇有感触时，我大都会用这种方式来抒发内心的情感，长年累月，权当是收获了一份愉悦的心情。

台湾对我来说既熟悉又陌生，熟悉的是我从小就知晓台湾是祖国的第一宝岛，陌生的是我对它没有直观的概念。在我近十年游历世界各地的旅程中竟然忽视了中国宝岛的风土人情。趁小女期末放假就准备全家去宝岛看看，一切繁复的"自由行"手续全由太太做功课完成，而我的心不在焉也与母女俩的兴致勃勃似乎有些许反差。

　　2015年1月25日我们便搭上了复兴航空的飞机到达了台北松山机场，从上海到台北只用了一个半小时，这让我很惊讶！原来台北就在我们身边。

　　踏上这块宝地我始终用一种复杂的比较心态来完成我的宝岛游，对历史的比照、对人文的比照、对地域生活的比照。而这种比较其实就是挑战个人的价值取向。首入眼帘的是台北城市的面貌，用干净精致来形容绝不为过。得天独厚的地理环境，有山有水，这种感觉与日、韩城市极为相近。虽然台北没有像上海那样鳞次栉比的高楼大厦和繁密穿梭的人群，但别样的景致却井然有序，街区整洁干净；虽然各种各样的广告招牌穿插在陈旧的大楼中间，但不会让人觉得凌乱无序。其中的原因之一是色彩的搭配非常和谐，广告招牌上的繁体字是多么好看，排版设计也时尚大气。这种普通的公共景观标志其实就是城市的颜色与符号，它是一种人文色彩，一种文明素养，一种城市的节奏感。

　　台北的很多夜市也很出名，如宁夏路夜市、士林夜市等，各种各样的美食小吃琳琅满目，价廉物美。所谓夜市就是我们的夜排档，现做现吃，有海鲜烧烤、水果拼盘、米面炒菜等，摩肩接踵，人头攒动。毫无疑问我们一家也吃得其乐融融，手里自然也多了几个纸袋，为何没有垃圾桶？我不好意思乱丢，因为没人乱丢。不久，一路吃来越积越多，实在忍不住问了路人，他们说台北实行"垃圾不落地"，吃完这家把垃圾还给下家的摊主收起，恍然大悟！怪不得地上十分干净。原来，城市的洁净就是从这样的习惯得来的。传统美德的习惯延续至今，是一个城市的素养！走走停停看看，累了，忍不住想抽根烟，哇！全面禁烟呵！到处不能吸，这里真是戒烟的好地方。

"冬季到台北来看雨，梦是唯一的行李……"果然如此，冬季的台北多雨阴冷，雨伞不离身。但雨不大，就是毛毛雨，别具浪漫。

台湾的衣食住行与大陆极为相似，衣、食、行很便宜，但住房较贵。我特地留意了台北的房价与物价，台湾的一坪相当于3.3平方米，一元人民币当时相当于五元新台币。台北的房价同上海差不多，1000万新台币以下的住宅在台北比较难找，有也是老而小的房，一般普通的都在二三千万新台币，豪宅从五千万到一亿元新台币都有。一般公务员月薪基本在五万至十万新台币之间，当地大学生就业形势不容乐观，有三万元新台币已经不错了。据当地人介绍说，这里的夜市有三分之一是大学毕业生来创业打工的。

有了浪漫的心情自然也有了我的鲜活水灵的水彩速写。每到一处陌生的地方，我都会随身带上画具，用好奇和好"色"的眼光去观察世界，用灵动的画笔来记录人生。自由行的好处就是走走歇歇，收放自如；缓解压力，调节身心。所以台北的阳明山、象山、大安森林公园、北投温泉、观音山、淡水、台北故宫博物院等美景都进驻了我的画面，我对小女开玩笑地说："我们观光消费拉动了宝岛的'GDP'，而爸爸把宝岛的美景也捎了回来，大家都不吃亏。"我的心情是愉悦的，我的色彩是明亮的，我的梦想从这里延续……

因为是自由行，出门就要找车，离不开交通工具。在台北比较方便，捷运四通八达，地铁里人们有序自觉地等候排队上车，车上有蓝色的专给老人、孕妇、体弱病人的博爱座位，哪怕它一直是空着，也从没看到有年轻人会上去抢座位。花100元新台币押金买张悠悠卡，可以走遍各个角落。由于我们的驾照在这里不能使用，因此走得比较远的话就需要包车游玩。3000元新台币包车前往郊区的野柳、金瓜石、九份等，一路上司机大哥兼做导游陪伴游玩。司机大哥非常客气有礼貌，不厌其烦地为我们服务，在和谐愉快的沟通中让我们了解本地的风土人情。

离开台北，我们乘坐驶往高雄的高铁，从北到南四百多公里，台湾就这么大。到高雄后，预定的包车早已等着我们，直接拉着我们到美丽的海滨度假区屏东县垦丁，包车只用了2000元新台币，司机张美玲小姐是高雄人，非常热情，介绍我们在路边买便宜的莲雾吃，指给我们看地里刚长出来的凤梨。我们一家三口先到垦丁的海洋生物馆，因为我们预定了夜宿海洋生物馆，与企鹅同眠。这个项目非常热门，需要提前好几个月预定，而且花费比较贵，一晚上也要1350元人民币。不要以为待遇会很好，其实设施很简陋，晚上10点自己打地铺睡在企鹅馆内，主要是让小孩了解海洋生物知识，和海洋生物近距离接触。参加体验的都是台湾家庭，有的带孩子夜宿已好几次了，我们大陆来的很少。那晚我们都很难忘，特别是对小女的影响颇大，解说员的专业和耐心令我们获益匪浅。晚上我对着企鹅馆内的石壁思索："这个创意多好，每天都有一百多个家庭睡在各自预定的馆内，付出的却是五星酒店的费用，既解决了馆内庞大的日常开支，又增强了参观的人气，留给人们美好的体验。"这个模式应该值得大陆同行借鉴参考。

垦丁是美丽的海滨小城，蔚蓝的天空，碧海金沙，舒适的新鲜空气令人陶醉。我迫不及待地描绘起这美丽的心情，记录下这里的点点滴滴。美味的海鲜令我们流连忘返，美丽的珊瑚礁让人心醉，晚上那繁密闪烁的星空灿烂夺目。一颗流星划空而过，引得路边浪漫的人们欢呼不已。在沙滩上、街边角落、树丛中都留下了我采风速写的影子，那一幅幅水灵灵的画倾注了我对垦丁的热爱与牵挂。

花上1500元新台币包一辆出租车游玩鹅銮鼻、猫鼻头、白沙湾、牧场、出水口等。一路上与五十三岁的司机大哥不停地攀谈，他那黑黝黝的脸上刻画了丰富的生活阅历。他是高雄人，父亲是山东老兵，1989年他到广东深圳批发牛仔裤，赚了点钱，现在全家都出车赚钱。他说没有大陆人来观光就完了，十多年前这样，现在还是这样，经济不好。还好现在海峡两岸交流多了，我们可以多赚点钱。台湾司机有个特点，就是互相帮忙介绍生意，不会同行相轻、相忌。问起原因，他说这个就是口碑啦，不这样就没什么生意了，所以他经常教育小孩，要诚实做人，不要坑人。旅游团去的地方他们知道当地多少价钱，但是旅游团就会贵上几倍。而他都会告诉自己的客人小心再小心，下车时还特意关照奇奇怪怪的东西不要买。这就是我印象中朴实的台湾人。

翌日，司机张美玲女士从高雄开车来到垦丁，接我们前往桃园县中坜市，9000元新台币包车一天四百多公里，陪我们一路游玩。途经台南、鹿港小镇等，路途漫长，聊聊侃侃也颇有收获。沿台湾海峡开车尽收宝岛乡间美景，不知不觉中把沿途的角角落落看了个究竟。间隙画了一幅美景《台南竹筏港绿色隧道》，一位台湾人说："你的画比真实的景还美。"

中国台湾人口两千四百多万，相当于上海的总人口。马路街头看上去人并不多，如高雄是第二大城市，人口却只有27万，宽阔的地铁里冷冷清清只有几十人，高雄的地铁公司显然是亏本的。张小姐是本地人，从未走出过台湾，我劝她有机会到大陆来看看。她说没办法，大陆现在东西都很贵，等以后有条件了再说。1962年出生的她看上去比较沧桑，我说不好意思，让她这么辛苦开车。她回答说："不会啦，有钱赚就很开心啦。"心态乐观，她要多赚钱养老。台湾在1993年开始实施养老保险制度，与大陆差不多时间。但他们要交满30年才可以拿退休金，一般人大约每月2万元新台币。有许多人当时就没交，这样的话就不能领取养老金。有的比较艰苦，没有子女照顾，每月拿3000元新台币，只能靠街坊邻居接济勉强度日。说着说着，她也叹气道出她刚离婚，两个女儿很争气，就是二十三岁的小儿子不孝顺，结婚时逼着她把房子过户到他名下，儿媳生了两胎也不工作，啃老。她说到这里也无可奈何，我安慰她说都一样，对自己好一点儿，注意休息，好好享受生活。车到中坜市已是晚上8点半，她说还要开回台中，去她女儿家借宿一晚，第二天还有活儿。望着她离去的背影，我也感慨许多——辛苦劳碌的台湾女人。

天有不测风云，2月4日上午我们在桃园县大溪镇老街闲逛时，突然看到电视机里直播复兴航班的噩耗事件，阴霾裹挟的蒙蒙细雨使人心情凝重。同时也不免担心次日晚上我们的回程有变，因为我们预定的就是这家复兴航空的航班。台湾24小时的新闻直播很透明及时，看到有媒体预测赔付台湾遇难者可能超过1000万元新台币，而大陆客最多200万元新台币。最令人感动的是夜市的小贩们自发地赶到现场，为救援人员和幸存者送上免费饭菜，在黄金救援时间内大家齐心协力，同舟共济。

果然，2月5日晚上桃园机场飞往上海的复兴航班更改，大家都十分焦心地等待着，好不容易登上临时调来的大飞机，但心里也是七上八下的。原先摆放在登机口的报纸此时一份也没有，两三百人的机舱内异常安静，一个半小时很漫长。当飞机降落上海浦东机场时，机舱里才发出了一阵欢呼与掌声。回到上海后，很欣慰地得知复兴航空宣布赔偿条件统一的决定，颠覆了以往台湾媒体的猜测。同为中国人，保障逝者的权益是两岸人民共同的愿望。

冬季来到台湾，体验了冬季的蒙蒙细雨，收获了满满一车行李，也见证了航空历史性的一刻。我用心去看台湾，用性情来描绘台湾，边看边玩，边吃边画，有惊有喜。而最大的收获是我走进了台湾，也爱上了这块美丽的土地。希冀下次我能再踏上这座美丽的宝岛，去感受台湾人的热情，以及台湾人的善良与朴实。

7. 西贡之美

2018年1月26日，我们一家从下雪的上海飞到三十多度高温的越南胡志明市新山国际机场，我们穿的冬衣也一路换成夏装，刚落地便被闷热潮湿黏糊的空气所包裹，顿感不爽。以前对于越南基本没有什么概念，只是记得小时候看电影时越军战壕里堆放的是"中国大米"，还有一幅震惊世界的由美联社记者艾迪·亚当斯先生拍摄的《西贡处决》照片和电影《现代启示录》《早安越南》《西贡小姐》中的西贡印象。因此来到这里多少也有些许猎奇窥视一二的心理。

胡志明市旧称西贡市（Saigon），法国殖民统治时期为南圻首府，1955年后为越南共和国（又称南越南）"首都"，有"东方巴黎"之美誉。这里法式建筑较多，如城市剧院、邮政大楼、人民委员会大楼、统一会堂（南越总统府）和圣母大教堂、红教堂等。在1975年之前，胡志明市一直被称为西贡。我觉得要领略今日之越南风情必须身临其境后才能有所体会，当然每个人的看点会有所不同。而我只是匆匆过客，只能粗略地感受其中的滋味。我比较注重的是当地的人文风情，从衣食起居去体验当地的民俗习惯，然而短短几日里我在旅途中所看到的或听到的也许都是表象而已。

表象之一：马路上看似嘈杂喧闹的摩托人群之间必定有它存在的合理性，可以说黑压压密集的震耳欲聋轰鸣声中的一切，赋予了这座城市火一般的激情与活力。作为主要交通工具之一的摩托车是越南人最喜欢的可以炫耀的实用奢侈品。城市景观设计与规划建设看似无序却也有序，这可以从马路边、建筑物上随处可见的红星国旗和带有浓郁英雄主义色彩的宣传画来证明。20世纪80年代越南实行的革新开放政策体现了越南人民走向世界的愿望和对美好生活的渴望，显现出人民迫切恢复经济建设与走向富裕道路的心理状态。公园里打拳跑步的老老少少处处流露出怡然自得、生活安逸的精神面貌。

表象之二：城市的市容面貌依然呈现出"老""旧""破"的状态，"老""旧"是许多建筑物依然保持了原法国殖民统治时期的面貌，可以说这是当地特有的人文风情的完美体现，保存完好的具有沧桑历史感的建筑物也是值得我们尊敬和推崇的。胡志明市美术馆就是一座20世纪初的建筑，里面的装修带有明显的法式风格，让人们联想起巴黎街头的老房子。美术馆里陈列的大都是近现代越南著名画家所描绘的反映战争和越南人民生活的美术作品，有雕塑、磨漆画、水彩画、速写等，其绘画作品带有浓郁的地域特点和民族风格。而"破"是城市环境的脏乱和基础设施的陈旧，这是发展中国家的城市中常见的现象之一。随着经济建设的发展，相信未来其城市环境势必会有所改观。越南是个多民族的国家，民风善良淳朴，即使是在车水马龙的街头也都很少见人心浮气躁，一个个气定神闲，怡然自得，生活有滋有味，充满幸福感。窈窕淑女们面带微笑细声软语，齿如瓠犀，秀丽端庄而温柔之至。

胡志明市还是比较国际化的，百盛百货商场里有日本人开的 Aeon 超市，街上有各种 24 小时便利店，比如全家、"7-11"等，异国品牌有星巴克、必胜客、肯德基、麦当劳、汉堡王，还有多乐之日、欧尚超市、Lotte Mart、高岛屋等，以及各种奶茶店。只是越南的各个景点室内少有空调，有些饭店也不装空调，估计当地居民适应了炎热的气候。众所周知，越南的物价低廉，不过其消费价格存在当地人和外国人双轨价，外国人享受"贵宾"价。但是在超市、大巴、饭店等都有明码标价，花销的确比国内低很多。

在大叻、美奈的时光是令人心醉而流连忘返的。南国大叻是原法属殖民地，也是度假避暑胜地，我们来到这里顿感气候凉爽宜人。别墅林立，鸟语花香，四面环山，空气清新，景致风貌十分迷人，俨然一派欧式田园风情。这里民风朴实，流行歌曲悦耳动听。连婚礼民俗也颇为引人注目，喜气洋洋的新郎、新娘与众多伴郎、伴娘穿着金黄色的丝绸传统民族礼服在装饰一新的帐篷门口迎接宾客，老少宾客穿着正装，女子都会精心装扮穿上漂亮的"奥黛"。据说越南人比较爱面子，其婚俗礼仪比较讲究排场，就连买手机也要"苹果"的，尤其不能在家族里丢脸面。这样的喜庆场面让我觉得越南的风俗习惯与中国民俗还是极为相似的。

中午我们在半山的别墅山庄里进餐，面对眼前的山色美景心旷神怡，环山绿树间鸟语花香，好似来到了欧洲的某个山城小镇，真可谓秀色可餐矣。晚上我们住在著名的景区欢乐屋里俯瞰全城，别有一番情趣。欢乐屋是一家旅店，也是一个因其造型夸张怪异而成为大叻排名第一的著名景点。设计者为越南前总统的女儿，一位非常端庄典雅的女子，与她设计的奔放夸张的建筑风格形成鲜明对比。傍晚我便在阳台上对景画了几幅水彩速写。而女儿正好在这里开心地攀爬蜿蜒崎岖的独特阶梯。夸张变形的魔幻建筑好似格林童话中美丽的城堡，使我感觉像回到了西班牙巴塞罗那的米拉之家。我们住在顶层，房间设有玻璃天窗，夜晚可以躺在床上仰望星空，繁星点点，让人浮想联翩。

南国美奈真是美得无可奈何。凌晨我们驾着吉普车前往白沙滩观赏日出，白沙滩犹如敦煌月牙泉鸣沙山一般绵延不断，沙丘高耸连绵起伏，登高望远一览无遗。

远眺渔舟点点，渔村边的海滩上成百上千的渔民在劳作，鱼现捕现卖，生机勃勃，一派繁荣景象，海滩边散落着无数螺贝，拾贝一二，其乐无穷。赤脚走进神秘仙女溪，红沙绿树相映成趣——最美美奈！

第八章

绚丽的梦幻时空

一、时差之旅

2012 年秋，我"时差"系列的第一幅油画作品诞生了。十月份我游历了美国纽约、波士顿等东部地区，回沪后的第二天就又飞赴法国巴黎参加第 105 届"法国秋季艺术沙龙"。反复交替的时差切换竟然硬生生地把我拉回到了 20 世纪 90 年代我的表现主义与超现实主义的思维模式中，这不仅仅是生理上的时差反应，而且是在精神层面上的时差转换与更迭，冥冥之中让我唤醒了"梦云"时代的那种青春浪漫的梦境。《时差 No.1》的诞生纯属偶然，偶然也随之成为必然，回归本原与激情，以后第二幅、第三幅《时差》便自然而然地应运而生了。从数百幅"梦云"中走出来，重拾起 20 世纪 90 年代的内心世界，新表现主义的图式将开辟我新的艺术旅程——我的"时差"不是梦，追逐曾经的今天和未来的梦想是欢愉而有意义的。然而系列作品的创作过程是漫长而寂寥的，因为每幅作品所阐述的主题内容不一，所耗费的心力也是不言而喻的，要在纷繁嘈杂的都市空间里保持静谧之心恐怕不太容易，抑或这也是一种别样的都市生活吧。其实"时差"系列每幅不尽相同，各有特点，表现形式手法多元，应时节境遇或情绪的波动等因素而随性所致。然而每一幅所呈现出来的内容景象却似我在不同时间和不同心境里所做的白日梦一般。三十多年的创作习惯使我在直面空白的画布时会产生一种亲切感和神秘感，我会直接而清晰地看到空白画布上所闪现的稍纵即逝的形象，随之凭记忆快速地勾描下来，也许这就是所谓的灵感吧！或许白天的冥想也会带来灵感，天马行空，任性而为。我认为让作品说起话来才是高级的，能和瞬间流逝无可复制的"心性"对话是最具意味和永恒的。"时差"系列的一切似乎来得顺其自然，是与生俱来的潜意识，是时空的交错与心境的碰撞，是有意与无意的对白和思绪。时空轮回或许能超越一切想象力，也许就是打开未知世界的钥匙。而每一次华丽的转身，都是璀璨而炫目靓丽的——梦中春山不见人，一抹春风笔下情。在阳光灿烂的春风中翩翩起舞，三十余年艺术生涯如一日，心比天高，性如磐石。

二、时差效应

1. 自序

关于《时差》这本画集的序文，我也酝酿了很久，该请哪位前辈名家来撰写呢？恭请前辈名人作序文来为之润色贴金，会有更多的褒扬溢美之词罢。故在独处清静时我的脑海中常会闪过他们的名字……或许以他们的名声、地位与学术高度都会写出精妙绝伦的美文，并从不同观点和视角来赞美我的作品，我也可以借力来提升学术品位，相信这会使画册锦上添花。然而每当我准备开口时，却一次次欲言又止，羞于启齿。现今，几近天命之年，心气也随之逐渐沉稳下来，更懂得一些为人处世之道，因此也不太愿意给别人增添麻烦，也就打消了这个念头。此外，我也逐渐明白了"惜力"二字，无论从哪方面来说，我都刻意地留藏了两分"力"。不是有劲使不出，而是怕使出了收不回来，久而久之"火气"自然也就慢慢的小了许多。既然本书已经是"自说自画"，那么还是自序为佳。

自从 2012 年开始创作油画"时差"系列后，我便萌生了著述这本书的念头，并酝酿了多年。经过不懈的努力，我将近十年来在生活和工作中的体悟用色彩和线条的形式表达于尺素之间，可谓耗费了巨大的精力与时间，此书方得以面世。本书记录了我多年来在艺术实践中的内心感受和点滴成果，有十余万文字和六百余幅油画、水彩画，也包括一些早期习作。回望自己艺术创作的历程，以年龄划分，如今大致可以分为四个阶段：1）三十而立之前；2）三十而立后十年；3）四十不惑后十年；4）五十知天命后十年。

2003 年"青年美术家"丛书——《金国明油画选》（上海画报出版社出版）、2004 年《国明的世界》（上海人民美术出版社出版）、2011 年《梦云——金国明油画集》《梦云——薰衣草采风札记》（上海书画出版社出版），这三种画集分别记录了我三十岁之前五味杂陈的甘苦与而立之后十年的青春感悟和浪漫情怀。因此，我在《梦云——金国明油画集》画册的扉页里写上自己的座右铭："艺术从生活中来，艺术是生活的哲学。"作为礼物，赠予友人。

我曾用"青春的记忆·梦云——金国明油画展"为个展命名。《时差——金国明随艺录》同样也记录了我在四十不惑之后十年里对人生的感悟与体会。曾经，我只专注于绘画创作本身，并未想过用文字来记录。直到 2017 年，积累了相当数量的作品后，我才开始写下一些文字，有的只是片言只语和零零碎碎的回忆与思绪，有的是我工作和学习过程中的成果展示。这本"随艺录"可以让我轻松自由地"自说自画"，虽不善文字表达，唯有言随意转，想到哪里就说到哪里了。毕竟，人生能有几个十年呢！

本书按时间顺序，呈现给大家的主要是我四十不惑之年后创作的绘画作品，并有少数作品是过往未曾出版过的习作、手稿等；而除个别需要引用举例的图文，出版过的作品与文章就不收录其中了；这可以算是我艺术人生中的又一个十年的小结了。其中可以追溯到我热爱艺术的初始，及将来在艺术海洋中找到的一座座灯塔，展示我驾驭艺术的小舟在茫茫"艺"海中沿着心中的航线探索前行，驶向未来的痕迹。

全书分为"梦从这里开始"、"油画篇"、"水彩篇"和"习作篇"四个版块：

第一部分主要叙述了我的从艺经历和对艺术的体会与感悟，图文并茂，内容多样，其中也穿插了一些我的生活照片和青少年时代的习作，以及近年来创作的部分水彩画作品。文中有些内容是关于我艺术活动的事件和出版编辑方面的工作实绩，虽不是作品本身，但是想呈现出一个全面而立体的我，一个不只是从事艺术创作，还和芸芸众生一样，在柴米油盐、家长里短中生活的人。现实生活并不总是像画作中那样色彩绚丽、诗情画意、天马行空，多的是每天努力工作的汗水和朴实无华的生活。我的创作源于质朴的生活、勤奋的工作，没有了这些，我也就不能成为现在的我了。我的文章没有更多的修辞，也非字字珠玑，但我以为行文只要能表达个人思想火花的就是好文章，这也是我写下这些文字的初衷。

第二部分是油画作品"时差"系列、"梦云"系列、"风情·人物"等。"时差"系列是我近年来开始创作的具有表现主义风格的主题油画作品，也是我今后想要延续创作的油画题材，更是我重要的代表作品之一。作品是无声的言语，胜过任何华美的文字。走向表现主义绘画之路，是我通过长期的艺术实践后开始从量变向质变升华过程中的自觉选择。我认为"梦云"系列也是属于表现主义风格的油画作品，并非意象油画。本书选录的油画"梦云"系列中的部分作品是该系列的收官之作，而油画《梦云桥》为"梦云"系列画上了完美的句号。《梦云桥》是连接"梦云""时差"两个系列的纽带，亦是架起我而立之年与不惑之际风格转换的桥梁。"风情·人物"是我平时应景写生或因主题需要而作的油画作品。原本我的设想是出一套上、下册的画集《时差——金国明油画》《时差——金国明水彩画》。在一年多时间的稿件整理和对全书的规格、体例和装帧形式的反复斟酌后，我决定以《时差——金国明随艺录》的体例和形式来记录我的艺术人生感悟和近十年来的艺术成果。这些文字经过无数个日日夜夜、断断续续地爬格子，又数易其稿地调整与修改。我觉得用随笔的形式来叙述与表达，既轻松随性，又避免了内容的空洞乏味。有时光看文字或图片也会感觉单调，还不如图文相映，聊些轶事来得鲜活生动。在写作过程中，有相当一段时间沉浸在回忆里，这应该也是对自己从艺经历所进行的一次较为悉心的梳理。这里剔除了我在生活、学习和工作中所发生的一些负面元素，舍弃了那些不值得去记忆的事物。人生经历中的坎坷和困顿人人有之，我认为只要拥有自信、自立、自强的勇敢之心，就会实现个人目标和人生理想。

另一方面，在关键时刻、自己力所能及的范围能伸出手助人一把，既能获得快乐和幸福，也能使自己的心灵得到升华。这也比较符合我二十多年"为他人作嫁衣"的图书编辑身份，古语曰："授人玫瑰，手留余香。"这些是我生活和学习中最芬芳的记忆。

第三部分是水彩画作品，这些作品大都是我在油画创作之余的所思所想。有些是我到海内外旅行时的水彩写生，画面酣畅淋漓、色彩斑斓。值得一提的是近年来我的水彩画越画越大，如《秋》《枫》等水彩画（高500厘米×宽150厘米），可谓是鸿篇巨制。我趁现在精力旺盛时多画些，以免年老力不从心时留下遗憾。著名山水画家孙信一先生说有时他也吸收我的水彩画特点，画一些轻灵欢快的山水画作品，一个字"嗲"！他们都认为我的水彩画有中国画的水墨韵味。不过我认为中国画不能画得像水彩画那样，这样就失去了中国画的笔性。然而画西洋画却可以中西合璧，吸收中国画的笔墨特点。有人说我的水彩画有点像美国画家波洛克的"滴洒法"，他的抽象绘画随意之间隐藏着戏剧性的偶然效果，激情四射而且充满了色彩的自由、张力和狂野。而我的水彩画是具象的，且带有油画特有的造型与技法特点，色彩明快响亮、斑斓绚丽，光影闪烁迷离。加上我长年在上海书画出版社、朵云轩工作，耳濡目染，多少汲取和融入了中国画的笔墨气息。我也经常观摩书画家们的笔会，参与他们的创作过程，久而久之也从中"盗"了些"仙气"，自然而然地加以提炼运用到个性化的水彩画写生与创作中了。近代著名画家陈师曾说："不在画里考究艺术上的功夫，必须在画外看出许多文人之感想……知画之为物，是性灵者也，思想者也，活动者也，非器械者也，非单纯者也。"因此艺术家既要具备扎实的色彩造型能力，又要富有诗意的文人笔墨情趣，这也是我的水彩画创作区别于其他画家水彩作品的原因之一。我用笔肯定，不拖泥带水，笔意盎然，气韵灵动；我从不死抠局部和刻意制作，完全是把握好画面的整体感和节奏韵律，写实中又有写意感，追求浓郁的诗情画意。列夫·托尔斯泰说："艺术不是技艺，它是艺术家体验了的感情的传达。"为此我也常常在画好后配上一些诗句，以表达我作画时的心情和感受。当绘画成为一种情愫，那么它将会成就你的梦想；当绘画成为一种习惯，那么它将是一种永恒的事业。时常心存敬畏，心存阳光：感恩、惜福、舍得！

　　第四部分是我青年时代的一些习作。这些作品曾是占用我大量时间研习所得，一幅幅几十个小时的素描作业凝聚了我大量的心血。还有些是课堂上我为学生示范的课徒稿。另有2004年我为学林出版社出版的著名作家、编剧海飞的小说《花雕》而创作的十余幅插图原稿。

2014年《花雕》被改编成电视剧《花红花火》。也正因为年轻时受过较为系统和扎实的基础训练，才造就了我现今可以自由地表达出心中的所感所悟。正如罗曼·罗兰对艺术的理解："艺术的伟大意义，基本上在于它能显示人的真实感情、内心生活的奥秘和热情的世界。"我把这份青春的记忆仔细地梳理了一番，那是我从艺之路的起点，是我的精神家园。

近年来我重生活、勤创作，在艺术创作时基本是两耳不闻窗外事，完全沉醉于自我的艺术世界中"闭门造车"，并时刻鞭策自己要珍惜时间，尽可能地多创作出令人满意的艺术作品，同时也自然回避了许多世间的纷繁琐事。一分耕耘，一分收获。而我最大的收获是积累了数量众多的作品，其中也包含我编辑出版的艺术图书等。仿佛所有流逝的时光都可以在其中找到清晰的脉络痕迹，由此我也从中得到了心灵上的慰藉。

比起十年前踌躇满志和率真浪漫的我，如今更趋于现实和忠于自我。这个十年过得很快，却也很漫长，从逻辑上来说这确实矛盾。因为，稳定安逸的生活就会使我感觉到日子过得很快；一晃十年又稍纵即逝，一想到在这十年间马不停蹄、锲而不舍的艺术创作，心中就会升腾起一种别样的漫长感。这也是我精力最旺盛和最重要的十年，其间我把以往创作了十年的"梦云"系列演绎为"时差"系列。一切都在自然而然中发生和演绎，这与其说是绘画题材和风格上的转换，不如说是我思想境界上的蜕变与升华。

2. 花絮

2020 年 9 月，我的新书《时差——金国明随艺录》出版了。看到这本书的读者都感叹图书的精美，全国各地三百多家图书馆收到图书后也纷纷称赞图书的品质，并颁发了收藏证书。正如作家丁旭光先生所说的，这既是匠心独运的设计，又如天造地设的巧合。上海电影评论学会副秘书长闫美杉女士说道：

> 金国明近十年来在生活和工作中的体悟，用文字、色彩和线条表达，洋洋洒洒十余万字，六百余幅油画、水彩作品，记录了一个个浪漫又朴实的当下。厚厚的《时差》装载了已经远去的那些年，但却带不走一路收获的喜悦与感动……一切都已成过往云烟，留下的唯有只言片语和些许图像资料，让我在夜深人静之时重温昔日的美好。从"梦开始的地方"到"永远追梦的人"，我一度觉得他是浪漫的，不止是作为一个画家、作家，他的浪漫还表现在对生活点滴中注入柔情和梦幻色彩。愿这天下心中

有爱的人青春永驻，愿这炽热的自然率真涌动不息！

这是一本艺术随想集，四个版块的间隔页做了满版黑底设计，视觉醒目。第一版块中横、竖幅绘画作为插图在左右页切口进行"出血"设计，图文并茂，视觉阅读感流畅。整体设计简约，与主题呼应。封面与封套设计运用简洁主义手法，方脊设计，简约大气，具有强烈的艺术特质。封面上的"TIME DIFFERENCE""时差"用压凹工艺，"JIN Guoming's Idle Thoughts on Art"用黑字，"时差"分别用蓝色和绿色。图书三边用滚金箔工艺，其色相与封面艺术纸一致。包括堵头布的选色也与图书整体统一，从细节入手，强调图书的整体性。图书手感舒适，封面、函套用白金色拉丝纹的艺术纸，质地充分展现了图书的艺术品质和内涵。图书在印制与装订加工上也精益求精，使设计理念得以完美体现。这本图书的制作时间很长，从图书排版设计到印刷完成用了三年时间。虽然我从事图书编辑至今积累了丰富的编辑经验，但做完这本书后，我觉得要学习的知识和有待提高的地方还很多。我花了两三年的时间写了艺术人生经历和感悟，内容结构几易其稿，个别章节甚至推倒重写，经过无数次的修改后才得以完稿。随笔札记，意随笔性，自由真实，个性化表达的特点正契合我能将创作时的所思所想，以及所认知的视觉艺术经验转化为文字来表述，并与大家分享我对艺术的理解和想象。书中的六百余幅作品是我十年来创作积累的结晶，丰富的图书内容决定了图书的品质。内容定稿后，我又在上海雅昌印刷公司制作设计了三个月，就图书的外观封面和装帧工艺与印刷专家们反复沟通、协商，追求卓越的图书内涵。就在新书付印前最后一稿的蓝纸样稿上我还修改了十几处文字，不断质疑，不断勘误。朱莘莘老师帮我一遍遍地审稿，精雕细琢，她兢兢业业的工作作风令我感佩不已，这也是一种编辑精神的鞭策。

3. 飞鸿

新书出版后，中国人民对外友好协会原副会长、路易·艾黎的秘书李建平先生发来贺信：

> 国明，昨晚没睡着又想起你的画册，打开来翻阅欣赏。先阅读了你的自序，让我眼前一亮。然后一页页翻看下去，让我敬佩至极。你说不好意思请大家作序为你贴金，这是多么低调谦卑的品德啊！你不想借光荣耀自己，这在当今是多么难能可贵。你说你取到了一些仙气，但你在工合的工作中尤其是会议上的表现，你

从来没有把你自己作为一个成功艺术家的仙气显示在我们面前。这在当前的社会风气中几乎所有艺术家真的假的都是大张旗鼓炫耀的。你可不是这样的人。你说随着年龄的增加自己的火气却在稳妥地把握控制着。这又是多么令人敬佩的作风啊！凭着你的底气要是把火气拿出来放一把，尤其是在我们这些不懂艺术的同事当中谁能奈何？你也不是这样的人。哪本画册的第一页不是作者自己的美图？在这本厚达五百页的画册上，没有看到你用艺术标准照来吸引眼球。你就是不一样。我数了一下光油画部分就有181幅，我看到过一些画册，没有一本像你的画册这样丰富厚重、玲珑低调，对画册的处理我就能看出一个人的处世为人，什么样的人就有什么样的画册，什么样的画册就有什么样的人。因为你是这样的一个人，就有了这样的一本画册。你把艾黎和何克的画也包括在画册中，我知道你是多么的认同艾黎和何克的克己奉公境界！你把与新西兰朋友的照片放在里面，我知道你是支持中新友好的，支持我们的国际友谊工作的，我为有你这样的画家朋友感到由衷的骄傲。12月2日是艾黎的诞辰日，在这个时刻收到你的大部头作品是对艾黎诞辰最好的纪念。给新西兰大使馆送几本，新西兰大使馆大使、参赞朋友们会喜欢的。国明，衷心祝贺你。

还有著名的国际主义战士汉斯·米勒的夫人中村京子女士发来贺信：

> 金国明同志，寄来的画册收到，十分感谢！在天命之年能创作出如此水平的画作实属不易，说明您对美术的爱与执着，展现了技艺提高的路程和取得优秀的成绩，望您保重身体健康，为美术事业的发展做出更多贡献。
>
> 中村京子

伟大的国际主义战士理查德·傅莱的遗孀江国珍女士是我的忘年交。1937年生于重庆的江国珍女士，常与我分享日常生活中的愉快，谈一些当年与傅莱在一起的美好时光和趣事。每逢出席中央春节团拜会等重要活动时她都要发几张照片给我看看，十多年的交往使我们倍感珍惜彼此的深厚友情。她从北京寄来信函说：

> 国明，你的《梦云》《时差》图书，我近一周翻看，给我很深的体会和联想。对你的近半

个人生的机缘，我感受颇深，认同一些你对生活的兴趣爱好，这是你勤奋和努力的结果。后半生你一定能做得更好！我衷心祝福你！愿我们友谊长存！

江国珍 2020 年 11 月 22 日

值得一提的是一位云南景颇族姑娘傅果生感言：

凝聚着金老师巨大心血的画册都悉数收到了，我非常喜欢。深深地感谢你们，你们的关爱于我是一种宝贵的支持和鼓舞。我会通过更加努力地工作，把你们所给予的宝贵的关爱，也传递给正在被战火和疫情威胁围困的那些可爱的孩子。老师把多年来所追寻的内心融入在创作里。被老师画作中的天马行空和自由深深感动，有一些画面如我自己曾经历但难以描述的梦境一般神秘而又亲切。待疫情好转些，边境重开之后，我会把老师的画册带到缅甸给上艺术课的孩子们传阅，给孩子们讲不停止追寻真善美的生命。

傅果生是我出版社审读室的朱莘莘老师在云南大学读书时的班长傅衍鹏先生的女儿，朱莘莘老师很热心，把我的新书推荐给了云南省图书馆、云南大学图书馆、云南省档案馆，以及她的朋友们。傅衍鹏先生的父辈都是中国了不得的知识分子，有故事，有情怀。傅衍鹏是20世纪70年代扎根边疆的昆明知青，云南大学的优秀毕业生，（1978年）共青团第十届中央委员会委员。妻子木东是景颇族。傅果生是1998年云南德宏州的高考文科状元，毕业于中央民族大学，是民族学硕士研究生。她对民族的情感和对故乡的眷恋，使她不懈坚持，在条件艰苦的德宏等少数民族地区做公益事业。她的事迹为中央电视台等媒体广为报道。艺术是相通的，无论环境如何都有其共性。我非常敬佩傅果生的纯粹和纯情，这是人性升华的最高境界。试想如果我在她所处的地域环境中，我做不到像她那样可以放下一切，无私无欲地奉献于社会公益事业，帮助贫困失学的中缅儿童，为中缅两国人民的友谊作贡献。那是多么宝贵的一个由强大内核力所支撑的精神世界！这也是值得我学习和思考的问题，放下是一种勇气，舍得更是一种境界，而她做到了。

4. 书香

生活常常是琐碎平凡的，在快节奏的都市生活中，我们常常会听听音乐会，看看艺术展。惊叹艺术的同时，也感受属于自己的世界，沉浸在美的享受中。艺术来源于生活又反馈于生活。美国诗人费朗罗曾说："艺术是永恒的，时间则是瞬息即逝的。"艺术带来的不仅仅是感动震撼，更有其背后的智慧之光。艺术很美，而你该如何去欣赏艺术？其背后的真谛对你又有怎样的改变？

2021年1月16日下午，由上海交通大学百年财富读书会和FM106.5东上海之声《舒曼的CD》节目联合主办的"艺术是生活的哲学——金国明述说'时差'的故事"读书分享会在上海浦东证大立方大厦"廿一文化"成功举办。活动将以我和嘉宾互动、"舒曼的CD"节目录播的形式呈现。分享会上我与作家丁旭光老师互动，与读者一起谈书论艺，感受艺术。丁旭光老师讲述了我年轻时的故事，谈了二十多年前他对我的印象。我介绍了油画作品《时差——离殇》，述说了从艺经历的故事，以及对艺术与生活的感悟。互动交流中引发了大家的热议和共鸣。在上海交大百年财富读书会会长郑中意女士看来，金国明从青年时代走过三十而立，如今到天命之年从未停下过追梦的脚步。她说："金国明在画里充分地表达了他对人类和自然的理解。通过举办读书分享会希望能让大家在这个平台上学到更多的知识，让自己更自信，使自己得到精神上的升华。"这也是我始终为之学习和努力提升的境界。读者董菁雯女士说："原来觉得作为一个普通人应该去接受大师的熏陶，而现在我觉得有一些好的当代画家，也应该去多了解他们的一些优秀作品。因为他更接近于现代人的生活。"民建委员徐建进先生说："金国明这么多年能把艺术作品做好，对我们今天来讲，也要把自己现在所做的事情，做到细致和极致。"电台主持人舒曼表示 FM106.5 东上海之声"舒曼的 CD"植根于上海，也一直传播和发扬海派文化，我们也愿意今后持续举办这样有意义的文化艺术活动，来贡献属于我们自己的一份力量。

浦东新区融媒体中心电视台、广播电台和澎湃新闻、中新网、东方网、《新民晚报》等媒体相继宣传报道了读书分享会。

朱莘莘老师说：

> 金国明是我的同事，前一本图书《梦云》我是责任编辑，这本《时差》我是审读。我觉得他既是一个好的画家，又是一个优秀的编辑，他能把自己最有情感最富想象的东西用多种美的形式呈现出来。他就是非常踏实地做好积累，用文字和色彩、造型这两个翅膀来表现他的思想，表现他的灵魂，表现他对生活的认识。

她非常欣赏我的作画状态，特别是对我的水彩画情有独钟，写了《苗寨风情》有感：

水光潋滟的梯田草垛子点点，绵延叠嶂的山峦翠霭暖融融。烟岚氤氲的山林上空，小鸟合着《苗岭早晨》的旋律，揭开一幅晨曦山寨勃勃生机的画卷。画家金国明敏锐地捕捉阳光，用光线造型，娴熟地营造品尝色彩中光的魅力。此画不同于中国画着力皴法表现肌理，注重线条造型；也区别于其他西画家，一味追求写实表象，而是将写实风格与抒情写意相结合，融入了中国书画特有的笔墨意趣。那云雾，那山脉，由深浅浓淡色块不一的绿色组合呈现，产生了犹如中国画晕染笔法的效果。水色交融，滋润、清透；笔触轻盈，时工细时写意；色彩鲜亮，艳而不俗，水彩的特性被发挥得淋漓尽致。这幅水彩画是具象的，描摹的山寨云雾缭绕是有形象的，而表现山水的手法以西方水彩画的技法与观念为主。在我眼里，这种表现不仅与我们身临山寨其境的感觉一致，其色彩和形体的视觉冲击力比中国水墨画更为鲜明强烈。作者能整体把握苗寨景色，对色彩的感悟与表现果敢、准确。挥毫时激情澎湃，胸中意气喷涌而出，下笔着色不拖泥带水，一气呵成，所绘景物形神兼备，中西融合，富有诗意。这与作者长年在书画社、朵云轩与书画家们一起学习切磋、工作生活有关。当你驻足静观，让想象如子弹飞一会儿，会不会觉得眼前的山水是那样充满诗情画意，而画中的意境、气韵也是可以触摸得到的呢？

人与自然共融，寄情于自然山水，寄情于精神品格，记录下画家与大自然稍纵即逝而隽永的灵魂对白。品读鉴赏这张画，你还能找到画家的力作尚存早年表现主义、超现实主义画风的影子么？

随后我又陆续被邀约举办数场艺术讲座，都取得了良好的社会效应。

4月14日，我受邀到浙江省萧山市"满庭芳校园书屋"，向浙江艺术职业学院的学生作艺术创作交流讲座，并向滨江高教园区各图书馆捐赠图书。

7月16日，我又到浙江省江山市图书馆牛头岭南孔书屋作艺术讲座。

9月和11月，我受邀在中国科学院上海分院向三百多名硕士生、博士生作了两场艺术讲座。

5．书评

有评论说，《时差——金国明随艺录》既是匠心独运的设计，又如天造地设的巧合。封套素面朝天，拉开封套后，封面是凹凸有致、蓝绿相错的两个字的书名，与图案和谐于一体，金色的拉丝纹质感的细密线条，如一幅油画的底色，从西式元素中隐隐而来的，却是中国画式的简约。上海市文史研究馆馆员、著名作家孙琴安先生评价道："金国明已出版散文图画集《梦云》《时差》等，并编辑五百余种画册和图文书籍。金国明是画家，散文创作也别成一家，自有风格。常见于《新民晚报》'夜光杯'等报刊。"图书《奥巴马评传》的作者、著名作家周光凡教授说："金国明先生的散文作品意境空灵，文笔优美，有很高的美学价值和文学功底。"

2021年4月11日《新民晚报》第10版"夜光杯·读书"栏目刊登了著名作家丁旭光先生写的书评文章《那个麦浪里的追梦少年》。

图文并茂的《时差——金国明随艺录》，是供职于上海书画出版社的副编审金国明的新作。金国明是目前朵云轩为数不多的在职油画家，从事艺术图书出版编辑工作已有二十余年、绘画创作三十余年。从金国明自己设计的封面中，我感受到了一位画家、一位出版人的美学旨趣。由此，也可以破译金国明的艺术追求。出生在上海嘉道年间（1796—1850）的百年老屋，走向世界著名的"法国艺术家沙龙"、"法国秋季艺术沙龙"画展，是金国明的艺术人生轨迹。曾经，金国明是粉墙黛瓦的老房子前那个在一望无际的麦浪中追逐阳光的少年。他一直在追寻着儿时的梦想。此书分为"梦从这里开始"、"油画篇"、"水彩篇"和"习作篇"四个版块，作者回顾了成为油画家、书画编辑、收藏家的心路历程。金国明的文字准确、饱满、生动形象。这大概和他编辑、油画家的身份有关。作为一个画家，金国明的游踪历历：苏州园林、绍兴民居、北京古城、圆明园残垣断壁、秦淮河六朝烟雨、塞纳河畔的美景、普吉岛的落日、葡萄牙的百年老店，无不扣动他的心弦，引起他创作的冲动。因受到表现主义思潮和超现实主义的影响，金国明早期的画作梦境呈现的是游离和迷茫；而立至不惑之年间的作品"梦云"系列的基调，是温馨浪漫抒情，入画的少女、风景抑或建筑，都染上了梦幻般的色彩；那连绵的金色麦浪、潺潺流淌的小溪、五彩斑斓的锦鸡、质朴的童年景象，返璞归真于画面上。金国明以他纯熟而丰富的艺术语汇，准确地把幸福感和美感传递给观画者。作为曾经的"上海文化新人"，今天的金国明依然是麦浪里的那个追梦少年。他的油画与水彩有着水墨韵味；江南的白墙黑瓦意象，融化在色彩明快的简约中；丰富的想象力呈现在抽象与具象的画面上。这里的每一幅画都不尽相同，表现形式手法多元，是画家彼时心境的写照。金国明的作品有他自家的面貌，见过一面，就不太会忘记。因为，他童心未泯。

6. 赠书留芳

"时差"系列油画是一组具有表现主义风格的主题创作，近百幅创作凝聚了我四十岁至五十岁间的十年心血，是内心的真实独白和心灵写照。这些作品都是我在永嘉路工作室完成的，春夏秋冬，每天在梧桐树下来来回回，体验着不同季节、不同时段、不同心情的深切感悟。可以说《时差——金国明随艺录》的出版总结了我前半生的艺术经历，梳理了我的艺术创作脉络。与此同时我又把以前出版的《青年美术家丛书——金国明》《国明的世界》《梦云——金国明油画集》《梦云——薰衣草采风札记》《时差——金国明随艺录》等图书陆续捐赠给国家图书馆和全国各省市级三百余家图书馆、机构收藏。我认为把个人的著作惠泽于广大读者分享是最好的传播方式和归属，也具有一定的社会意义。

作为 1970 年出生的我，顺应了中国改革开放四十多年来的发展潮流，走向世界，开阔视野，并可以从容自由地朝着人生梦想努力奋斗。出版此书也希望可以给广大绘画爱好者提供丰富实在的借鉴范本，为他们在艺术道路上给予有益的帮助和启发。"时差"系列是我追梦路上从此岸到彼岸的一次重要实践，更是实现艺术梦想的一次升华；"时差"系列的每一幅画都不尽相同，表现形式手法多元，随性所至，这是我在不同时间不同心境里的景象。书中遴选的只是我十年里创作的部分作品，然而在我梦中呈现出的画面，比现实还要好看，不过梦醒后就忘了，这大概就是所谓的潜意识吧！潜意识里的东西真是美好。

Chapter 9

梧桐树下的都市情怀

12月的上海犹如一位楚楚动人、婀娜多姿的美妇人。冬日暖阳，金黄色的梧桐树叶透闪出一丝灵动的气息，少许艳红的枫叶和嫩黄的银杏叶衬托出浓郁浪漫的情怀。一夜北风掠过，撒了满地的"黄金叶"，引来众多时尚情侣、摄影爱好者驻足留影。我也喜欢冬天的感觉、冬夜的遐想。还记得2018年12月在永嘉路的工作室窗前拍下雪花纷飞的街景，更怀念2012年12月从巴黎回沪后的那场让路、车、屋都银装素裹的鹅毛大雪。长夜漫漫，思绪万千。

梦醒时分，我的心情都会伴随着四季的更迭而变换。每天我都会乐此不疲舒心惬意地往返于复兴西路、武康路、陕西南路和永嘉路之间，欣欣然品味着马路两旁百年梧桐树的沧桑留痕；每天我都会在具有浓郁海派文化风情的地域环境中迤迤然滋长性灵，创造性的突发思维便应运而生。在这里能找到我来来回回重叠的身影，能看到我无数个日日夜夜钻进工作室中静心思索或鸾翔凤翥，长此以往习惯成自然，生活很有规律，我也非常享受独处时的寂寥和空灵感。每当我面对空白的画布时，我的思绪与灵感似火山爆发般喷涌而出，在斑斓绚丽的色彩与丰富饱满的情感跳宕中找到激情。这种与自我心灵的对白对于我来说显得尤为重要，它是开启艺术人生的一把钥匙。

上海老洋房风情万种，是当代许多时尚人士所向往的，在这里喝喝咖啡，聊聊天，浪漫情调尽在不言中。青伞亭亭，梧桐摇曳，仿佛穿梭在时空隧道中一般。或许漫步于弄堂转角时，老洋房里会走出一位衣冠楚楚的文人雅士，也许踯躅于弄堂深处的那位步履蹒跚的老人就是昔日上海的"老克勒"，而彼时彼刻擦肩而过的摩登女郎也会哼出一声非常专业的咏叹调，这就是富有人文意蕴和传奇色彩的上海梧桐树下的街头巷尾，也可谓上海情调与腔调吧！每当我走在上海幽静的树影婆娑的小马路上或顶着蒙蒙细雨漫步时，仿佛置身于巴黎的小巷深处一样的悠然自得。路漫漫，情深深，意切切……

徜徉在上海老洋房的梧桐树下是恬适而幸福的。我喜欢亚里士多德对于幸福的独到见解：幸福乃是一生的生活质量。我的作品数十次发表在《新民晚报》"夜光杯"栏目里，如《梦云》《时差》《雾江水暖》《水仙》《古镇晨曦》《冬日忆乡》《水乡物语》《路易·艾黎》《融光·天和：游曳》等。而《上海老洋房》《上海徐家汇》《上海陕西南路·秋》《上海陕西南路·枫》等也是我描绘上海风情的水彩画。这些即兴之作呈现了我当时内心的真情实感，是一种晶莹通透的心境写照。这些属于我的青春之歌会永远荡漾在碧海蓝天之间，在悠悠人生路中留下隽永的青春记忆。当艺术成为生活中不可或缺的状态时，你就拥有了一个强大的内心世界；当独自沉浸在自我的梦幻空间时，你就会从中体味艺术带来的乐趣；当生活变得纯净而简单时，你就会从容自若地面对喧嚣与嘈杂的尘世。然而长久地保持良好的心态谈何容易！唯有在寂静的空间学会坚持并乐于咀嚼游艺寄情的雅趣，才能获取更为广阔的自由空间！

2022年2月，我去福州路买油画颜料，昔日繁华的福州路文化一条街显得格外萧条，许多门店都歇业转租了。走进文化商厦三楼，经营文化用品的启东老板钱建华先生抬头便看到了我："金老师要啥？""侬店里库存的150毫升'伦勃朗'油画颜料还有吗？"老板惊讶地说："过年前刚给你几十支都用完了啊！再帮你去订50支。"确实，我在春节前半个月开始休假，集中精力作画，几乎每天都有新作诞生。其实长期坚持每天画一幅并不太现实，我只是憋了一股劲持续地画下了熟悉的有温度的上海街景。艺术就是如此，画家有了冲动和激情才能出好作品。我贪恋冬日里上海老洋房踽踽独行的沧桑孤傲之美；迷恋天空中似焦糖般萧瑟交错的法国梧桐枝叶，它们交相辉映装点着百年老洋房的孤寂落寞，就连细枝末梢处也显得异常别致，让人浮想联翩。于是我以一段闲暇时光，凝神静气地去描绘上海街头巷尾的老洋房，去捕捉那迷离梦幻的光和影，并且身临其境地去感悟那久违的老洋房里凝结的艺术灵魂和热诚。这些作品记录了在不同时节里的老洋房和海派里弄的风情风貌，描绘出上海老洋房浓郁的人文气息。随着油画作品数量逐渐增多，一个描绘上海风情的写生作品系列逐渐鲜明起来。作为一名土生土长的上海籍油画家，我有充分的理由和能力来描绘上海的风采。这是我五十多年来积累的生活体验和艺术创作经验所凝聚的结晶，也是我用娴熟的绘画技巧、缜密的思维方式和充沛的体力幻化出的一种灵光乍现的激情体验。2022年初"画说上海"系列已初具规模，我开始与上海人民出版社联系，并酝酿策划出版画集《梧桐树下——画说上海》。

2022年5月下旬，我又开始马不停蹄地作画，几乎每天一幅，而且都是一米左右的大尺寸油画作品，有的甚至尺幅达到两米高一米宽，到7月时便一口气画了四十多幅，付出了巨大的精力和心血。这是生命的绽放，是激情的迸发，是对艺术的执着，更是抒发我对上海深厚的眷念之情。

我用散文和绘画作品相结合的形式来讲述发生在身边的故事；我用色彩、建筑、里弄、马路、季节、温度等来描述家乡上海，呈现出一幅幅璀璨斑斓、绚丽夺目的都市景象，充分展现了上海蒸蒸日上的城市面貌和丰盈的历史文化底蕴；我用简朴的语言、变幻的色彩和真挚的情感，尽情地表达对上海的热爱和对生活的感悟。

艺术之路丰富多彩，艺术之梦星光灿烂。我选择了艺术，艺术也成就了我的人生价值和梦想。

一、绍兴路

壬寅年初一，新春开笔。我用油画《上海绍兴路》作为虎年新春祝福！一早探寻幽静的绍兴路，在凛冽的寒风中体验一种精气神融于一体的心象之感。两三个月里，我一共画了三幅油画《上海绍兴路》。每幅都是有感而发激情所致，但见午后暖阳洒在老式里弄的墙壁上，橘黄色影影绰绰的光斑闪烁不定，画面犹如一抹巧克力般的色彩调子，表现出了一种浓郁的历史沧桑感。后面两幅已入寒冬季节，光秃秃的梧桐树枝纷杂交错，树梢上稀疏的枯叶迎风摇曳着，远远地衬托着一排排原本就隐藏在逼仄街道旁的老洋房。绍兴路是上海著名的文化街，曾有上海出版一条街的美誉，这里到处弥漫着芬芳馥郁的书香气息，昔日云集了许多知名出版社、杂志社，如上海人民出版社、文艺出版社、文化出版社、故事会、音像出版社，还有新闻出版局、昆剧院、永昌学校等。路边还有一些书屋、特色咖啡小店、画廊和老洋房饭店、绍兴公园等。走到绍兴路62号，这是建于1958年的绍兴公园（原绍兴路儿童公园），面积2411平方米，是上海最小的公园。这里环境幽静，庭院精致，小巧玲珑。"韵幽""馨逸"的景门景墙内建有山石壁景、茶艺馆、湖石假山、澄碧池水、健身路坪等。后庭区的仿竹廊亭，一条小径穿行其间。早晚大都是附近的中老年居民下棋、聊天、休闲锻炼的好去处。老洋房饭店藏在幽雅的深深庭院里，里面有流水瀑布。这里曾是杜月笙四姨太的公馆，是一座具有浓厚历史感的花园洋房。最近一次去老洋房是在2021年初冬，浦东电台的主持人舒曼女士邀请上海文化出版社的副总编罗英老师、作家丁旭光老师和我共进午餐。罗英老师说她藏有我的一幅画，我也想不起来是哪一幅。不过很正常，我的画散逸在外面蛮多的，有喜欢的人收藏也是缘分。我的忘年交王安安老师常叮嘱我，人过半百要懂得"舍得"两字，比如字画、古玩、财物等。我觉得很有道理，有情就有义，有舍才有得。艺术可以塑造一个人的气质和品格，若能做到大气而不拘小节则是一种至高境界。为此我常念感恩之心，这样人生才有意义。

夏夜，我时常在幽静的绍兴路上遛狗，有时还会碰见熟悉的拄着拐杖的老报人。许是我也为出版人之故，加上寓居于附近，春天里我也爱在蒙蒙细雨时漫步于绍兴路上，淋着雨，汲取灵感。冬日走在绍兴路的梧桐树下更是别有一番情趣韵味，令人流连忘返……在此除了感觉，还是感觉，再加上一丝感动、执着和一份努力。岁月静好，安然若素。我爱绍兴路，时常会光顾一家专门经营日式家具、古董的小店。"70后"的女店主叫郑红，她早年留日归来，在绍兴路上经营这家店近十二年了，能坚守到现在确实不易。前几年我在这里买了几件日式的竹器挂件。小年夜的午后，我闲来又踏进小店，只见她还是依旧。虽然我经常光顾看看，有时也会问问价。但是我从来没有主动问过她，也没有加过她微信。这是我的习惯，我买东西时都只看物器后再论价，满意了收货走人。今天我照例还是东瞧瞧西看看，有瓷器、漆器以及嵌螺钿的家具等，时不时还对感兴趣的小物件问问价，探下底。因为我前几天路过绍兴路时看到橱窗内放了一尊日本著名的九谷烧名家"双仙"制作的满工彩绘陶瓷狮子滚绣球置物摆件，狮子口衔宝剑威风凛凛，却又不失祥和之气。不知为何我心里一直惦记着，所以今天路过小店，也想顺便讨个价格，开价倒还算可以，我在里间又发现一个大点的，虽一大一小不成对，但看着喜爱就索性都买下了。我淘宝有个特点，一般是只要我看上的物件总会出手的，当然价格不是问题，主要是对上眼，喜欢就行。过年了我还是想买下来图个吉利，两只狮子摆在画室的法国古董橱柜上显得非常气派祥瑞。临走时我们互相加了微信，到底是认识五六年了。虽然彼此还是比较陌生不太了解，但我还是会惦记在淘宝中的美好心情，这也是一种缘分。

二、田子坊

2022 年 2 月 10 日，《新民晚报》"夜光杯"栏目又刊登了丁旭光先生的散文《那一些有趣的事》，文章中写下了他对我的最初印象：

2001 年，我在同一地块迎来了第五次的挪动。乔迁之后，我和金国明成为邻居。其时，只是邻里之交。金国明给我的感觉就是一位稳重朴实的邻家男孩，经常来来回回地搬运一幅幅油画和一架架画框。看到他上上下下地倒腾，我一直以为他是一做框卖画的画商。十年之后的某一天，在《文汇报》上看到了金国明的大名。当时的我，有一点木讷，竟然没有把报纸上的金国明和邻居金国明对应。又过了几天，看到《新民晚报》上以半个版面介绍油画家金国明时，才猛然醒悟。后来知道，金国明是一位油画家，是"朵云轩"为数不多的在职油画

家之一。他在田子坊的泰康路上的工作室和陈逸飞的弟弟陈逸鸣的工作室挨在一起，我平素在门洞里看到进进出出的一架架画框，就是在田子坊和家之间来来回回。

2009年我在上海田子坊5号楼507室的画室窗口边对景写生，这是我迄今为止画得最漫长的油画写生作品《上海田子坊风情》，画幅尺寸较大（220厘米×140厘米），我在画画停停中不断地描绘修改，整整花了三个月时间完成。我站在窗前极目远眺，瑞金医院、复旦大学医学院、国信大厦等尽收眼底，面对浓郁的上海里弄风情，我在同一个点位上观察着每一天不同的变化，不断地去寻觅和体验新鲜的感觉，精准捕捉光影色彩的变幻。有一天一只小花猫从红色的屋顶上悠然自得地走过，这样的生活情趣不正是我所想要表达的吗？随即我快速地把它请进了画面中，这只非常接地气的小生灵烘托渲染了画面的整体氛围，使整个画面生动活泼，情趣盎然。在画展上我问观者："你们发现里面有一只小猫咪吗？去找下在哪里呢？"正是这种潜意识里的灵感冲动勾起了我对幼年时生活的美好回忆。每天我站在窗前观察窗外场景的微妙变化，无非是晴雨天气所引发的光影变化，以及红色屋顶上老虎窗前晾晒的衣物色彩不同。或许在人们眼里，我画的是一幅风景，而其实我画的是一种浪漫的心境，一种艺术家的人文情怀，一种安逸舒适的生活状态和对生活的热爱。一年后我搬离田子坊，入驻思南路107号1009室（国信创意园区），离别时在画室窗前俯瞰全景，当场写生了两幅小幅油画《上海田子坊风情》作为留念。2022年2月3日，我画了一幅油画《上海瑞金二路泰康路口》，走进泰康路田子坊，情怀依旧，追梦如初。诚然，如今的我还是作家丁旭光先生眼中的那个邻家大男孩，还是一如既往的厚实质朴。早在十七年前我的艺术工作室就入驻了泰康路25号四楼，后来进了田子坊5号楼507室潜心作画，又在思南路107号国信创意园区开设金国明艺术空间，一直到2015年10月搬进永嘉路35号至今。因为永嘉路的艺术空间是自用的，所以相对来说住着比较稳定踏实。我每天早晚穿梭往返于陕西南路、永嘉路、复兴中路、茂名南路文化广场的法国梧桐树下，日积月累积存了深刻的印象。四十五岁后我在短短六七年中创作了六七百幅油画和水彩画作品，有好些还是五六米长的巨幅作品。渐渐地我进入了艺术人生中的黄金周期——艺术经验丰富、技巧娴熟，拥有饱满的精神状态，具备充沛的精力、激情。我非常珍惜这段宝贵的壮年时期，比起老一辈艺术家，如吴大羽、哈定先生等大师的苦难和遭遇，我是幸福和幸运的，庆幸生逢于这个时代最美好的时光。所以我意欲争分夺秒地多创作一些佳作。

三、偶遇

二十多年来，我始终在徐汇区、黄浦区、长宁区和原卢湾区等具有典型海派风格的老上海风貌区域工作和生活。不惑之年后的我逐渐改变了原有的生活方式和作息规律，早晨坚持步行一小时到延安西路的单位上班，下班后再走回永嘉路。2021年1月5日，雕塑家唐音告诉我说想不到在网络"小红书"上也能看见你。原来时尚"街拍"摄影师两次在不同日期里拍下了一位上海时尚美女出现在永嘉路的街头背景中，引起了网友们的热议，而我是"网红"照片中的同框闯入者，当时我看着评论栏里的评语在想："哈哈他们不知道跟在美女后面的是一位画家呢！"这种偶遇对我来说有好多，这么多年来我长时期在早晚的固定时段来回散步，自然会遇到许多熟悉的陌生人，时间长了照个面，也就彼此会心地莞尔一笑罢了。

2020年我创作了一幅油画《偶遇》，并收录进我的新书《时差——金国明随艺录》中。我认为艺术从生活中来是有一定实践意义和哲学道理的，生活本身就是如此简单，它可以不断滋养着你的心灵，体验着生活中的各种美好。每天走在梧桐树下一路欣赏着老洋房、来来回回的人，心情豁然开朗，愉悦而舒畅，仿佛整个心灵都会被裹挟其中，就像磁铁一般被牢牢地吸引在一起，完全融入周遭环境的氛围里。岁月如歌，如今上海街头的人文环境日新月异，城区面貌焕然一新，原先的老破旧环境和基础设施已经得到彻底改变。但是随着城区环境的不断更新和改善，却着实难为了一些沉浸于怀旧情感的艺术家，只能凭借原有留存的记忆同现实环境作比较，凭着感觉去追寻昔日老上海里弄洋房中的那种人文情怀和灵感。直到有一天，当我徜徉于梧桐树下猛然抬头时，惊叹道："冬季的上海是多么美丽啊！"那斑驳的砖墙、斑斓的光影，具有一种别样的历史沧桑感。我尽情地去捕捉阳光洒在梧桐树上呈现出的那种迷离的光影和闪烁的光斑，从而激发出强烈的艺术创作灵感和表现欲望，这种奇妙的感受和个人的生活情感经历十分契合。于是，我从容不迫地拿起画笔，描绘起街头巷尾到处弥漫的海派风情来。画着画着……我渐渐地找到了为何钟爱于秋冬季节中上海里弄洋房风情的理由和感觉，找到了我描绘上海的初衷想法，更是找到了埋在胸臆深处的灵魂。抬头仰望灰冷的天空中那些焦糖色般萧瑟飘零的梧桐树叶和一颗颗孤零零地吊在树梢上的小毛球，瞬间的一个激灵就令我不由自已，引起强烈的共鸣；触景生情是个性使然，我热衷于在树影婆娑间追寻那斑斓闪烁的光影，常常会走在凛冽的寒风中享受着空灵的感觉。就算是短暂偶尔的孤寂落寞也会引起一丝感慨而多愁善感起来，这也许是诗人、作家和艺术家特有的共性，正因如此我便会在空白的画布上洋洋洒洒起来，尽情自由地宣泄我对大自然的情绪感受……

四、漫写上海

写生是一个画家感受大自然最好的体悟形式，写生也可以给画家带来描绘大自然的愉悦感，写生更能激发起画家的灵感和激情。绘画大师列宾说："灵感不过是顽强的劳动而获得的奖赏。"所以用写生的观察、表现方式来表达对客观事物的理解和对原始风情面貌的展现是最恰当不过的了。我年轻时画画的人不多，也没有很多画家去写生上海街景，包括我自己，好像越是熟悉的身边发生的事物就越不会有那么多新鲜感。随着岁月的流逝，个人生活阅历的丰富，猛然发现我生活中的人文环境如此之美，人文历史如此丰厚。也颠覆了我年轻时的观点想法，这么美妙的景观事物摆在你面前却无动于衷，是该反省调整一下自己的审美观了。画画不是以炫技为目的，但娴熟的画技肯定是为表达出更好的艺术语言而服务的。因此我从中得到启发和感悟，开始对自己熟悉的场景画起来，一张两张，慢慢地形成了一个描绘上海风情的油画系列作品。从 2021 年 11 月开始，连续几个月废寝忘食，几乎每日一幅，居然大大小小画了上百幅油画作品。这相当于我几年创作的作品数量，我想这大概就是人们常说的厚积薄发吧。我对陕西南路、永嘉路、复兴西路、武康路和华山路等整片的上海老洋房风貌街区可以说是有深厚感情基础的，对有深厚人文底蕴的老洋房、老里弄如数家珍。我数十年在恬静而又浪漫的梧桐树下的生活，积淀了丰厚的人文情怀，以及对上海的眷恋和深厚的情感。我在近年陆续画了一些关于上海风情的主题油画小品和水彩画作品。初心使然，随后便一发不可收，我从武康路画到复兴中路，从永嘉路画到陕西南路，从武夷路画到愚园路，又从华山路画到乌鲁木齐南路、太原路、嘉善路……所选择的景点都是我平时所见所闻，是我在非常熟悉的生活环境中冲动和欲望的表现。有时在一个别人看来不经意的街头角落，我却为之感动而有把它们描绘记录下来的愿望。画到一百多幅时渐入佳境，同行也纷纷赞许。

我总结了以下四点：一是我长时间生活在这片区域环境，获得了大量的生活体验；二是积累了三四十年的专业绘画经验；三是正处于旺盛的生命周期，精力丰沛有激情；四是"疫情"缘故能留出大量的时间可以写生创作。综合以上因素我的"画说上海"系列作品才得以实现，所耗费的精力不言而喻。当然我也不可能把上海的名人故居、著名标志景点全都画下来，我所描绘的画面视角与众不同，我认为注重生活本源和契合自己的心境感悟就是最好的，而用强烈的真情实感去表现、记录美好的生活才是最真实的写照，更具有现实意义。

我出道比较早，十八岁后开始参加一些省级美协主办的美术展览，那时精力旺盛，经常到周边省市进行写生创作，经历了上海改革开放的浪潮和时代岁月的洗礼，也积累了一些我青年时代的绘画代表作品。记得那时描绘上海城市街景的画家和美术爱好者不多，大家热衷于到外省农村去画江南水乡，却很少会到梧桐树下去写生描绘老洋房等街景。现在想来很遗憾，当时去写生一些身边熟悉的城市生活环境该多好！或许越是熟悉的事物反而越不珍惜，失去了美好的岁月才觉出它的可贵。记得二十年前有一次上海美术大展在南京西路的图书馆开幕，有一位美术爱好者在门口进行油画写生，我驻足看了一会儿，心想谁这么心大，敢在美展开幕时在此写生，这可都是行家云集的时候。今天我再回顾一下往事，觉得挺佩服这位美术爱好者的，他可以排除一切干扰从容地去描绘自然，记录美好的时光岁月，这是一种多么难能可贵的精神啊！艺术体现的是一种高贵的精神品格。直到如今随着我对生活的理解感悟，深刻认识到艺术的真谛源于自然和生活，也意识到关爱社会人文精神的重要性。画家只有用充满热爱生活的真挚心灵去描绘大自然，并对大自然具有敬畏之心，才能描绘出上海这一座充满城市气息的"烟火气"。艺术家的成长是在不断地学习和体验生活中提炼而厚积薄发的。值得庆幸的是，我明白了这个道理，并促使自己在艺术人生的重要阶段里认清自我，重塑自我。于是便付之行动，花大量的时间精力和心血，去述说具有时代精神的上海故事；描绘具有时代气息的"上海风情"系列作品；用心记录上海，以此表达出我对人生的感悟和对美好生活的向往。2022 年 1 月 25 日，我在家门口的"步高里"画下了《上海陕西南路步高里》，"步高里"建于 1930 年，法文名为"Cité Bourgogne"，即勃艮第城，是旧石库门里弄住宅，位于陕西南路与建国西路交汇处陕西南路 287 弄（建国西路 170 弄）。现在这处由昔时万国储蓄会投资兴建的住宅被列入上海市优秀历史建筑之一。其有 78 幢砖木结构二层石库门建筑，形成了完整的里弄街坊格局，中西融合，弄堂口的中式牌楼也极具特色。每天我都要经过这里，由于是老式里弄，其煤卫设施是共用的，所以这里还有拎马桶的和倒痰盂的，平时也有小贩走进走出，不时传出一阵阵的吆喝叫卖声……烟火气十足，极具浓郁的市井里弄文化特色。如今门口的上海特色小吃丰裕餐饮店也是我经常光顾的地方，顾客大都是附近弄堂里的常住居民或租户，店里的生煎、排骨年糕、馄饨等传统小吃做得比较正宗，保持了昔时弄堂里的"老味道"。我喜欢吃小馄饨，我看他们是用整只腌制的全鸡全鸭放在大铁锅中炖煮，熬出的汤料来吊出小馄饨特有的鲜味，再撒上少许葱花，这样一碗美味小馄饨出锅了。周末早晨，我去永嘉路工作室路过时都要进去点上一碗，或再加上一两生煎，美美地暖暖胃，就算是早饭了。然后再到旁边的菜摊上买上一两元的青菜，拿到工作室中喂鹦鹉。在我看来，这种满足于一碗具有市井味儿的小馄饨也是幸福感的体现。有了这种生活的深刻体验，就有了创作的冲动和激情。于是，我在一个阳光明媚的冬日午后画下了《上海陕西南路281号》。宁静致远，了然于心，生活的本质也许就在于此吧。

五、独处

2004年上海书画出版社·朵云轩从徐汇区钦州南路81号出版大楼，搬到长宁区延安西路593号。2021年11月又搬到闵行区七宝世纪出版园。其中我在徐汇区钦州南路81号出版大楼工作六年，在长宁区延安西路593号工作十八年，因此我对长宁区的人文环境非常熟悉，更有一种莫名的亲切感。沿着延安西路、武夷路、愚园路、定西路、利西路往西漫步，一栋栋风格迥异的老洋房建筑在法国梧桐树下影影绰绰映入眼帘，呈现出一派融中西风韵的海上风情来。

2022 年的冬日午后，我沿着昔日老上海风云人物的足迹漫游于一些著名的洋房住宅区，画下了《上海武夷路安西路口》，走进花园深处，传来一阵悠扬绵长的小提琴旋律，顿时给人带来一种温馨浪漫的感觉，更增添了一份冬日暖阳中的温暖情愫。雕塑大师罗丹说："美是到处都有的，对于我们的眼睛，不是缺少美，而是缺少发现。"我在走走停停中画画想想，一路激情，一路思考；一边回味，一边感悟。这里让我暂时抛却生活中的一切烦恼和各种琐事杂念，可以简约精致地沉浸在自我陶醉的时空中，独享艺术带来的愉悦心情。有时我也想在繁忙纷乱的工作和生活节奏中找到一种平衡感，也许这样会少了些情趣，少了些娱乐，少了些社交，但独处能使我获得一份浸淫其中的幸福感，并且能使自己的内心变得更加强大。艺术源于生活，逐渐形成一种忘我的精神境界，这也是激发灵感的源泉。这里恰似一个能避风遮雨的港湾，我非常安静地生活、思考，有意无意地减少了一些社会交际活动。或许会少交新友冷落老友，或许会错过饭局和娱乐，也或许会失去某些人生机会。但我觉得倘若你自身不优秀，有再多的朋友也似浮云。人生中每一阶段的朋友都是生命中的过客，有的交往时间长一些，有的走着走着就散了，彼此在不知不觉中悄无声息地作别了，而只有极少数的朋友才会永驻心中。我完全把个人价值观的体现寄托在每一幅画作上，每当新的作品诞生，我就无比快乐，觉得所付出的精力和时间是非常值得的。不管如何，事物都存在有得有失的哲理，而我也得到了想要的生活方式，创作了想要的艺术作品，积累了更多的人生感悟，更为主要的是提升了个人的人文情怀和精神品格。因此我深居简出闭门造车，独享一种空灵的孤独感。很多时候，我都是在寂寞中行走，在孤独中思考。寂寞不等于空洞，我只是在默默地寻找一种与艺术语言相匹配的方式。都说搞艺术的人比较感性，其实越是深刻的艺术家越是比较理性。美国著名作家、哲学家亨利·戴维·梭罗说："长时间可以独自一人是有益身心的。与他人共处，即便是与良友，也终会疲惫和渐渐变得无趣。我享受孤独感，我实在找不到比孤独更好的朋友。"艺术创作的灵感需要在独立的思考中激发，在激情澎湃的感悟中宣泄所思所想。歌德说："人生寂寞是一种力量。经得起寂寞，就能获得自由；耐不住寂寞，可能会受人牵制。人可以在社会中学习，然而，灵感却只有在孤独的时候才会涌现出来。"因此只有独处时，才能找到自我；只有独处时，心灵才是自由的。独处能用心去感受生活，用心去了解生命的意义，使自我变得强大而有力；只有耐得住孤独，才能成就理想目标。没有严以律己的约束感就没有丰硕成果的展现，绘画需要画家用大量的时间来思考和制作完成，最后呈现在人们眼前的画作往往凝聚了画家许多的精血。审慎思考事物的本质，再从这些本质中审视自己的心灵，那么我们会解决一些问题。

2021年3月，由我编辑的法国让·雅克·来维柯著的《劳特累克的故事》中描述："图卢兹-劳特累克的孤独是他命运的一部分：贵族和残疾人，这两个身份都令他与人群格格不入。然而，只要他一感到自己可能被孤立，他就比其他人更加用力地放纵娱乐、引诱，更加慷慨、渴望参与、寻求交往。"20世纪著名的印象派画家图卢兹-劳特累克出身贵族，却身体残疾，这双重的身份让他始终与整个世界格格不入，孤独似乎成了他的宿命，于是他选择游走于形形色色的咖啡馆、酒馆、剧院及其他娱乐场所之间，冷眼旁观，用画笔记录"世纪末"的起起落落、沉沉浮浮，揭露巴黎浮华表象下的种种不幸。在家族没落之际，这个惊雷般的天才继承了被时代遗忘的姓氏，从全新的艺术维度赋予了这个姓氏至高的荣光。有人说我是高产画家，有时每天都可以出一幅作品。这也许是我通过几十年的经验积累喷涌而出的激情所致，目的是要体验一种对事物的感知和审美的喜悦感。我认为成功的艺术家要有天赋异禀的才智；贵在勤奋、坚持和行动力；然后是能博采众长，跨界跨域，提升素养；最后是天时地利人和，厚积薄发收获成果。我认为一个成功的艺术家肯定有不同凡响的人生经历，有与时代共进的人生故事。其实，绘画的本质是表达画家个人的心绪和精神内质。当我们看凡·高的《星月夜》时，其实看到的是一个艺术家特有的感知；当我有了丰富的人生经历和感悟，以及绘画技艺运用娴熟自如和思维方式成熟时，就会如饥似渴地利用一切宝贵的时间，来记录我即时产生的灵感和心情。一寸光阴一寸金，每当我看到一天的成果后就会产生一种莫名的愉悦感和成就感，并一如既往地继续走在梧桐树下去追寻下一个自我和那迷离闪烁的光晕，而我的心情也随之变得愉悦起来，对艺术人生的感悟也开始深刻许多，就连生活也开始丰富多彩起来。

六、狗缘

1. 养狗

最近我心中时常会跳出"遛狗"两个字，这源于我在遛狗过程中遇到许多趣事结缘不少"狗友"，从中得到了无尽的乐趣。以前我从没想过要养狗，只是看到小区里遛狗的邻居，来来去去很忙的样子。不时也碰到邻居丁旭光先生牵了条矮脚柯基犬，看上去其架势很是凶相。"不怕！没事。"狗看主人意，丁先生的一个眼神就降服了它。丁旭光先生是中国作家协会会员、上海著名作家，写得一手好文章。他看到我不断夸奖柯基，就顺势鼓励我也养一只狗，还讲了许多养狗经。丁先生一番话时时印在我心里，时间一长，竟成心念了。于是我盘算着养只什么样的狗，决定先斩后奏，给家人一个惊喜。2017年3月，我向河南新乡一家全国知名的养犬场订购了一条三个月大的纯种边境牧羊母犬，空运回上海，为此我还专门驱车到上海虹桥机场货运站把它接回家，女儿为她取名"菲比"。边牧犬是世界上最聪明的犬类之一，成年后可达到七八岁儿童的智力水平。虽然"菲比"只有三个月，但在犬场已接受了两个阶段的训练，加上其父"哈雷"、母"诺丽"皆为赛犬冠军，遗传基因强大，出生后被冠以"雷诺"名字，出生后就在其耳朵上打下了证明血统的刺青编号。因此我的一个眼神，一个动作它就明白是什么意思了，甚至于我们说的沪语，它都听得懂，性格温顺又老实。它从不舔人，因为我在它小时候就说我不喜欢被舔；它平时也不叫，偶尔兴奋会叫几下；它从来不啃咬家里的东西，不睡主人的床、沙发。偶尔做错事就会知错躲起来。所以说从小要做好规矩，狗的脾性随主人，主人性格好，其"狗品"也不会差。从此以后，每天早晚两次的遛狗任务是逃不掉了。它喜

　　　　　　　　| 融光·天和：情怀 |

欢奔跑、接飞盘。如此一两个小时的运动量也是蛮消耗体力的，权当是我的健身陪练员。早晚遛遛狗，一是锻炼身体，可以保持良好的精神面貌；二是放松心情提高生活情趣；再则是减缓各种压力。这就是所谓的宠物效应吧！天热锻炼的效果最好，满身热汗，燃烧脂肪。想到这里就越走越有劲，长此以往肚皮瘪了，也显年轻精神了，看来锻炼是最好的保健方法。子曰："知者乐水，仁者乐山；知者动，仁者静；知者乐，仁者寿。"平时我不太喜欢外出应酬吃喝，不是我不爱吃，管住嘴迈开腿是我的生活律条。朋友开心投缘就多交往，人际关系保持些许距离也未尝不可。每当疾走在喧嚣的环境中时我常常会思考一些问题，不知不觉中既平缓了情绪，又能保持清醒的头脑和良好的心态。

2．遛狗

"衡园"小区不大，七百多户人家，虽然我住了二十多年，但邻里之间彼此都还很陌生，有的最多也是陌生的熟人。自从 2017 年开始，我每天早晚出来遛狗，陆续认识了一些邻里朋友。其中较为亲近的是 1943 年出生、近八十岁的孙济安先生，他养了一只叫"奶油"的白色萨摩耶犬，十五岁半，相当于人类的百岁老人了。这只"奶油"名气很大，北到上海文化广场、东到田子坊、南到零陵路，方圆几里认识它的人很多。四五年间我和孙济安先生常结伴一起遛狗，一边遛，一路聊。有时路人看到只有"奶油"在，就问老孙今天好朋友怎么没在？"奶油"越来越老了，走得很慢，老孙说它是"数学家"，因为"奶油"在小区内兜了两圈后便会自觉地甩头回家，就像数好了步数一般不会出错。而我家"菲比"精力旺盛，活泼好动力气大，我的手劲就是长年牵狗练出来的。有时晚上遛狗，牵绳突然一紧，只见"菲比"做好奔跑的姿势拖着我使劲地往前拱，看看前面没什么人，然而被它拖到拐角处时就见到了前面慢悠悠扭着大屁股在走的"奶油"，狗鼻子实在是很灵。我放开绳子，"菲比"就会使劲摇着尾巴兴奋地朝前奔去，会合后它就"人来疯"了，跳来跳去咬着绳子玩，喉咙里发出咕噜噜的响声追着要和我玩拉绳游戏。

　　"奶油"老得熟透了，我和老孙只能慢慢地遛，一路聊聊天，谈谈家常。每天聊的话题不同，从生活、时事到人生志趣无话不谈。有时聊得开心了，老孙就会与"奶油"商量一下再多走一圈可好！别小看狗的智商，它就是说不来话而已，其实什么都很明白。老孙温文尔雅，脾气性格很好。我一直说老孙是喝咖啡的原生家庭出来的，修养气质不同于他人。老孙搬来"衡园"十年了，孙家原先住在永嘉路附近的永乐村，后来住在嘉善路236弄的老式里弄里。隔壁238弄的张木匠我认识的，我曾经叫张木匠帮我修过一个民国时期的木头缸架。"十"字形的"缸架"是放瓷缸用的木头架子，我与老孙聊起后才知道大家都认识的。如今路过弄堂口时还经常能看到张木匠摆了摊头，在锯木头推刨子。236弄的对面就是"甘邨"，嘉善路永嘉路口的苏州藏书羊肉面店是我经常光顾的地方，而转弯角永嘉路291弄的"慎成里"就在旁边。工作室就在永嘉路35号，几乎每天都要经过这里，所以对这里的环境非常熟悉。

3. 老孙

老孙是原上海无线电四厂的设计二科科长，二十多岁进厂，是设计收音、电唱机、电视机的工程师。20世纪七八十年代，该厂专门生产著名的"凯歌牌"电视机，那时电视机凭票供应，所以成了非常"吃香"的紧俏货。人们要办喜事或置办大件物品等都要排队托关系才能搞到一张电视机票，在遛狗时聊天中得知他年轻时的故事。他的父亲学名孙剑峰，又名孙锐，是民国时期第一批去法国学丝绸专业的留学生，对外一般称呼孙锐。孙锐先生回上海后就职于一家有民国政府背景的中国丝业公司，住在永嘉路附近的永乐村，家庭生活条件优渥富裕。昔日他也是上海跑马厅内万国体育会跑马俱乐部的会员，自己还养了三匹蒙古良驹，经常去香港参加赛马比赛。

当时的沪港两地赛马交流较多，每次去香港比赛，《大公报》就会报道上海骑师孙锐先生去港赛马的消息，因为当时上海骑师多为洋人，华人骑师则是凤毛麟角，而孙锐先生是经常获得头马荣誉的。至今老孙还珍藏着父亲孙锐于20世纪30年代参加"大香槟大赛"时获得的一只硕大的奖杯，奖杯高31厘米，口径加双耳宽二十多厘米，因年代久远呈古铜色，"包浆"非常浓厚。当时有名的骑师还有邬志远、王青连等。邬志远在1945年春的最后一届"大香槟大赛"上荣获冠军，王青连是亚军。随后老孙又用手比画着，感叹家里有一叠父亲赛马比赛时获奖的大幅黑白照片在那个特殊年代遗失了。作家程乃珊在她的文章《沪港跑马趣谈》中说：

> 自20世纪20年代起，沪港两地开始有不少华人加入骑师队列。他们喜欢亲力亲为策骑自己的马儿上阵，视其为一种运动而非赌博。这批绅士骑师的出现为沪港跑马史翻开新的一页。他们的出现，为西人一统天下的马场注入了中国元素，原先泾渭分明的华洋关系松动了，跑马也开始本地化。参与或者观看跑马渐成城中的时尚潮流，而紧张刺激的赛事，令中西观众都忘我投入。

昔日孙锐先生与跑马厅的骑师伊利克·马勒先生（马勒别墅的主人）、查理林（林秉森）等都是好朋友，是典型的上海"克勒"，也是女子学校中资本家千金小姐们心目中的白马王子。1927年英籍犹太人马勒先生委托当时著名的华盖建筑事务所，设计建造宛如童话世界里的城堡花园马勒别墅，属于北欧挪威式风格，置地于亚尔培路（今陕西南路30号），于1936年建成。马勒是20世纪20年代在上海经营跑马和跑狗业的外国冒险家，时任上海跑马厅大班，在赛马中连连获奖，亦参加跑狗。他的"功勋马"死后，在别墅前专门塑造了一匹青铜马以资纪念，至今还静静地矗立在花园一角。查理林出生于1928年一个富裕洋派的家庭，尤其钟爱西洋音乐。其父亲林振彬是美国留学生，回沪后做了金牌广告公司的老板，是可口可乐的中国广告代理，享有中国广告之父的美誉。1927年美国饮料"Coca-Cola"进入上海滩时，译名五花八门——"可口露"、"蝌蝌啃蜡"。1930年公司以350英镑征集中文译名，旅英学者蒋彝从《泰晤士报》得知消息后，译出了"可口可乐"。1930年，作为可口可乐引入中国市场的进口商屈臣氏公司，请上海广告画家设计"请饮可口可乐"月份牌广告画。画中阮玲玉身着华美旗袍坐在酒吧的一角，优雅地举起一杯可乐。当时阮玲玉凭借电影《神女》《新女性》蜚声影坛，明星广告画首获成功，"可口可乐"开始进入市民阶层，销量与日俱增。1933 年，上海"可口可乐"装瓶厂成为美国境外最大的可乐汽水厂，当时的上海人都喜欢喝这种新奇饮料。到 1948 年该厂产量超过 100 万箱，创下美国境外销售纪录。1949 年"可口可乐"撤出了中国市场。

金牌广告公司老板林振彬的儿子查理林算是名副其实的上海"小开"，他十二岁时就开始牵头马比赛了。我们爱听音乐的朋友都非常熟悉这个声音："Hello，各位东方台怀旧金曲的爱好者，侬好，我呢，是香港的查理林……"这个熟悉的开场白是 1992 年上海东方广播电台开播的一档《怀旧金曲》栏目的主持人查理林讲的，主持和编排这档节目的创始人之一查理林用老派上海话和纯正的英文主持，在周末午后向沪上乐迷介绍欧美怀旧金曲。查理林给我们带来了很多美好的音乐和欢乐，也是那个时代永恒的回忆。他的声音我早已熟悉，他的老派上海话真是好听，而英文中似乎还有一种浓浓的爵士味儿。我当时大学毕业，也经常收听这档节目，如《伦敦德里小调》(Londonderry Air)、帕蒂佩琪（Patti Page）的《Till We Meet Again》，美国乡村音乐巨匠肯尼·罗杰斯的《燃烧》《肯尼》《分享你的爱》《爱的选票》《为了爱》等。老孙说 20 世纪 80 年代电视连续剧《姿三四郎》就是查理林从日本引进中国香港，后来又被引进上海的。查理林会从香港带来黑胶片，与听众分享他推荐的怀旧金曲："今朝我为 Mr 孙（孙锐）带来一曲来自法国的经典音乐……"《怀旧金曲》播出了 1150 期，共一万七千余首曲目，这些曲目都是查理林先生从他收藏的胶木唱片中精心挑选、编辑而来的。查理林比孙锐先生小十多岁，虽差一辈，但因为都是骑师，所以来往很密切。1949 年后，上海的马会会员开始南下辗转到香港。1957 年，查理林离开上海移居香港，红牌骑师查理林临去香港定居前还专门到上海永乐村的孙家小聚。20 世纪 80 年代查理林从香港到上海还专门找到了孙家，彼此感慨万分。后来查理林每年都会给老孙家寄一份《香港赛马会》杂志。

2015 年 3 月 8 日，我在永嘉路的画室创作了水彩画《春江水暖鸭先知》：江南春光好，晨曦渔舟情。而此时新闻里传来八十七岁的查理林先生在香港逝世的消息，真令人扼腕叹息！

老孙说在"一·二八"淞沪抗战期间，第十九路军奋起抵抗，给日军以迎头痛击，鼓舞了全国人民的抗日斗志。一天上午他父亲孙锐和一些朋友组织了一个摩托车队去慰问前线的中国抗日将士，傍晚时他坐在朋友的车上回家了，家人见他胯下的那辆进口挎斗摩托车没有了，他激情地说摩托车捐给第十九路军去抗日了。

老孙也是从小喝"可口可乐"长大的，20 世纪 40 年代弄堂门口有个烟纸店，他每天放学路过就要买一瓶喝，身边没钱买时，就说我妈妈会来付账的。一直到 20 世纪 70 年代他太太张美珍老师随上海芭蕾舞团到加拿大访问演出后带了几罐可乐回家，老孙打开一喝："哟！就是我小时候喝的味道。"

20世纪50年代，有次老孙全家去康健公园玩，里面有供游人骑马的娱乐项目，那匹马儿很懒，走走停停。五十多岁的孙锐先生见状便跨了上去，只见他双腿一夹、手绳一收，马儿就疾速奔跑起来，围着公园兜了一圈，惹得马主一阵惊叹："唉哟，这个人会骑马！"谁承想这就是昔日跑马厅里的头号骑师呢？岁月蹉跎，一代民国上海骑师孙锐先生安然长逝，享年86岁。上海康健公园的这个骑马项目直至20世纪80年代末还保留着，那时我就读于上海师范大学美术系，经常会到隔壁的康健公园、桂林公园写生和游玩。老孙跟我说起永嘉路口1934年由华盖建筑事务所建造的立地公寓（今陕西公寓），楼上的王可达先生是他父亲在上海跑马厅的朋友，前几年他与楼下开"添福"餐厅的女老板张金流女士说起王可达先生，张金流女士说他做派非常大，走起路来"腔势"很浓，气派十足。这大概就是那个时代上海"小开"们所特有的"贵族"气质吧。"添福"餐厅是本帮菜特色，尤其是干煎鲳鱼味道很好，我去过几次，张金流女士是上海人，吃饭时我跟她说起老孙，她特别有兴致跟我聊遛狗的事，还问"奶油"怎样了。原来对面文化广场的空地就是他们遛狗的根据地。2022年1月28日，我画下了《上海陕西南路492号立地公寓》，就是"添福"餐厅的那幢楼，昔时这里住了一些民国名人，还有上海人民美术出版社的一些老画家，以及绍兴路上一些出版社的老编辑，是一个有故事的地方。

老孙年轻时与上海一些画家也有交往，他说与我的朋友陶为衍、陶为宏兄弟认识，年轻时上海知名画家郭润林带他去国画大师陶冷月先生家玩，看到陶冷月住在小阁楼里。老孙一边走一边还绘声绘色地学起了陶老爷子的苏州话腔调。我说蛮好你问他讨张字画，哈哈！后来看到他家里还挂了郭润林的大幅水彩画、程十发的国画等。老孙说去了美国的著名画家郭润林先生与他是好朋友，现在也八十多岁了。老孙还说结婚时程先生问要画什么内容，他夫人张美珍老师回答说随便，结果程十发先生画了两头水牛和一个妙龄少女的精品人物画送给她作为结婚礼物，画作落款：济安、美珍新婚志喜，一九七九年十一月，十发庆贺。张美珍老师说："说起程十发使我想起他女儿程欣荪，她是上海歌舞团的服装设计师，曾为舞剧《上下五千年》(《金舞银饰》)创作设计了名扬世界的中国服饰作品。他们去世界各国巡演，得到一致好评，不愧是大画家的女儿。"

有次我说起编辑图书《哈定文献》的感想，讲起水彩画大家哈定先生的故事。不久老孙给我看手机上哈定先生的照片，他说："这是郭润林从美国发来的，我保存下来给你看，还有一段郭润林的原文：'我和哈定有很长时间的因缘关系，从进哈定画室学习到后来他住在宛平路街面客厅，我们去他家很方便，经常经过时就去天南海北地聊天，看他在方寸之地画画。后来我们都去了美国，也住得很近，来往密切，与他的女儿们也很熟悉。这张照片是我带他去拉古纳海滩拍的，他一直喜欢我的画，总是在赞扬、鼓励我。'"世界很小，有缘就能有所交集。后来我在微信视频号上发的油画作品经常被一位来自美国洛杉矶的苏苗女士所关注、点评，原来她是画家郭润林的夫人，也是老孙几十年的挚友。

遛狗时能听听这些奇闻趣事自然是很高兴的，而这些陈年往事从老孙嘴里娓娓道来的还真挺有味儿。老孙的夫人张美珍老师曾经是上海最早的芭蕾舞演员，跳过"白毛女"，曾多次出国访问演出。后来她做了专业时装模特的形体老师，许多有名的时装模特都是她培养调教出来的学生。如获"1995年第一届中国模特之星大赛冠军"和获"1996年第二届亚洲超级模特大赛冠军"的刘英慧。1981年出生的名模佟晨洁，原是上海东辉职校的学生，经介绍拜张美珍为师，2001年佟晨洁获"上海国际时装模特大赛"季军，2003年进入"世界超模大赛十五佳"。还有1985年3月出生的时装名模胥力文2001年从山东烟台来到上海，报考上海第一丝绸印染公司的模特，并拜师张美珍门下。每逢入夜，胥力文在永嘉路张老师家附近的一个狭长的弄堂里来回反复走着"猫步"，一走就是两三个小时。半年后她走上时装表演"T"台一战成名，后来成为了著名画家陈逸飞所属模特公司的名模。张老师原是跳芭蕾的，所以学生的台步也就多了一些舞蹈的韵味。现今张老师还在培训机构里指导一些年轻有潜力的新秀苗子。七十多岁的张老师温文尔雅，说起上海话来"糯哒哒"慢悠悠的很好听。我与老孙遛狗时，有时也会迎面碰到她散步，一见面就夸我："小金气质很好，形体挺拔有线条，保养得不错。"她说平时走路要用意念使自己挺拔些，长此以往养成习惯，可以提高气质和形体美。我也趁机向她讨教，她让我走几步看看，一会儿就指出我走路时的一个习惯动作，耐心地教了我几遍后说："OK！就这样，人更挺了。"我说我拍照时右嘴角会有点歪斜，她让我脖子伸一下，背往后再靠一靠，真是名不虚传的"老法师"呵！现在她每天下楼在小区健身区做拉伸动作、站桩练功，后来我也与她交流我年轻时学气功的经验及内功心法。直到现在我快走锻炼时还会不自觉地做"提肛"、吐纳呼吸等调节气息的配合动作，因此我对冥想和走路健身的好处还是深有体会的。

2023 年，张老师收了我女儿做关门弟子，悉心传授她模特表演的技巧和表演方法，教学过程循序渐进，每次都操练走"猫步"和形体训练。9 月初我女儿临出国留学前的一个晚上，张老师特地给我们安排了一场女儿

"出师"的表演秀。她说："这是我教过最出色的学生，学得快，表演和理解力强，这跟她长期跳'街舞'的基本功有关系。"

4．邻里情

遛狗还有一个好处就是能听到小区内居民的各种声音，无非是一些居民业主、小区物业和业主委员会之间的矛盾等问题。如何有效治理小区，搞好精神文明建设？2021年10月我被推选为上海市长宁区第十五届政协委员，并任职长宁区政协文化文史和学习委员会副主任。作为一名中共党员的政协委员理应深入群众协商于民，履职尽责建言献策，从社情民意的课题角度来进行深入考察和调研，这应该也是目前城市小区建设中普遍存在的问题之一。我家小区建造于2001年，昔日也是位于上海市中心比较精致的商品房，但至今二十多年了，房屋状况日趋衰败，如安保系统的实施安装，电梯使用年限到期，屋顶墙面漏水、渗水，地面不平等维修迫在眉睫，且需要大量维修资金。小区物业和业主委员会管理水平令人担忧。几年来，在小区里遛狗结识了许多"狗友"，熟悉的大家一起走走聊聊，有的并不是很熟悉，彼此碰到见面时都以狗名相称，如"大雄"、"卢卡"、"阿宝"等。有时"狗友"们一起遛，就像小区治安巡逻队一般，非常热闹，成为小区里的一道风景线了。其中有位六十多岁的顾金仙女士后来也加入我们的遛狗队伍，她对小区的情况了如指掌，为人热心。她与物业、安装公司协调，不到几个月就更新了我家楼道电梯和大门。顾女士一直说自己是退休工人，但穿着较为体面，时间长了知道她拥有好几套市中心的高档公寓。令我感动的是我们公益组织有个援助海外的慈善捐款活动，她知道后当场拿出一万元要捐款献爱心，因为活动不接受社会捐赠，最终把捐款退还给她，但这样的爱心举动真不是一般人能做得出来的。后来知道她几年前就匿名捐了四五万元的学习用品等给四川贫困山区的小学生，她说奉献爱心不留名，这是她的脾气。从她可以看到一个上海普通社区居民所表现出的舍得和善心是真诚可敬的，也体现出上海人民较为真实的获得感和幸福感。

壬寅年三月，上海的一场新冠疫情打破了人们的日常生活和工作，整个空气都仿佛凝固了一般。根据防疫要求人们在社区足不出户，包括狗在内。这个举措使我们很是为难，一天两三次撒尿拉屎都是必须的，狗聪明，通人性，它们从小养成不在家里乱撒尿拉屎的习惯。但不是所有狗都会在家里拉，上海有的地区采取了灵活的政策，就是让志愿者代遛，这体现了一种较为温馨的人文关怀，值得赞扬。4月4日，我在家做了一个与"菲比"玩飞盘的视频发到微信上，其中雕塑家唐音女士留言：

"还是狗贴心。"孙济安先生回复:"人狗一条心。"颇为温暖。我们志愿者与居委书记商量是否能为小区的狗服务。在困难期间,我们一起做社区抗"疫"志愿者,同舟共济,同心抗"疫"。

2022 年 6 月 24 日凌晨 4 点"奶油"走了,老孙很伤心,邻居知道后都非常遗憾和难过,一个平时一起遛狗的小男孩陈绎行哭得很伤心。此后老孙有时也会下楼与我一块儿在小区里遛狗散步,大家看到"菲比"时就会想起"奶油",都会问候几句,这大概就是宠物效应吧!

七、鸟缘

1. 救鸟

朋友们都知道我养了鸟,而且是一大群鸟,有 16 只不同品种的鹦鹉,如玄凤、牡丹、虎皮等,其中以玄凤鹦鹉居多。这些鸟儿每天陪我画画、互动对话,相处久了对它们就有了深厚的感情。近十年来我习惯走路上班,全程约四公里,一般约三刻钟走到延安西路 593 号出版社。2020 年 4 月 27 日早晨,我路经永嘉路、太原路口时,忽见永嘉路的马路中央仰面躺着一只瘫软张大嘴的白头鹎，俗名"白头翁"。不知它为何会躺在路上，估计是鸟儿饿昏了或发生了什么意外飞不动掉下来了。我带着疑问朝前走，随后又回头看看，第一反应就是不要让汽车压到它，就顺手捡起来欲放到路边。发现小鸟还没死，便用手捂着施以温暖，一刻钟后鸟儿苏醒了，渐渐感觉手心里的小鸟在蹬腿。我很高兴，怕它一会儿又不行了，就带到办公室里。找了个小纸盒，把它放在里面静养。傍晚我把小鸟带回家，先把阳台上的不锈钢鸟笼清洗干净，然后把它放进去喂养。周末我还专门到西藏南路的万商花鸟市场去买鸟食。白头翁很能吃，也爱欢叫，声音还很好听。凌晨天蒙蒙亮时就开始叽叽喳喳地唱起歌来，就像个活闹钟似的把家人都吵醒了。有一天清晨，我听到阳台上有不同声调的叽喳声，就掀开窗帘窥视，原来鸟笼上站立着一只从窗外飞来的白头翁，正对笼内欢叫呢！我暗喜，想要抓住它，"噗"的一声它就逃出窗外了，看来它事先侦察过退路，只好作罢。喂养了两三个月后的白头翁毛发锃亮，身子肉乎乎的挺壮实。一天早晨，我换好鸟食，加好净水后上班去了。傍晚我回家后好一阵子没听到鸟鸣声，便到阳台里去看看："哎！鸟笼里空空的，鸟呢？"我自言自语地说道，又凑近笼子瞧了瞧，发现笼门大开着，原来我早上换好鸟食后没关鸟笼。哈哈！天要下雨，"鸟"要嫁人，随它去吧。自然本来就是它的归属，我能救活它也是一种功德和缘分，祝愿它远走高飞，寻求自由快乐。

2．养鸟

2020年6月21日，我的邻居好友胡捷知道我救鸟、养鸟的事，就跟我说她家有六只鹦鹉没法养了，想要送我喂养，其中有两只白色的黄化玄凤鹦鹉挺好看。我一听倒也心动了，我是喜欢鸟的，但是没什么经验，最重要的是怕放在家里太喧闹。我经不住诱惑就试着向她要两只"绿牡丹"玩玩。不一会儿她就带来了一只干净锃亮的不锈钢鸟笼和两只可爱的绿色小鹦鹉。胡捷是位画家，在上海一家知名美术院校任教，并与我两位大学同学是同事。她画得一手好画，中西绘画兼擅，人也长得漂亮精致，生活安逸而独立，是上海典型的知识女性，一种典雅温婉之美令人欣赏。又过了两天，我向她汇报了小鸟的近况，胡捷说那要不你就把其他几只都收了吧。就这样我答应全部收下了，养在家里肯定不行，因为鸟儿们整天叽叽喳喳的太吵了，我考虑后决定放在永嘉路的工作室饲养。翌日上午，她和妹妹一起用小推车把大鸟笼从陕西南路运到永嘉路的工作室，还送了许多鸟食和鸟具等物品，从此我就开始过上了"鸟爸"的幸福生活。悦耳的欢鸣声给工作室增添了些许情趣，渐渐地养鸟成了我生活中的一部分。想到有鸟儿陪伴的幸福生活，感恩之心油然而生。第二天胡捷的妹妹唐音送我一尊她创作的德化窑瓷器雕塑（"元源"系列之一）和个人雕塑画集。唐音是一位杰出的中国当代青年雕塑家，长期活跃于中国雕塑界，以及美国、法国、意大利等艺术舞台。曾参加威尼斯建筑双年展、意大利都灵艺术博物馆国际艺术联盟展、巴黎卢浮宫国际艺术展、迈阿密艺术博览会等。她的作品多以"人与自然"为创作元素，体现了她对人的本性与对世界万物的深刻认识和理解。我也特别欣赏她的艺术作品和对艺术的执着理念。

6月26日，我突然发现绿牡丹的鸟窝里有两个白色的鸟蛋，当我把这个好消息告诉她们时，她们高兴地说鸟儿对环境很适应，说明它们很喜欢这个地方。我想同样是养就干脆多养几只吧。于是我从网上又买了一个大鸟笼和几只玄凤鹦鹉。而这一养就成了如今这个规模了。最幸福的是牡丹鹦鹉孵出了几只雏鸟，我看着它们一天天慢慢地长大，看着公鸟喂母鸟时的恩爱，看着母鸟喂养嗷嗷待哺的小雏鸟时的母爱。忍不住时，我把雏鸟捧在手心，轻轻地呵护一下，那一刻我的心被融化了。生命诚可贵，生灵皆有情。过去我钟情于在画室中独处的乐趣，而现在我却习惯了从早到晚鸟儿的叽叽喳喳，鸟儿在吵吵闹闹中相互爱慕，欢快地生活着。一开始每当我听到鸟儿的"花叫"声时会心烦意乱，实在忍不住时我也会大声呵斥一下"别吵了!"它们就像听得懂我话一样,果然就集体默不作声了。不过一会儿又开始叫起来,我就拉下放在桌上的一个酒吧里招呼客人用的古董铃铛,"当……!"室内响起了一阵清脆的金属颤音声。这时,鸟儿立刻闭嘴安静下来了,也许鸟儿知道主人生气了,都瞪大眼安静地注视着我。这一招屡试不爽,因此我也觉得这个方法挺有趣,也为自己的创意而陶醉一番,谁不喜欢这么听话的一群鸟儿呢?说来奇怪,时间长了,我渐渐听不到它们的叫声了,不是我的耳朵出了问题,主要是我太专注于自己的事,习惯成自然,日久了也就不在意它们的欢叫声了。有时候突然有几分钟的安静,我倒是特别在意,哎!怎么不叫了?看看它们,原来一只只都耷拉着脑袋闭眼打瞌睡呢。鸟儿的欢乐声使我原本非常幽静的画室有了勃勃生机,我不在的时候它们就是我尽心尽职的保安。有一天,隔壁一家公司的美女在走廊里见到我,主动打招呼说:"你这里是卖鸟的啊!"我解释说只是养了几只鹦鹉,后来邀她入室欣赏一番。所有见到鹦鹉的朋友都很喜欢,可爱的鸟儿带来无穷的欢乐。当然喜欢是一方面,华丽光彩的背后离不开我的辛勤照料,每天我要花上半小时左右来打扫鸟笼卫生,添食换水,我这个"鸟爸"做得倒是很认真负责的。刚开始养的时候,我发现一只绿色的虎皮鹦鹉嘴长歪了,再看脚指甲也是,原来是得了癣病。我每天用凡士林给它涂擦，并悉心地修剪嘴角和脚指甲，半个月后虎皮鹦鹉就康复了。

鹦鹉在中国古代诗词中指代为"幽禽"，如唐代贾岛的《光州王建使君水亭作》诗云："极浦清相似，幽禽到不虚。"鹦鹉因有华丽多彩的羽毛和能模仿人类语言的技能，深受人们的欣赏和喜爱。鹦鹉学舌的成语出自宋代释道原《景德传灯录》卷二十八："如鹦鹉只学人言，不得人意。"所以鹦鹉的智商是很高的。时间长了，鹦鹉也随主人的脾气，都会暗地里察言观色。我不开心了，它们都不敢叫了。我高兴了，它们就开始花叫吹起口哨来。鹦鹉相互之间会配对，一夫一妻制，鹦鹉催情的声音怪怪的。哎，万物生灵都一样，于是我就在笼子里放个挖好洞的大纸盒，过些时日一看："哇！都是鸟蛋！"有一次数数竟有二三十个呢。有时我会抓出这只下蛋的珍珠玄凤放在手上、肩上进行交流互动，感情非常融洽。此后我的油画创作自然地增添了一些鸟的元素，2020 年 7 月的下午，我有感而发地画下了油画《时差：鸟缘》，并编入了新书《时差——金国明随艺录》中。

3. 困鸟

2022 年 4 月初是上海疫情较为困难的日子，我的鸟在永嘉路的工作室，而我被隔离在家里。我在 4 月 1 日之前就做好了充分的预案和准备工作，在每个笼子里放了可以吃上十多天的小米和水。我的手机也联网监控设备，可以即时关注鸟儿们的动态情况。预先就考虑到如果实在出不去家门时，就求助可以行动的朋友帮忙上门添加鸟食，以确保16只鹦鹉的生命安全和健康。原定4月5日的解封日过去了，不得已，第二天上午我只好请茂名大厦物业的谷先海先生上门喂下鸟。12日太太趁外出配药之际，去工作室喂了一次。18日、24日和5月2日，我作为志愿者穿了全套白色防护服去瑞金医院配药，顺便拐到永嘉路工作室打扫卫生，添加鸟粮、水等。待在家的日子太漫长了，我的鸟儿们非常坚强，看到我进来，它们马上欢叫起来，那种特别的久违的亲切感，只有我能听懂它们的心思。鹦鹉很聪明，会观察主人的行为举动。宋代王安石诗云："真须强学人间语，举世无人解鸟言。"我一看鸟食差不多吃完了，心想若晚来两天它们就悬了。由于室内和鸟笼长时间未打扫就很脏，有的地方还长了小虫子，整整两个小时的打扫卫生和换食物累得我汗流浃背。不过我心里乐滋滋的，因为这一次添食又能保障它们十天左右的生活。其间我还买到了鸟粮，也许不了解情况的人会不以为然，可是这种平常小事在特殊时期是何其困难！外面的店都关了、快递也少，即使有货人家也不肯卖。一般鹦鹉吃的是带壳的小米、粟米、瓜子、碎玉米、油瓜子等杂粮，而这些杂粮在疫情

| 融光·天和：情怀 |

期间非常难找到。超市里的小米等都是经过加工脱壳处理过的，失去一些营养成分，不利于鸟的营养均衡。我早在3月就买了四五袋小米做准备，不料一个多月后基本上都消耗殆尽了。如果坚持到5月就得备好粮。还好得到邻居鲁艳敏女士的帮助，她与以前开鸟笼店的邻居商量是否能救救急，出让点带壳的小米混合粮，如此我才顺利地买到了鸟粮。

5月6日《新民晚报》"夜光杯"刊登了我的文章《授人玫瑰，手有余香》：

> 在疫情期间我非常牵挂我养的鸟儿。它们被单独隔离在永嘉路的工作室里，已经七八天了。尽管我临走时在每个鸟笼里放了十几天的粮食和水，但"封控"的时长超过了我的预期。我打电话给茂名大厦物业，请保安、黄浦区志愿者谷先海先生上门为鸟儿打扫卫生并添加食物。他二话不说转身就去。受困时得到志愿者无私的帮助，温暖而有情。5月，上海依然全城"静默"不能外出。11日、19日，我只好再次请谷先海先生上门喂鸟。真的非常感谢他。

我的鸟儿也牵动了许多朋友的心，《新民晚报》的主任编辑郭影老师也时常关心鸟儿怎么样了。

5 月 24 日下午四点，天上下着绵绵细雨，地上湿漉漉的。好友胡捷发信息图片给我说在地下车库二层发现一只大鸟，我一看这不是小区池塘边的夜鹭嘛！夜鹭是国家二级保护动物，是中型涉禽，体长 46 厘米至 60 厘米。体较粗胖，颈较短；黑嘴尖细，微向下曲；胫裸出部分较少，淡黄色脚和趾秀长；头顶至背黑绿色而具金属光泽；上体余部灰色；下体白色；枕部披有二三枚长带状白色饰羽，下垂至背上，极为醒目。夜鹭是候鸟，主要取食蛙类、小鱼、虾、水生昆虫等，偶尔吃一些植物性食物。宋代张玉娘《夜鹭》诗云："白鹭宿秋陂，夜寒如堕雪。久立不飞去，月明霜气冽。"这只夜鹭在小区池塘边生活好些年了，去年 4 月的傍晚我还拍到它在池塘的石头上立着。后来我观察发现它会在夜深人静时仁立在池塘中央的卵石上，抓池塘中的锦鲤鱼吃。昨天邻居还看到它在池塘里捉小鱼吃。被拍摄后传到"微信群"里，有人还以为是只小企鹅。我赶紧下去找胡捷，她说是爱犬"大雄"发现的，便一路跟着大鸟。我顺着"大雄"寻找的方向去找鸟，果然在不远处看到了呆立着的夜鹭，只见它耷拉着头一脸无助。或许外面下着雨，它躲雨迷路到了地下二层，它哪里知道车库里有许多饥饿的流浪猫，随时就能要了它的小命，况且这里没有食物也会饿死。我明显能感觉到它的饥寒交迫，我试着走上去准备用手捉，它已经飞不动了，在车子底下转来转去，跟我玩起了捉迷藏。夜鹭的脚很长，走起路来很快。终于在车库垃圾房的角落里找到了它，我蹑手蹑脚地走上前用右手抓起它的身体，动物的本能驱使它扭动着长长的脖子用细长的尖嘴叼住了我的左手，就像平日里它叼着鱼时使出的那股狠劲。我左手一紧，只见它瞪大了血红色的眼睛，似乎告诉我"不可侵犯"。我左手被咬住，不敢硬抽拉，对它说我这是在救你呐！它好像有灵性，嘴尖稍微松了一些。我大致检查了下夜鹭，身躯有三四十厘米长，细嘴足有四五厘米长，握在手上暖乎乎的有点分量感，全身并无大碍。还好我是用右手抓住了它的背部，我向不远处的胡捷喊道："鸟抓住了！"她牵着"大雄"赶过来，在垃圾房里找了个垃圾袋。我把鸟小心翼翼地放进去，这时它就慢慢松口了。还好左手没被咬破，只留下一道很深的凹印，不过我也切实感受了它的咬合力。我跟胡捷说把它放归到池塘边，它似乎知道这是它的地盘，在池塘边的石头上走了几步后回头看着我，然后扭头钻进了灌木丛中……我感叹着，这鸟儿真有灵性，还回头谢恩呐。人与自然的关系是个永恒的话题，和谐共处，天人合一。从中西方文化交流过程中可以发现人类都有的共性——和谐和对称，这是人与自然共生的核心理念。鸟儿仿佛是人类的天使，它飞翔的空间也是人们向往的自由世界；它自由地翱翔于蓝天白云中，给我们带来无限的想象空间。如今地球上发生的众多自然灾害就是生态环境的不平衡、不和谐造成的恶果。自然界的生物链一旦失去了平衡，势必导致整个自然的恶性循环。保护鸟类赖以生存的自然环境是保护鸟类最根本、最重要的措施。因此保护鸟类，保护生态环境不是喊口号，而是要深入人心，从根本上去维护和治理生态环境，制止和杜绝一切破坏环境的行为。

4. 忆鸟

说起养鸟故事，让我想起了一些童年趣事。1978年，我读小学一二年级时寄宿在外公家，读书时有几个非常要好的男同学，如朱晓峰、竺小冬、陶刚、陶峰等，平时进出玩耍都在一起。朱晓峰家就在我外公家对面的二楼，我经常去玩，他家的方形大鸟笼里有十几只蓝色、绿色、黄色和白色的芙蓉，叽叽喳喳叫得很欢。我很喜欢，每次去都提出是否能给我养两只，终于有一天他哥哥说可以，不过要用食物交换。我马上飞奔到外公家，悄悄地到前屋把吊在梁上的竹篮子放下来，拿了几个肉粽子后再把篮子放在原处。然后我问他哥哥讨鸟，他哥哥说回来要问他妈妈。后来又给了两次食物，未果。吃下去的东西也自然没法讨回来了，在物资匮乏的年代里美食永远是诱人的。没多久我就转到离家近的小学读书了，从此我们再未谋面。岁月荏苒，这是我难以忘怀的童年情结。缘分尽了自然会散去，而留在内心深处的记忆是永恒的。我的爱鸟之心大概是源于童年的情结吧！

朋友知道我有很多鸟，有的会问我讨要。有一次跟我学画的学生问我要，我说知道了。过些时日，我看到马路上有小贩在卖小兔子和小鹦鹉，我就买了一对蓝色虎皮鹦鹉送给学生。家人说你有那么多鸟就送几只吧！这个故事给家人落下笑柄了。没多久我问学生鸟儿咋样了，"死了一只。"我默默不语。过些日子又问，"全死了！"心想我还是有先见之明的。不过疫情后我还是送了一对白色的黄化玄凤鹦鹉给王安安女士，她以前在我画室时就跟我说好搬新家后要挑两只养。等她从美国回上海后，我买好大号的新鸟笼，择吉日把这一对历经了疫情时期的鸟儿送给了她。至于其他鸟儿因是朋友送我的，倍加珍惜。

何谓鸟缘？那是一种精神和心灵愉悦的传递，是一份被友情依托的信任，从而衍生出一种充分融入个人生活乐趣的快乐感。这才是我的人与自然和谐相处的诠释。

八、龟趣

乌龟是我喜欢的宠物之一，早些年也有几次养乌龟的经历，我养的都是体型较大的陆龟，但都以失败告终。主要是冬眠时干渴死了，其实在缸中放点水就好了，可我却以为乌龟冬眠了就放在阳台角落里让它去，等春天了就会醒来。以前我喜欢兜花鸟市场，几乎每周末都要去黄浦区西藏南路405号会稽路口的万商花鸟鱼虫交易市场逛逛。我从建国西路乘上17路公交车就到东台路了。这家位于市中心的已有二十多年历史的花鸟市场很有名，除了蝈蝈发出的声音外，更多的是商贩的叫卖声。品种齐全、价格适中。比邻老西门二手货交易市场，市场里花卉品种繁多，还有不少宠物，如乌龟、兔子、龙猫、鸟、小狗、蟋蟀、昆虫、鱼等。秋季主要是蝈蝈交易，几乎店铺里都有卖蝈蝈和蟋蟀的。便宜点儿的二元至五元一只，贵的近百元都有，市场里经常有看斗蟋蟀的中老年人，互相加油鼓劲乐此不疲。遗憾的是市场于2020年8月1日正式关闭，这个上海曾经最大的"鸣虫"交易市场随之烟消云散，从此上海市区再无大中型花鸟市场，现在我们也只能移步"岚灵花鸟市场""虹桥花鸟市场"寻找乐趣了。二十多年来万商花鸟市场留给我们许多美好的记忆。除万商外，曹家渡花鸟市场、五角场花鸟市场在前几年也分别关闭了。我在万商花鸟市场买过松鼠、侏儒兔、仓鼠、花卉盆栽等。2019年，有次无意中看到几只乌黑的草龟，非常喜欢，摊主告诉我这是墨龟，墨龟是雄性的中华草龟，300元一只，一番砍价后我就把两只十年龟龄的墨龟带回来。我又到永嘉路上一家旧货古玩店买了一只清末的宜兴紫砂钧瓷画缸，把这两只墨龟放在画缸里养。陶瓷老画缸和墨龟组合相当高级，相映成趣，这也成了我画室中的新宠儿。因为喂食后乌龟会排泄，特别是天热时水容易变脏臭，所以我每天会拎着一二十斤重的老画缸，疾步走到二三十米开外的卫生间去换水冲洗，如此乌龟才能得以健康而茁壮生长。长年累月，我的手臂力量徒增不少，权作是一种健身运动项目吧。冬天比较省力，放点水就不管它们了，其间换几次清水即可。有时我在画室里休息时自娱自乐，把它们放在地上进行爬行比赛。或观察它们的逃脱路线，或放在非常光滑的不锈钢盆里看它们逃生的本领。无声的交流也是靠长期的亲密接触所达到的一种信任感，每次我喂食，它们都会把脖子伸得很长，黑黝黝的眼珠子滴溜溜地转动，眨眨眼睛，仿佛在说："主人你好呀！"憨态可掬，可爱至极。

2021年5月5日，我去朱家角古镇参加女儿就读的国际学校举办的活动。午后，我到学校对面的古镇逛逛，路过一家小店，地上两个硕大的塑料盆里有几只不同品种的大乌龟，一个老头在八仙桌旁笃悠悠地喝着花雕酒。我是很喜欢乌龟的，就先看看再询价，老头不紧不慢地抿着老酒说这些大乌龟几十年了都是他鱼塘里养的，现在卖了也是赚个老酒钱。这可比在花鸟市场里买合算很多，最后我挑了两只淡咖啡色的长寿龟高高兴兴地回家了。我把大乌龟放在一只青花瓷画缸中饲养，除了冬眠期外，每天喂四五只生鲜河虾给它们吃，随后换清水，以保持良好的生长环境。养龟的乐趣是静静地观察它们的神情动态，与灵龟熟悉了也可以互动。凌晨，大乌龟有时会在瓷缸中发出"咕咕咕"的声音，原来乌龟也会说话，煞是有趣。如今我喂养乌龟有经验了，乌龟冬眠前停止喂食，放水静养，一个冬天换一两次水后基本上就不管它们了，比较省心。养龟也为我增添了丰富多彩的业余生活，这种静静的乐趣也是生活中的一种体验。

生活与艺术密不可分，两者互为联系。艺术是生活的一部分，艺术美化着生活，生活中充满着艺术，我们需要的是去发现感受生活中的艺术之美。国画大师潘天寿说："生活是生活，艺术是艺术，不能也不必要完全一样。"当然其中的含义也颇有哲学意味。我认为生活中走进大自然是艺术的，艺术中展现大自然是生动的。遛狗晒龟，养鸟种花，博古绘事夫复何求。

九、剃头

上海人讲的剃头就是理发。不过"剃头"一词起源于春秋战国时期，而清朝的剃头匠与中国传统的理发师已经有了很大差别。"理发"一词最早见于宋朝的书籍中，朱熹在注疏《诗·周颂·良耜》中"其比为栉"说："栉，理发器也。"有理发行业联句："进来蓬头垢面，出去容光焕发。"20世纪二三十年代，上海的理发店吸收和引进西方的理发技术和设备，引领时尚风潮。理发店的装潢设备时新，清朝延续的一把凳子一个剃头挑子走街串巷的上门服务，已几乎见不到了，代之以理发店，配置了铁盘座椅、搪瓷面盆、电扇等。也许有人说剃头有啥好讲的，好像与艺术没有联系。其实不然，理发是一门实用艺术。理发师也是有艺术细胞的，他们要具备一定的美发设计能力，要根据不同年龄性别和不同的头型、脸型特征，发质和个人气质等进行美发设计，以提升服务对象的整体形象和品位，从这方面讲剃头，也是造型艺术的创作过程。而我也找到了一家适合自己的剃头店，这是开在我单位附近镇宁路上的个体理发店，店里的老板和合伙人都是理发师。人到中年后，我一改年轻时留长发的习惯，发型照旧，半月修剪一下，基本保持新剃头的感觉，这样显得精神饱满。2020年疫情暴发，一些较大的美容美发连锁店闭门谢客。不能剪发，头发越来越长，好不容易熬到疫情稍许缓和，赶紧到单位附近的理发店剃头。店内没其他人，于是老板给我剃头。老板的手艺很好，剃得清爽，棱角分明。第二次再去时老板在给一位女士做头发，我就让空闲的中年理发师来剃，一试居然也是非常好，以后我就认准他给我剃头了，我也成为常客。一来二去，与他熟了，每次只要我说要开会了，他就会非常用心。这是一种默契，一个美发行业的职业操守。虽然现在单位已搬到七宝世纪出版园了，但我还是会到镇宁路上的这家店剃头，我觉得适合自己的就是最好的。每当我坐在高高的理发椅上，面对大镜子，我会情不自禁地想起童年剃头的往事。小时候我一般到剃头师傅的家里剃，5 分一次。周末晚餐后，我坐在父亲那辆黑色锃亮的 28 寸凤凰牌自行车上，到周家渡江边码头沿街的一个苏北剃头师傅家里理发，大人在一起有说有笑聊聊天，有时还请我父亲吹笛子。过去理发店的老板多为苏北人，俗话说扬州三把刀：剃头刀、泥水刀、修脚刀。虽是下等生意，但苏北人手艺极为高超，扬州的剃头师傅就是剃得好。有一次在苏北剃头师傅家碰到一个精神抖擞的老头，父亲告诉我他是住在白莲泾孃孃的亲戚。小时候我称呼父亲的孃孃为馄饨阿奶，因为每次去浦东杨思镇上她家时就会包馄饨给我吃。民国时期，馄饨阿奶开了两家冰厂，一年四季专门供应私人、商家冰块，类似现在的冰库，很有身价的。父亲说本来馄饨阿奶答应给 50 块银元的，不过临终前不及兑现。1976 年她去世时，家人发现她腰里还用绳子围了两圈金戒指、项链。“五七”晚上亲戚们聚在一起举行祭奠仪式，临走我还跟着大人一起朝漆黑的夜空中扔了几块搨饼（沪语），这大概是地方上的风俗习惯吧。而这个老头可不一般，是黄埔军校毕业的，家住在周家渡派出所附近。虽然那时我还小，但还是知道黄埔军校的。记得有一次去周家渡电影院看戏，只因我穿了双拖鞋没让进场。父亲就领着我穿街过巷走了好久才到了老头家，借了双不太合脚的大鞋才进去看的戏。其实我小时候不喜欢剃头，周家渡的那个苏北剃头师傅老是喜欢给我剃"马桶头"。不过每次剃完头后父亲就会带我到对面江边码头边的饮食店去买锅贴吃，这也是吸引我的地方，一两四只锅贴也就一毛钱，至今我记得那个味道，肉鲜味美。令我难忘的也是关于童年剃头所发生的一件事。有一天，我与邻居小伙伴们一起去剃头。他家养了一条大黄狗，看到我们就不停地叫，当我们靠近时，突然它跳起来咬着了小伙伴的手。小伙伴大哭起来，闻讯赶来的剃头师傅手里拿了个黄麻袋一下子把大黄狗套住了。师傅看看伤口安慰下小孩后就把狗背出去了。不一会儿他回来说狗被他丢进河里淹死了，我惊讶得眼睛都直了，心想太狠了吧！估计剃头师傅没法向家长交代，万一是狂犬病就麻烦了。在那个物资匮乏的年代，生活不易呵！前几年听比我大十多岁的大表哥讲，在那个特殊年代，一天深夜父亲带他到附近黄浦江的小支流边，把一布袋的黄金首饰丢进了小河中央。回来后大表哥又独自悄悄地回到丢弃地，下水摸金。不要小看了黄浦江边的支流，下面暗流湍急，哪里还摸得到呐！大表哥说有好几斤啊！

太可惜了。

童年的情结是美好的，又仿佛在昨天一般悄然发生。那种小时候的味道永远不会忘记——是父爱，是亲情，以及峥嵘岁月中短暂而美好的快乐时光。

2022 年 4 月因疫情突发没法剃头。5 月 1 日看到原《联合时报》的总编浦祖康先生在微信上说有热心邻居请人来剃头，每位 100 元，瞬间排了近百人，这当然不是笑话，而是非常时期的应急。我人生中最难忘的一次剃头，就是在 5 月 3 日。朋友请了附近的高级发型师文波先生在小区大门口为我们服务。在路边剃头，放在平时不可思议。确实一个多月没理发，走出去也快没腔调了。理发师说这是百年不遇的，可以拍照留念……

十、感恩、惜福、舍得

2017 年仲夏，上海市新闻出版局正局级巡视员祝君波先生托我教他的好朋友、77 岁的王安安女士画油画，我欣然应答。王女士出身名门望族，是见过大世面的大家闺秀。她父亲王兆槐（1906—1986），浙江省遂安县（今淳安县）浪川乡芳梧村（芳岭）人，是黄埔军校第四期步科毕业的少将高参，也是一代抗战名将，1943 年起任交通部京沪铁路管理局局长。哥哥王度先生是著名收藏家，四十余年间收藏了五万余件中华文物，并将其所藏的重要文物无偿捐赠给海峡两岸的高校与文博机构，2004 年北京大学设立了"王度奖学金"。后来我才知道她原来是严家淦（1905—1993）的儿媳，也是昔日府中的贤妻良母，里里外外操持着府中的一切日常事务，被公婆视如己出而深受喜爱。王安安女士雍容华贵、仪态大方，讲一口带点苏州味儿的老上海话。她说公公也是苏州人，出生于苏州木渎。我们经常聊聊家常，她常提起十八岁时由母亲安排拜了父亲的挚友岭南画派大师黄君璧先生为师以及勤学研习中国画的往事。后来她相继师从喻仲林先生、孙家勤先生、陈丹诚先生、江兆申先生和李志贤先生，研习中国山水画、花鸟画、仕女画和书法艺术。我对于她的经历与往事从不打听，只是静心地听她述说些家常事。

1996 年她定居上海，开始画画和打理一些室内设计的事务。她经常谈起二十多年来对朵云轩的情谊深厚；谈起 1997 年她在上海书画出版社、朵云轩祝君波社长和孙介琛先生的牵线搭桥下向李志贤先生学隶书写《千字文》的经历，以及在南京东路朵云轩办画展时的宏大场面；谈起二十多年来祝君波先生和原上海市委统战部副部长金闳珠女士与她的深厚友谊；谈起 1998 年出访"俄罗斯莫斯科国际新闻第四十七届年会"的事情；谈起名利得失就如浮云一般；谈起她五个儿女的精彩人生。她给我看全家福照片说："我很庆幸，有这么好的儿女是我的福气。他们也很争气，没花我一分钱读了大学，三个儿子和小女儿都通过自己努力拿了全奖进了美国常春藤大学就读本科、硕士、博士，如美国哈佛、康奈尔、加州伯克利、麻省理工等名校，大女儿也读了台湾大学。他们都很节俭懂事，学业上互相鼓励，不追求名牌奢侈品，平时穿的都是汗衫、牛仔裤，与普通家庭一样。现在他们都事业有成有了各自的追求，大儿子哈佛大学博士毕业后在哈佛医学院做律师，二儿子是美国凯悦酒店集团大中华区高级副总裁，小儿子斯坦福大学 MBA 毕业后进了谷歌工作。"说到此时，她深情地感慨道："是上海给了我第二次生命！让我东山再起，拥有一个幸福的晚年生活。然而现在别人怎会想到一位七八十岁的老太太还要画油画呢？当时我对祝君波说想要画油画，他就对朵云轩木版水印的林玉晴老师说去找金国明。因此，吾伲两个人真的蛮有缘分，可以喝茶、画画、聊天。"后来在她徐汇苑的寓所里祝君波先生对我说："金老师要把王小姐教好，也就是为统战工作立了大功。"她比我母亲小两岁，当然我自然地也就把她当作特别尊敬的长辈看待，交往时间长了就有点像"忘年交"，情义笃深。

2018 年 9 月下旬王安安女士回台湾办事，不久便告诉我说要做个心血管支架手术，并约好时间等回沪后继续画画。10月中旬术后不满一月她就赶到我永嘉路的工作室画画了。我诧异她为何不多休息一阵，她坚持说画画也是一种休养。这种对生活的热爱和如痴如醉忘我的乐观精神深深地感染了我，这就是我常说的对艺术要有一种"飞蛾扑火"的精神。她乐观而爽朗，每当她看到一幅幅油画完成时就会笑得像花儿一样的明媚灿烂。

她一直邀我去她在苏州东山自己造的别墅"安安庐"里坐坐，那可是一个怡神养性的世外桃源。2019年10月我与太太开车去了苏州东山，三层楼高的"安安庐"是苏州明清样式风格的建筑，面朝太湖，背靠山丘，竹林深深，风景宜人。那粉墙黛瓦、亭台楼榭、玲珑湖石、小桥流水，好一派精致幽静的江南园林风貌。而这些都是她小女儿整体设计建造的，其居室布置设计风格时尚又不失传统。我们跨进大门便看见上海博物馆副馆长顾祥虞、陈克伦夫妇与王安安女士一起在庭院中赏石观鱼。她说："每次我来苏州东山过周末，在这里抄念经文，傍太湖烟霞起落，那种境界是安然飘逸的。"东山是一个历史悠久、人文气息浓郁的地方，她选择居住东山，缘由之一是儿女们可以常回故乡，其二是有一个可以静心品茗、写经禅坐、养性修身的寓所。

她常说："我喜欢在上海和东山，这里有我许多朋友。我是要交朋友的人，心里总是会想着朋友，我对待朋友除了付出还是付出，付出便是福！"一次画完油画后她对我说要去医院看个好朋友，并特地精心备了四个菜肴送去关心下。我问她为何带菜肴？她说朋友生病了，一个人没人照顾，就去送点好吃的小菜吧。这一件小事体现出她的善良和对朋友的真挚情谊。

王安安女士有一颗金子般闪光的心，她画画的动力与激情来自对大自然的热爱和对生命的热情向往，因此她描绘的画面多为表现大自然中美妙变幻的万千气象，色彩丰富亮丽，笔触自然洒脱，肌理质感厚实，艺术表现力较强。她喜欢阳光，所表现的绘画题材大都是她生活和去过的地方，有太湖东山、上海老洋房、阳明山暮日、长白山白桦林、青海湖油菜花、西藏林芝桃花和波士顿郊外、瑞士风情等。在画波士顿郊外时，她说这是她在哈佛医学院工作的大儿子最喜欢的风景；画瑞士风情时，她说那是她小女儿生活过的地方；画阳明山时，她动情地自言自语："这里是我父母长眠的阳明山，我将来还是会来陪伴父母的。"而这些熟悉的场景又何尝不是她追寻阳光和追求生活的真实写照！

1998 年秋，王安安女士在香港举办个人画展，并将作品义卖后所获的义款捐给需要帮助的同胞。"能给是福，施比受来得愉快"是她的家训。这几年来她心中一直酝酿着一个暖心大爱的计划：定于 2021 年 8 月 7 日八十岁寿庆之日举办"吉光片羽——王安安慈善油画展"，并把四年来辛劳创作的 40 幅油画作品（100 厘米 ×

80厘米）和募集款项全部捐给上海市慈善基金会和台湾溪水旁关怀单亲家庭协会的失孤弱残儿童，为促进两岸文化艺术交流做一份贡献。手牵手、心连心，两岸一家亲。她说："我七十岁生日办得红红火火，那是一个感恩宴会，感恩诸多亲友的关爱与帮助。到八十时我要献出一份大爱！要用四年的精力和心血来完成我的心愿，这样就功德圆满了。"为了实现这个计划，她把画画放在首位，锲而不舍、坚持不懈地按计划逐步完成所有画作。坚持自己的信念是可贵的，何况是已届杖朝之年。不论刮风下雨、严寒酷暑，她都坚持作画。这一幅幅精美绝伦的油画作品便是她近年来所付出的全部情感和心血。她做事特别认真执着，很早便开始筹划出画集和办画展的前期准备工作。我也经常为她鼓劲，出谋划策，提些建议。正因为有此信念和动力，她的生活像调色板一样多姿多彩，始终保持着昂扬饱满的激情，显得健康而开朗。这符合她的人生信条：感恩、惜福、舍得！这也是众所周知的箴言，蕴涵着待人处世的人生哲学。感恩和惜福容易理解，而舍得不是人人可以做到。有舍才有得，道理显见，但是前提是先要得到，而且这一定是舍不得的来之不易的事物，如此才有资本和资格去讲"舍得"二字。《孟子·告子上》中云："鱼，我所欲也，熊掌，亦我所欲也；二者不可得兼，舍鱼而取熊掌者也。生，亦我所欲也，义，亦我所欲也；二者不可得兼，舍生而取义者也。"因此我理解王安安女士所讲的"舍得"二字，她跌宕起伏的人生经历有足够的资本去"舍"，最后她得到的是对生命的真切感悟，其大爱之心和梦想也定会遂心如愿。我非常珍惜与她共处的这一段难忘的美好时光，她的人格魅力和精神品格会时常照耀着我的心灵，从中也获得一些特别的人生感悟和启示。分分秒秒的时光稍纵即逝，点点滴滴的心绪轻轻划过。追逐梦幻时光的空间却越来越大，我相信今天、明天和未来，她将会永远快乐幸福、健康长寿。

十一、枇杷情

壬寅年孟夏，家门口那棵粗壮的枇杷树上已硕果累累，一串串淡黄色的枇杷招来了各种各样的鸟儿，白头翁、八哥、麻雀……这可是它们天然的美味佳肴。北宋诗人梅尧臣的《依韵和行之枇杷》云："五月枇杷黄似橘，谁思荔枝同此时。嘉名已著上林赋，却恨红梅未有诗。"见树生情，正好一箱东山枇杷团购到家，一颗颗嫩黄的枇杷整整齐齐地排列在盒子里，那果肉依然鲜甜美味沁人心脾，令人回味无穷。说起门口的那棵枇杷树还有一段故事哩。十八年前我买了几斤苏州东山枇杷，回家时随手把几颗枇杷核扔在草地里。几个月后发现有两棵枇杷树苗破土而出，当时也没在意。因为一般情况下园丁会对规划外的花草树木做一番修剪。也不知为何，枇杷树苗并没引起小区内花匠的注意，没被拔除。第二年两株连根生的双胞胎小树苗长高了，或许是新建的小区环境需要绿色，因此保留下来了。年复一年，枇杷树长得更高了，直到如今已长成碗口粗的参天大树，树高有二三层楼，树冠七八米。每到五六月时枇杷树上便结满了沉甸甸的金黄果子，惹人喜爱。忍不住摘几颗尝一下，嘿！还真甜美，是有东山枇杷的那股鲜甜味。以前也有邻居在夜里搭了梯子爬上去采枇杷，分享给大家尝尝味道。在邻居眼里，枇杷的确美味。不过小区内的枇杷其观赏的作用远远大于食用价值，另一方面这些枇杷还可以给周围的鸟儿提供食物，保持生态的平衡。这几年小区里的植物长得非常茂盛，晚上经常有肥得像小猫一样的黄鼠狼窜来窜去，还经常看见一只像企鹅一般胖乎乎的夜鹭在小溪里抓鱼吃。夜鹭属国家二级保护动物，体粗胖，长 46 厘米到 60 厘米。这在上海市中心的社区里非常罕见，说明小区里的生态环境确实很好。

五月孟夏，正是苏州东山采摘枇杷的季节。东晋陶渊明《读山海经·其一》："孟夏草木长，绕屋树扶疏。群鸟欣有托，吾亦爱吾庐。"每年此时，我家门口肇嘉浜路上的 104 路车站边有一个从苏州东山来的老头蹲在那里卖东山枇杷，一根扁担搁在地上，两大筐篮里放满了黄澄澄的东山枇杷。苏州东山白玉枇杷果实大，椭圆形或扁圆形。肉质细腻易溶，皮薄汁多，清甜味美，口感极好。路人不时问价购买，25 元一斤，买的人还很多。每次我也会买上五六斤。有次我问老人怎么过来的，他用浓重的苏州东山口音说一早花 40 元搭乘老乡从东山到上海的货车，顺道把他放在这里，晚上说好时间再来接他回东山。不过最近几年来的次数少了，他说主要是城管要捉的，被"冲"过的，吓死了！生活本不易，我听了也不好受，只能安慰他一下。

2018 年我们一家开车去东山住农家乐，采枇杷，吃太湖"三白"。江南鱼米之乡东山是个好地方，四面太湖环绕，风光秀丽。我有两位好友也是东山有名的大户人家。一位是东山"安安庐"主人王安安女士，她在东山太湖边造了一栋占地九百多平方米的江南园林别墅，粉墙黛瓦，亭台楼阁，气派非凡。八十岁的王安安女士是美籍华裔艺术家，也与苏州木渎严家花园有渊源，以前严家花园里展示的老照片中就有她，是名副其实的大家闺秀，气质雍容华贵，具有民国大家风范。她从 2017 年开始一直在我永嘉路的工作室进行绘画创作，彼此结下了深厚的忘年交情，我从中也受益匪浅，在她身上学到了许多宝贵的人生经验和为人处世之道。

2021 年 8 月 7 日，"吉光片羽——王安安画·心愿慈善油画展"在上海朵云轩开幕。王安安女士在开幕仪式上表示，本次油画展所得的 161 万元将全部捐出。其中，118 万元用于设立上海市慈善基金会"吉光片羽·王安安慈善"专项基金，还有 43 万元用以帮助台北溪水旁关怀单亲家庭协会。这种无私的大爱之心，值得我学习。她对我说人生要感恩、惜福、舍得，在我这个年纪就要懂得感恩和舍得，这样你会得到更多的乐趣。

另一位好友是东山"会老堂"主人邢伟英女士。明朝正德元年（1506 年），三朝宰相王鏊告老还乡，在苏州东山陆巷村建造会馆"会老堂"，用来会友聚贤。会老堂是一栋三进的古建筑，作为王家后人媳妇的邢伟英花了大量财力和精力对会老堂的古建筑进行历时十五年的修缮保护。如今的会老堂已不是宰相家的私宅了，而是一家古董精品酒店，向所有喜欢中国古建筑和中国传统文化的人敞开大门。五百年前，会老堂高朋满座。如今到过会老堂的客人也都成了邢伟英的朋友。我也是经王安安女士介绍认识邢伟英的，她也时常到我的工作室坐坐，有时兴趣来了也会拿起画笔涂上几笔。她学过中国画，所以画起水彩画来比较得心应手，看来女性对艺术非常有感觉。2020 年我受王安安老师之邀去了安安庐。午后穿过古色古香的民居，终于见到了邢伟英的会老堂，修旧如旧的明代古建筑经她花巨资修缮后焕发出原有的风采面貌，确实令人赞叹不已，这是她的人生最为精彩的杰作之一。记得 2021 年 5 月，她捎上一篮东山枇杷给我尝尝鲜，非常甜蜜可口，这一份浓浓的香甜，情谊绵长。

十二、仙人球

2022 年 5 月 20 日，傍晚我走到阳台上，看到养了四五年的仙人球花苞十分饱满，已经显露出些许粉红色。我驻足观察一会儿，突然一种强烈的预感涌上心头，今晚要开花了！于是我开始观察花苞的展开，分时段拍摄。果然到 7 点，花苞像小嘴一样慢慢地张大，只见花苞里有一圈齿状的淡黄色花蕊。这是一股蠢蠢欲动充满生机的生命热力，我感受到了它的心跳。它在运动，它在生长，它在歌唱。两小时后淡粉色的花苞已完全展开，露出淡黄色的花蕊，四周伸展出细长的叶瓣。我忍不住闻一下，一股清甜幽香扑鼻而来，令人陶醉。想起我家一棵十多年的大叶昙花也是在晚上绽放的，仙人球花一般是晚上七八点盛开，有的品种也会在子夜开放。花朵形似昙花，又似菊花，犹如情窦初开的少女一般楚楚动人。

记得小时候我在庭院里种了一棵小仙人球，一年大一圈，十多年后仙人球直径达十五六厘米了，不过我从未见它开过花，遗憾的是 1996 年家宅搬迁时把它留在院内了，还有后院两棵十多米高的水杉，一口民国时期的大酱缸等。时过境迁，美好的事物都已不复存在，那场景却依然如故，令人记忆犹新。

生活便是如此，只要我们用心去观察身边所发生的事物，就能体验到生活里各种各样的乐趣。我们可以把正在发生的和曾经经历过的一切用某种合适的方式呈现出来，比如文学、绘画、音乐、舞蹈、影视、戏剧等。水、火、森林、山脉、星空和人类、动植物等都是大自然的产物，是生命共同体，都会呼吸、吸收、排泄，并有各自不同的生长周期，这是自然规律。仙人球外表带刺，但从内而外开出了令人惊叹的美丽花朵。这似乎与人的性格非常相像。谚语说：人不可貌相，海水不可斗量。有的人外表刚强，但内心柔和；有的人长相虽丑，但心地善良。仙人球外表带刺，却有着极其顽强的生命力，在孕育了很长时间和集聚了所有的能量后，吐艳出的美丽花朵令人惊叹，这也许是大自然中事物生存的共性特点吧。

仙人球开花的过程，引发了我对自然的崇敬之情，加深了我对生命的理解与思考，给了我很多的人生启示。时代的一粒灰尘，落在个人头上就是一座山，谁也经受不起，也不可能翻得了身。人生总会有一些坎坷不平的经历，在波澜壮阔的历史长河中沉浮。有时生活静宜，就像一杯清水，波澜不惊，又平淡无奇；有时又似一壶茶，人间百味甘甜尽在其中；有时生活就似一瓶可乐，幸福甜蜜而快乐；有时生活变得十分困顿，危机四伏，让人焦虑不安，抑郁成疾。然而在危机和困难面前，我们每个人都不能独善其身，面对突如其来的困难，生存的欲望来得如此真切和强烈，每个人都在用自己的方式抵御磨难。我始终坚信危机和困难一定会过去，当身陷囹圄时，要审时度势克服困难，尽量减小危机所带来的直接或间接伤害。每个人都有自己的视角和思想，我看待问题的视角和处事态度尽量是积极向上的。我始终认为乐观是正能量，对思考生活和生命的价值有着正向的反馈作用。

如此，我们要有热爱生活的信念和精神，勇敢地去面对现实，克服困难，迎接挑战！我们要有尊严地活着，如此生命才有价值和意义。生命只有一次，我们必须热爱生活。

十三、浦江情

2022年5月26日下午，我牵了狗直奔徐汇滨江，终于可以出门散散心了。20分钟后来到了徐汇滨江，极目远眺一览无遗，远处横跨浦江两岸的卢浦大桥依然雄伟壮观。黄浦江景色如同一幅瑰丽绝美的画卷，令人心旷神怡。江风拂面，一扫我心中的郁气。好巧，不远处走来了原新闻出版局的老领导夫妇，一见面就夸赞我在5月2日拍摄的《绍兴路出版一条街》短视频。确实，这条微信短视频在上海出版界疯传了一把，被转发了一千五百余次，阅读量达数万次，我在微信上也看到了原新闻出版局杨益萍副局长的点赞。

宽阔的黄浦江上不时有大货船缓缓驶过，江面上传来一阵嗒嗒的声音——轮船机器的发动声。那是久违了的黄浦江的声音，是城市的呼吸声，是上海的烟火气。平常的声音，平凡的画面，平静的生活，平安的岁月。失去过，更珍惜。浦江两岸是我出生的地方，多么熟悉的画面，多么有意味的沉思。低头凝视着波光粼粼的黄浦江，忽见一只夜鹭从江面上飞掠而过，一派风光旖旎的黄浦江美景。生活还是这般生机盎然，此时我内心激起了一股澎湃汹涌的热力，多么渴望自由自在惬意的生活啊！西班牙小说家塞万提斯说："自由是上帝赐给人类最大的幸福之一。"期盼明天会更美好！

人生在世，有三不能笑：不笑天灾，不笑人祸，不笑疾病。岁月蹉跎，人生几何。或许只有到了成熟的年纪，才会有所感悟。面对当下的困境，我们重要的是要集聚社会正能量，集中力量来克服各种困难，解决民生问题。在大浪淘沙中紧跟历史前进的步伐，把握属于我们的每一次机遇。回首往昔，今天我们要面对现实扪心自问："我们到底失去了什么？"我们要静下心来审慎地去思考这个问题，而未来更需要我们反思今天所发生的一切。美国理查德加·罗纳、特尔玛·阿特休勒在《艺术：让人成为人》中描述："在一个不断变化的世界里，在一个信息不断从电视、电影、因特网，还有手机、呼机向我们扑来的世界里，如果我们要想扎扎实实地把持住自己，那么我们就养成习惯，要常常把自己从这一切中抽离出来，并且还要带着有所保留的精神去审慎自己的内心和外部世界正在发生着的一切。"

那几天我在永嘉路工作室中一口气画了五幅一米见方的"上海系列"油画，在飞扬的笔触和斑斓的色彩中放飞心情。随后我竭尽全力努力耕耘，一直画到 10 月底才完美收官，完成了画集《梧桐树下——画说上海》两百余幅画作，当一幅幅油画摆放在工作室里进行拍摄时，呈现在眼前的竟是一幅绚丽夺目的海上风情长卷。

2023 年 1 月，新年伊始，我接受浦发银行之邀，遴选了 24 幅"上海风情"系列油画，在浦东新区陆家嘴金融区的上海分行私人银行贵宾室里进行为期四个月的油画展览，并开展一系列的艺术沙龙活动。同时，画集《梧桐树下——画说上海》也将由上海人民出版社付梓出版。

生活要懂得低头，人生要学会放下和取舍，这是一种对生活的态度和人生所需求的精神境界。生活往往会带来很多不确定的自然和人为因素，当你自认为很幸福的时候，也许悲凄厄运随之降临；当我们处于一种极端的困境而无助时，或许就会否极泰来！只有跌到了底部，才会迎来一个超级反弹，并定会达到一个制高点，感受到幸福一刻。这是自然规律，要明白这个道理。

十四、慎成里

2023 年 11 月，上海市文史馆馆员、著名作家孙琴安先生打电话给我说上海市徐汇区文旅局组织一些作家写《永嘉路》一书，要求赶在 2024 年 8 月"上海书展"前由中华书局出版，他在编委会上向各位专家推荐我参与编写工作，并鼓励我说："希望发挥您的另一个才华。"不久，徐汇区文旅局朱春峰先生邀我参加编委会，并让我挑选题。我当然有自知之明，写作不是我强项，就挑了《抗战时期中共江苏省委旧址》这个选题。随后我便数次到永嘉路慎成里进行调研。虽然我长期住在永嘉路文化广场附近，但这次是带着任务和问题走进社区了解情况的，边走边问，身临其境中想象着七八十年前的慎成里情景，原先熟悉的街景、社区却在此刻忽然变得陌生起来。第二次去时我走进慎成里弄堂口的咖啡店，发现墙上挂了几张永嘉路慎成里的老地图和相关报章，颇有收获。不久我又在旧书网上淘得有关永嘉路慎成里的一些原始资料，再结合实地调研情况并参考一些文献资料后，写下了四个章节的《抗战时期中共江苏省委旧址》。我觉得这个选题首先应以尊重史实为主旨，然后进一步厘清了抗战时期中共江苏省委选址在慎成里的前因后果和意义。以下摘选了其中的两个章节。

上海市徐汇区永嘉路全长 2072 米，东起黄浦区（原卢湾区段）瑞金二路，西至徐汇区衡山路。1920 年，上海"法租界公董局"修筑此路，以法国邮船公司职员西爱咸斯命名为西爱咸斯路（Route Herve de Sieyes）。1943 年改名永嘉路，永嘉路两边别墅、里弄洋房密布，有德、法、英和西班牙、比利时等风格的花园洋房、石库门里弄和公寓等，与马路两旁的法国梧桐树交相辉映，彰显浓郁的海派风情。

上海，是近现代中国风云汇聚之地，这里的每一条马路，每一个街道里弄，每一幢花园洋房，每一处梧桐街角，都留下了那些令我们耳熟能详的历史和人物事件。昔日的上海滩聚集了众多民国官员、金融"巨鳄"、文化名人、革命志士等，形成了现今上海名人故居多，文化历史气息浓厚的特点。其中永嘉路上就有许多钩沉往事。如永嘉路 345 弄 3 号是纱业巨头闻兰亭住所，6 号是沈翠青旧居；371 号是田汉寓所，田汉创办南国电影剧社，与徐悲鸿、欧阳予倩组建南国艺术学院，成立了"南国社"；381 号是徐悲鸿的画室；383 号是孔祥熙住宅、宋蔼龄的旧居；387—389 号鲁义士洋行的英国乡式花园住宅，是荣氏家族成员荣智勋住所；501 号德国城堡式三层花园洋房是宋子文住宅；511—579 号是西爱咸斯花园（Sieyes Garden）；555 号是文学翻译家罗玉君的旧居；617 号是爱国实业家"禽蛋大王"阮雯衷旧居；625 号是沈鼎旧居，以及 623 号教育家顾毓琇旧居等，不胜枚举。一条永嘉路，百年上海史！

1. 抗战时期中共江苏省委旧址

中共江苏省委旧址位于上海市徐汇区永嘉路 291 弄 66 号（原西爱咸斯路慎成里 64 号）。在 1939 年 4 月至 1942 年 11 月间，这里曾是中共江苏省委机关。慎成里位于上海市徐汇区永嘉路 291 弄，1931 年由缪凯伯工程师设计，新亨营造厂承造，为石库门里弄住宅，砖木结构，装饰艺术风格。建筑为三层（假四层）砖木结构，石库门框上有拱券形装饰，两侧饰竖向凹槽线条，方窗，红瓦四坡顶，南立面米白色抹灰，东西两立面为红砖清水外墙。慎成里正门弄口是西爱咸斯路（今永嘉路），与甘世东路（今嘉善）、拉都路（今襄阳南路）为邻，西南面与永安别业相通，东面支弄从西爱咸斯路出入。1931年5月《申报》刊有慎成里的招租广告：

> 有新建三层楼高等住宅百余幢出租，式样美观，空气舒畅，雇用武装巡捕日夜保护，室内装设精致异常，自来马桶等皆有，极合卫生。至于交通尤为便利，无轨电车可直达门口……

可见抗战时期中共江苏省委藏于这片石库门里弄的拐角深处，十分隐秘。

昔日慎成里住户成分比较复杂，人员身份、职业等涉及行业分布颇广：有律师、会计师、公务员、作家、教师、电影人等专业人士，属于中产阶层，这也是20世纪30年代该区域居民构成的概貌。如此鱼龙混杂的居住环境具有很强的隐蔽性，符合中共江苏省委提出的"与群众打成一片的'群众化'精神"，是抗战时期中共江苏省委选址于此的重要条件之一。

1932年，慎成里18号住着一位在四川路29号3楼开业的马寿华律师，16号也住着上海律师公会会员过守一律师；4号、12号是百年老店乔家栅的老板王汝嘉的住所；65号是内政部营建司长哈雄文寓所；1933年在法学界颇有名望的上海市地方公务员惩戒委员会委员长沈锡庆花50元租下了71号，他是辛亥革命烈士徐锡麟的表侄；8 号住有上海市会计师工会会员何元明会计师；27 号住着同济大学军事教官何良信；1930 年慎成里 61 号曾是市政府秘书王绍奇的住址；79 号住着著有《中国小说史》的女作家郭箴一；据 1934 年《中国电影年鉴》记载，慎成里 3 号、10 号、36 号、40 号、43 号等处住着武侠明星范雪朋等七位天一影业公司的人员。由邵氏兄弟（邵醉翁、邵邨人、邵仁枚、邵逸夫）于 1925 年 6 月在虹口横浜桥创立的天一影片公司位于慎成里东面甘世东路 232 号（今嘉善路 234 号）。1934 年慎成里 2 号还有一位具有"东方哈代"美誉的喜剧明星演员刘继群。

慎成里，一个具有丰富海派文化历史内涵的石库门里弄印象尽显眼前。这个典型的石库门里弄——慎成里竟云集了如此众多的风云人物，成为该区域的一个缩影。

慎成里位于十字路口，交通便利四通八达，周围里弄洋房密集，方圆一公里内存有十余处红色足迹。如马路北面的兴顺东里嘉善路 140 弄 15 号是新四军驻上海办事处；永康路 141 弄 6 号是上海中央局秘书处机关旧址，这里藏有"一号机密"中央文库档案；东临嘉善路的新兴顺里 117 弄 24 号是"龙潭三杰"之一的隐秘战线英雄钱壮飞旧居；西靠襄阳南路的 411 弄 22 号是萧红萧军旧居，306 弄敦和里内有三个编辑部：鲁迅办的《译文》、傅东华办的《文学》和陈望道办的《太白》；南面建国西路 384 弄福禄邨 10 号是中共秘密电台旧址，昔日许彦飞和夫人郭佛宜在这里架起了一条上海地下党与中共延安之间的红色电波。原来慎成里周边簇拥着这么多的中央机关秘密联络点和地下党员，中共江苏省委（兼上海市委）是直辖上海的指导机关，显然选址在此是经过中共领导人慎重考虑后决定的，这里出口多，进退方便自如。

慎成里有坐北朝南120幢三层楼（假四层）高的石库门房子。每幢配有天井、客堂、亭子间、正房、晒台、老虎窗，分前楼、后楼。里弄内所有房屋全是砖木结构，红墙白边、拱券形装饰门框，式样完全统一，陌生人进来后很难区分，容易迷路。从永嘉路正门进来朝里走到底，接着右拐弯到底，再左拐弯朝南走，一直到弄底第二排东边位置，江苏省委机关就隐藏在弄堂深处转弯抹角的一幢楼里，这里前后门相通，楼顶有老虎窗。东面有一条非常狭窄的小弄堂直通嘉善路，南临襄阳南路357弄永安别业，西面有一条支弄通襄阳南路。另外，昔日的西爱咸斯路（今永嘉路）两旁和甘世东路（今嘉善路）沿街的二层混合结构的门面房都开有各种小百货店，经营日常生活用品。如：西爱咸斯路286号大东文具社、278号福和糖果号、287号中华电气行、289号慎成号、293号西河号、296号东福南货号、307号东南书局等。这些糖果店、药店、文具店、书店、五金店等商家的后门都通往弄堂内部，居民可以从商店里借道进出，而外人却不知其中奥妙。谁承想中共江苏省委机关竟会隐藏于此，足见中共领导们的睿智多谋。这里车水马龙，人声鼎沸，烟火气十足。只要一有风吹草动，党的地下工作者就可以混入熙熙攘攘的人群之中安全撤离了。

2．中共江苏省委迁至慎成里

中共江苏省委迁移之前左翼教授李剑华、胡绣枫（中共情报人员关露的妹妹）夫妇带着四岁和八个月大的两个孩子率先来到慎成里 64 号，租下了这幢三层楼的石库门房屋。李剑华是上海学艺大学、复旦大学等学校的社会学教授，他在 1934 年 3 月出狱后加入中国共产党，在上海积极开展党的秘密工作。他是周恩来直接领导下的中共高级情报人员，也是受了周恩来、李克农等领导的嘱托来到这里打前站，为将来省委机关的迁移做铺垫。他深入虎穴，打进国民党政府上层内部从事隐蔽战线的革命工作，他经常将重要情报传递出来，当敌人要抓自己人时他就会马上通知他们赶快撤退。而居住在隔壁（65 号）的邻居是国民党政府内政部营建司长哈雄文。因此省委机关选址的隐蔽性、安全性就显而易见了。

1939 年 4 月，中共江苏省委机关经过几次迁移，总结和吸取惨痛教训，最后转移到西爱咸斯路慎成里 64 号（今永嘉路 291 弄 66 号），此后就没有发生过惨烈的大事件。为适应白色恐怖下上海地下党秘密工作的特点，改变"左"倾错误下形成的大机关作风，中共江苏省委机关采取了"机关社会化""机关家庭化"的做法。有了之前李剑华夫妇曾在这里开展工作的基础，为掩护省委正常工作活动，由王尧山、赵先夫妇用 1200 元法币租下房子做了二房东，刘晓为三房客。房屋进门是天井，里面是客堂，内有三大间房，还有两个亭子间和灶间、晒台。客堂里有大小沙发、写字桌、圆台，二楼是卧室，内有整套柳木做的家具。省委会议就在楼下的客堂里召开。刘晓的公开身份是关勒铭金笔厂的副总经理兼董事，夫人张毅以家庭主妇的身份做掩护，担任地下党领导层间的机要交通员。王尧山以浦东电气公司职员的身份作掩护，白天在浦东上班，晚上和休息日便在浦西市区从事党的秘密工作。在邻居们的眼里，他们都是挣钱养家糊口的生意人。赵先原在浦东的小学教书，搬来这里后她便辞去了教职做了全职太太，她除担任省妇女委员会的部分工作外，主要是专职保护江苏省委机关的安全。

刘长胜与刘宁一以兄弟相称，他们租下了拉都路（今襄阳南路）一幢二层楼里弄房合住在一起，有时省委的一些会议也在此召开。刘长胜是山东海阳人，1935 年 4 月奉命从苏联回国。1937 年 8 月到上海参加恢复和重建中共上海地下组织工作。

1940 年，王尧山还在拉都路口的乔家栅点心店对面西爱咸斯路 304 号开了一家"仪记文具店"，由王尧山做店主，他二哥跑业务，兼营杂货，是一个党的秘密接头点。此外，刘晓开了一家贸易商行经营烧碱生意。刘长胜又在附近开了一家米店掩人耳目，时间一长，邻居们都以为他们是做买卖的生意人，如此省委机关就显得更为隐秘。赵先负责机关掩护和联络工作，就连刘宁一的夫人李淑英和刘长胜的夫人郑玉颜也参与省委机关工作，几个家庭妇女里里外外唱好一台戏，由她们负责担任掩护省委机关的任务，以及负责文件的保管和通讯发行。省委各级领导机关，以家庭亲属的名义相处，使机关在外表上同一般居民家庭一样。中共江苏省委按照不同产业、不同系统设立工、职、学、妇等党的工作委员会，全面领导上海的地下斗争。为了适应白色恐怖下秘密工作的特点，江苏省委坚持越公开越秘密的白区工作原则，要求每个党员都有公开合法的社会职业和身份，扎根在群众之中，便于隐蔽，长期埋伏。

自从省委机关设在慎成里后，虽然没有左右邻居干扰，但刚搬来不久的一天清晨，王尧山夫妇便被敲门声惊醒，只见一个高鼻子黄头发的法国巡捕通过房间的气窗向室内窥视。开门后两名法国巡捕便闯了进来，他们拉开床头小柜，又打开大橱柜、樟木箱子，接着又到二楼的刘晓房间里转了一圈后就离开了，虚惊一场。为安全起见，小心谨慎的王尧山马上去街上买来油漆，将气窗玻璃漆成与房间相同的颜色。

1939 年至 1941 年，由于中共江苏省委工作成绩十分显著，党员队伍不断发展壮大。在白色恐怖的笼罩下，省委结合城市特点和实际情况，正确执行党中央在敌占区的方针，积极宣传党的抗日主张，动员多批工人、贫民参加新四军和共产党领导的抗日队伍。两年里逐步向前方游击区和新四军输送了数千名党员干部、积极分子。而仍留在上海的一千五百余名党员继续深入广大人民群众，积极开展革命工作，使党的政治地位不断上升。

1941 年 1 月蒋介石制造了"皖南事变"，党中央采取紧急措施，加强和扩大新四军部队，将新四军编为七个师。同时，党中央向全党及时发出要准备应对突发事变的警示，中共江苏省委遵照了中央指示精神，尽早准备，以应对避免突发事变的发生。

同年，刘晓和夫人张毅去了重庆。王尧山夫妇便将慎成里 64 号二楼租给一个自称开厂的老板。一天午夜他们听到前门外有皮鞋踩地的响声，接着又传来一阵敲门声。开门后只见一名中国巡捕闯进来："外面快冻死了！"原来，租客是个汉奸，巡捕是来保护他安全的。好几天夜里巡捕就坐在灶间里守着，令人紧张而惊险，所幸不久后这个汉奸搬走了。以此为训，就再也不对外出租。

1941 年底，太平洋战争爆发，日军占领上海租界后，上海的秘密工作环境愈加困难，由于江苏省委未雨绸缪提前做好了准备，相继转移了相关领导干部和关闭了一些秘密联络点，所以上海的地下党组织没有受到重大破坏。

1942年8月始，中共中央决定取消秘密的省委和特委组织。奉党中央指示，在上海坚持地下斗争的中共江苏省委机关领导和暴露身份的两百余人党员，分批撤退至淮南顾家圩子新四军根据地，得以保存革命力量。中共江苏省委机关从上海慎成里64号撤离后，所有的工作委员会相互之间都停止了联系，后来他们直接与华中根据地建立了联系。

1943年，中共中央决定撤销中共江苏省委，在淮南根据地，成立华中局城工部，对外称新四军政治部调研室，继续领导以上海为中心的江浙一带的地下斗争。

史海钩沉，我们将永远铭记革命先烈。在抗日战争、解放战争时期，中共上海地下党组织对上海乃至全国的革命形势起到了积极作用，即便在白色恐怖笼罩下的中国大地依然闪耀着星星之火，无数共产党员前赴后继，为中国伟大的革命事业奋不顾身抛头颅、洒热血。他们不怕牺牲艰苦奋斗的大无畏精神令人敬仰，伟大的共产主义战士永垂不朽！

1991年6月11日，中共江苏省委旧址被上海市徐汇区人民政府公布为上海市徐汇区文物保护单位。

2015年8月17日，慎成里被上海市人民政府公布为上海市优秀历史建筑。

2021 年 3 月 11 日，中共江苏省委旧址被上海市文化和旅游局公布为上海市第一批革命文物。

现今上海永嘉路（慎成里）291 弄 66 号（中共江苏省委旧址）还居住着多户居民，希冀不久这里能恢复中共江苏省委旧址原貌，并加以保护和利用，作为中共党史教育的纪念地和爱国主义教育基地。

十五、读宋庆龄先生的画

2023 年 10 月 10 日，中国福利会发展研究中心的徐晶晶老师问我："您如何欣赏宋庆龄先生的画作？"其实，作为油画家的我对宋庆龄先生的画作并不陌生。2013 年，我们中国工合国际委员会在北京什刹海后海北沿宋庆龄同志故居举办活动，我在展厅陈列柜里看到宋庆龄先生的水彩画。后来又去故居多次，每次去都要去欣赏品读展厅内的手稿画作。

宋庆龄先生所绘之作有一种清纯自然的气息，其题材和创作的热情源于自然，又从自然中提炼精华。她所绘画作的构图及表现方式完全集合于自身深厚的人文底蕴和对艺术美的深刻理解，这些水彩插画具有非常强烈的人文情怀和中国文人画的诗意感。画作色彩明丽醒目，典雅脱俗，寓意阳光和谐。如《紫藤下的母女》是一幅铅笔淡彩画，兼容了中国花鸟画的意蕴，前面的母女形象生动，体现了母女情深的感情，表现手法似与西方艺术大师夏加尔那天使梦幻般的色彩与构图，充满想象力。

2003年10月，宋庆龄故居馆藏的宋庆龄绘画作品《小鸡》在北京国家博物馆的"华夏情——名人名家书画展"上展出，《小鸡》色彩鲜明，形象逼真，画作运用平面装饰的表现手法，简洁明了的突出了稚嫩可爱的小鸡形象，这些都源于她对事物的观察和理解。

宋庆龄的水彩插画有四十多幅，大都以花卉题材为主，如月季花、勿忘我等，其中四幅《安多利恒花》具有独特的装饰风格，色彩鲜明简洁，形象造型生动，运笔爽朗，花和叶子右上倾斜，是典型的对角构图，具有强烈的张力感，使画面充满生机活力，艺术表现力较强，从而完美地画出了作者心中的花朵，可谓是一种心花怒放的心情，给人以简约美的享受。

我们从《朝天椒》《花瓶》等画作中可欣赏到宋庆龄对大自然中美的事物理解非常深刻。《朝天椒》共有三幅，她在画面细节上深入刻画了朝天椒枝杆上的小刺结构，主次虚实关系和谐、色调鲜明，给人以清新自然的感觉。宋庆龄的画作朴实、自然、生动，画面中充满了趣味盎然的生机活力。

2012年5月29日，在上海宋庆龄故居纪念馆举办的"宋庆龄藏木刻版画展"上展出了宋庆龄收藏的 61 幅木刻版画，弥足珍贵。由此看出宋庆龄对绘画的喜爱和审美情趣。她用简便的绘画材料描绘出了心中所想要表达的心绪体验，这种自然流露出来的真挚情感体现了她高洁的人文精神，以及人文素养和美学造诣。艺术源于自然，虽然她没有专习画技，但是艺术不是以技巧为目的。她把生活中的点滴感悟和对美的理解用自己的表现方式去描绘大自然，这才是最能打动人心的情怀，而宋庆龄伟大的人格魅力赋予了其画作独特的人文内涵和高雅品位。

十六、融光·天和：上海

2020 年金秋，我的《时差——金国明随艺录》出版了，创作十年的"时差"系列靠的是一种坚韧不拔的毅力和信心，精美的画册得到了广大读者的好评。随后，我开始集中精力酝酿绘画"融光·天和：上海"系列，这是我多年的心愿。这些身边的洋房，具有浓郁的上海风情，组成了一幅亮丽的街景，也是上海人心魂所系，为生活在此地的人们所钟爱。我以写生风格来表现这些风景，每幅作品的构图、色调等艺术语言，都饱含着我这个上海人对一景一物的深入观察和深深喜爱。我长期生活在梧桐树下，这里四季更迭的色彩变幻，一草一木的枯荣都萦绕于心，体验深刻。我想把这些体验与热爱此地风光的人们分享，这是绘画的初衷。以自己的艺术语言绘画上海，我选择了写生。写生手段多元，可对景写生、默写、速记，也可写实、表现、意想或抽象等。我始终认为绘画技巧固然十分重要，然而对大自然美的理解以及审美趣味是靠画家长期的积累和文化孕育而成的，两者融合才能达到更高境界。对上海老洋房的描绘正体现出这一特点，其中既要有深厚的文化积淀，也要有艺术审美的功力。春耕秋收，壬寅金秋画作完美收官。作画过程艰辛劳累，梧桐树下闭门造车，可谓是呕心沥血，而拥有充沛的体力和充满信心的忍耐力则是关键。画到后来更是激情澎湃，灵光频现，几乎日日有新作诞生，幅面也越画越大。闲暇之余，我又陆续写了一些生活体验和人生感悟，集成《梧桐树下——画说上海》一书，这是我从艺几十年来的艺术结晶，博观而约取，厚积而薄发。艺无止境。我将开启一段崭新的艺术旅程，重塑"融光·天和"系列的艺术创作天地。苟日新，日日新，又日新。百尺竿头，更进一步。

梧桐树下，一条条幽静的小马路、老式弄堂，是上海骨子里的浪漫。一幢幢历史建筑随意散落，既市井又洋气。老洋房错落有致、风格各异，不过百年历史，却承载着十里洋场的繁华和传奇。它们见证了上海的风云变幻，兼容了安逸闲适的时光，也浸润着老上海的风华绝代。即使岁月不留情地画满沧桑，那份气质总让人心动。"建筑是可阅读的，街区是适合漫步的，城市始终是有温度的"——翻开上海这本"大书"，老上海的独特韵味翩然而至。一处处独具美感的建筑空间，一栋栋嵌入人民生活的人文地标，积淀着这座城市的精神品格与时代风貌。

上海，有"东方巴黎"的美称，拥有深厚的近代城市文化底蕴和众多历史古迹，也是中国民族工业的发祥地和改革开放的前沿阵地，更是中国看世界、世界看中国的窗口。

《梧桐树下——画说上海》是一本集艺术性、可读性于一体的以上海为主题的出版物，用讲述老百姓身边的日常小故事来反映新时代，也是"上海文化"品牌的一种成果体现。此书图文并茂，印制精美。从酝酿策划、内容制作到印刷出版都尽心尽力。我以一个上海画家的人文情怀和艺术视角来看上海，通过220幅"上海风情"系列——春、夏、秋、冬之景，来展示上海开埠以来的人文历史风貌建筑和里弄洋房，以及名人故居等。题材以小见大，意义深远。呈现了我的真挚情感，是一种晶莹剔透的心境写照，更是数十年来生活体验的结晶。

图书出版后又受到社会各界的广泛关注和支持，社会效益显著。先后被《文汇报》《新民晚报》《联合时报》、中国新闻网、东方网、今日头条、政协头条、青春上海等媒体报道。其间也得到了一些朋友们的帮助和支持，使此书的社会效应被逐渐放大，提高了知晓度。我觉得以一己之力来完成如此一个有特别意义的上海主题性图书着实不易，同时也是占了天时地利人和之优势，使我能静下心来克服困难完成任务，最后呈现给读者的是一部具有浓郁海派人文情怀的精品图书。

与此同时，作为新时代具有鲜明特色的上海地方文献著作也被各省市级公共图书馆和大学图书馆采集收藏。如被中国国家图书馆、上海市图书馆等全国各省市级三百多家公共图书馆收藏。其中《上海武康路一瞥》《上海陕西南路 362 号》等油画作品被机构和私人收藏。《融光·天和：上海》油画被悬挂于英国巴克莱银行上海分行。

中国美术家协会理事、上海市美术家协会副主席陈琪先生在《新民晚报》"夜光杯／在读"视频里说：

今天我要向大家推荐上海画家金国明所著的图书《梧桐树下——画说上海》。金国明以"梧桐树下"为主题，以独特的视角和写生的手法创作了两百多幅描写上海风情的绘画作品，每幅作品的构图、色调等艺术语言，都饱含了他对上海一景一物的洞幽烛微和情有独钟。他通过文字和绘画对色彩、建筑、里弄、马路、季节、温度等描述，呈现出一幅幅璀璨斑斓的都市景象，展现了上海丰盈的历史文化底蕴和蒸蒸日上的风貌。金国明能写擅画，两者高度融合献给故乡上海。其浓郁的人文气息，在上海人心魂所系的老洋房和海派里弄组成的亮丽街景中盈盈而来。

2023 年 8 月 4 日，北京市竞天公诚上海分所举办"梧桐树下的回忆——金国明油画展"。画展遴选了《梧桐树下——画说上海》一书中的 20 幅油画作品，旨在能够讲好上海的故事，传承海派的文化。这些画作色彩绚烂，极具感染力，其中不乏见证着时代变迁的红色建筑。举办展览不仅是为了捕捉那迷离梦幻的光和影，还能让人身临其境地去表达对于上海热爱的艺术灵魂。午后暖阳洒在幽雅的襄阳南路上，古典优雅的建筑与街边浪漫的咖啡店融合在一起，传统与潮流，怀旧感与现代性的交叠碰撞，散发着让人流连忘返的生气活力，同时也折射出生活多元融合。

8 月 18 日，上海凝聚力工程博物馆（长宁路 878 号，中山公园内），由长宁区区域化党建工作联席会议"初心读书会"、长宁区政协"宁读"系列分享会和世纪出版集团"世纪火种"联合主办的"梧桐树下——画说上海"读书分享活动。长宁区区域化党建工作联席会议成员单位、长宁区政协、上海世纪出版集团、上海人民出版社等单位近百人参加。另外油画《上海凯田路》被上海市凝聚力工程博物馆收藏。《上海凯田路》作于2022年9月10日，为配合长宁区政协调研活动，我特地前往现场采点，但面对空旷的钢筋水泥林立的现代化建筑空间场景，无从下手。思索良久灵光乍现，上海的夜景不正是最美丽的一道风景线吗？华灯初上，处处呈现一派都市繁景，如此美景现已永载书中。艺术源于生活的点点滴滴，偶然间的美却成为永恒的回忆。

8月22日，浦东新区川沙新镇社区党群服务中心举办"我是共产主义接班人"主题活动，我作为世纪讲书人代表为青少年分享新书。

2024年1月3日，上海市中学艺术、高中美术教研员徐韧刚老师告诉我在上海空中课堂中介绍了我"梧桐树下"的油画作品，上海空中课堂是面向全市学生教学的"网课"平台。我认为"线上线下"的教学活动能提升学生对于艺术的感知力和审美力，因此我们鼓励学生走出课堂去描写和描绘上海也是非常有意义的教学活动。19日，由上海浦东新区宣传部指导，浦东图书馆主办，在浦城路760号潍坊街道"WE来坊"举办读书分享活动。

2月28日，我受邀参加由上海人民出版社、中信出版社大方、中信银行在彭江路602号大宁德必易园联合举办的"梧桐树下漫步上海"读书分享会。

　　中共中央宣传部"学习强国"公众号在"政协头条"栏目中发布了我的散文《漫写上海》和书影。《梧桐树下——画说上海》以大家最为熟知的梧桐树、里弄洋房为要素，于一笔一画中呈现出璀璨斑斓、绚丽夺目的上海图景，于光影变幻中凸显出广大深厚、包容万象的上海底蕴。全书通过色彩、构图的强烈变换，记录了不同年代、不同季节的上海风貌，使读者得以欣赏到上海在飞速发展变迁中的定格之美。书内散文随笔，语言质朴、情感饱满，揭示出独属于上海的真情浪漫。作为上海籍油画家，我用五十多年来的生活体验绘就出一幅精美的上海画卷；作为上海主题性出版物，其出版意义正是契合了新时代肩负新使命，新使命呼唤新作为的精神。在这样一个百舸争流、昂扬奋进的时代，我们每个人都是最好的讲述者、传播者、演绎者，讲好精彩的中国故事，述说新时代的上海故事，传播上海的精神风貌，为提升上海城市文化软实力和践行全过程人民民主重大理念做出贡献。

　　著名作家丁旭光先生品读此书后写下了书评文章《从百年老屋到梧桐树下》：

自 2000 年到 2008 年，我和金国明在肇嘉浜路的小区同一幢楼相邻 8 年。2008 年后至今，依然居住在同一小区。每一次的相遇，不管是行色匆匆，还是牵绳遛狗，或者是在永嘉路他的画室里喝茶，金国明给我的印象，都是温暖、厚重，童心未泯。

文字，抑或是色彩，都是一种载体。作家和画家，都是通过文字和色彩，表达他对这个世界的认知和体悟。正如湘西之于沈从文，邮票般大的故乡之于福克纳，俄罗斯模特丽季雅之于法国油画家马蒂斯。每个人都有自己的故乡。对我们而言，故乡可能是村前的一株百年老槐，可能是板桥下的那一抹月光。

金国明的故乡，是旧时月下的上海百年老屋，是梧桐树下的上海街景。

《梧桐树下——画说上海》，始于金国明的画集《时差》《梦云》。从《梦云》《时差》到《梧桐树下——画说上海》，并不是金国明的华丽转身，而是一次循序渐进厚积薄发的延伸。金国明以他纯熟而丰富的艺术语汇，准确地把他的思考，把他过往的青春，和渐入佳境的今天传递给读者。

出生在上海百年老屋里的金国明，从 2005

年开始，把他的画室，他灵魂的居所，精神的家园，陆续安放在田子坊、思南路、文化广场南门的永嘉路，梧桐树的大街旁。

金国明在梧桐树下，在七彩斑斓中，宣泄他浓浓的乡愁。

金国明的画室里，清一色的欧式古典老家具前，是挫低扬高的画框、画架。梧桐树下的窗台前，是一群叽叽喳喳欢快在笼子里的小鸟。

以衡山路、复兴路为中轴线，中轴线的两旁为永嘉路、建国路，淮海路、延安路。被称为上海衡复历史文化风貌区。衡复风貌区梧桐树旁的每一条弄堂两旁的每一个门洞里，每一扇百叶窗和爬满青藤的老虎窗后，都有一段和上海近代史相关的密码等待着我们去开启。

梧桐树亦成为金国明的梦里依稀。当童心未泯的金国明日复一日地走在衡复风貌区的梧桐树下，便不由自主地发一声裂帛后舞文弄墨。

《梧桐树下——画说上海》里的每一幅画，都不尽相同，在随性所致中，呈现出多元的艺术表现形式，是画家在不同时间、不同心境里的不同景象。金国明通过其沉甸甸的图文并茂的《梧桐树下——画说上海》表达了他对这个世界的认识。

第十章

大音希声，大象无形

一、善行善为

1. 继往开来

2017 年 4 月 21 日，我作为中国工合国际委员会常委，受中国人民对外友好协会邀请，参加了在北京人民大会堂举办的"新时期国际主义精神的传承与发展——纪念路易·艾黎诞辰 120 周年座谈会"。纪念活动以与路易·艾黎先生有关的亲情、友情、博爱和教育理念为轴心，横向和纵向展开。中共中央政治局委员、国家副主席李源潮，中国人民对外友好协会会长李小林，新西兰驻华大使麦康年，工合国际主席柯马凯，艾黎养子代表聂广涛以及路易·艾黎亲属代表菲利浦·艾黎等三百余人参加座谈会。李小林代为宣读了中共中央总书记、国家主席、中央军委主席习近平的回信，信中指出：

> 中国工合国际委员会历经七十七年风雨洗礼，为促进人类和平与发展事业作出了不懈努力。今年是伟大的国际主义战士、中国人民的老朋友、工合运动重要发起人、培黎学校创始人路易·艾黎诞辰 120 周年。艾黎与中国人民风雨同舟，在华工作生活六十年，为中国人民

和新西兰人民架起了友谊之桥。他和宋庆龄、斯诺等发起成立的工合国际，为支援中国革命和社会主义建设作出了重要贡献。希望你们发扬传承艾老"努力干，一起干"的工合精神，积极开展国际文化交流，谱写国际友谊新篇章。

中国工合国际委员会（International Committee for the Promotion of Chinese Industrial Cooperatives），简称工合国际（ICCIC），是国内现存历史最悠久的国际性民间组织和合作社民间促进组织之一（由中国人民对外友好协会主管）。1939 年为支援抗日战争，争取海外援助，促进中国工业合作社运动，由宋庆龄与国际友人发起，在香港成立。1952 年停止工作。1980 年，胡愈之等工合老同志在全国政协会议上提出恢复工合的活动。1983 年 11 月召开了"工合全国代表会议"，推举薛暮桥为名誉理事长，路易·艾黎为名誉顾问。1987 年 9 月工合国际委员会恢复活动，朱学范任名誉主席，艾黎任主席，马海德、陈翰笙、丁恩、卢广绵任副主席。1987 年 9 月 3 日，召开"恢复工合国际委员会会议"。后在中华人民共和国民政部注册，该社会团体主要从事合作社教育、扶贫、妇女培训、国际合作等社会公益事业。

多年来我十分热心公益活动，捐赠画作或钱款资助需要帮助的人们。2007 年 6 月 30 日，上海兰乔圣菲会所内举行"人文传承·经典兰乔"慈善拍卖酒会，其中我的《窗外 No.16》在 2006 年"人文传承·经典兰乔"慈善拍卖酒会上，被一印度籍爱心人士拍下。拍卖所得捐给需要帮助的学音乐的少儿。《窗外》小幅油画系列作品一共有五六十幅，大都已被收藏，现仅留存几幅。《窗外 No.15》《窗外 No.16》2006 年就曾得到著名油画家廖炯模教授的赞扬与肯定："色彩明快、用笔肯定，耐看！"

2008 年四川省"抗震救灾手牵手"赈灾艺术品义卖中，我捐赠了一幅 100 厘米 × 100 厘米的油画《欧陆风情——西班牙安达鲁西亚》，参加慈善拍卖，所得善款全部用于救灾活动。

2011 年我向《生命日记》的作者、复旦大学优秀青年教师于娟捐赠了五幅油画作品及几十幅名家书画，那是一段非常感人的经历。

2012 年 2 月 12 日我捐赠的油画《欧陆风情——西班牙科尔多瓦百花巷》参加了"上海书画名家作品展"。27日晚，由上海市慈善基金会主办的慈善专场拍卖活动在上海四季酒店举行。市慈善基金会向捐赠作品的艺术家颁授荣誉证书。

2．工合情缘

说起我加入工合国际组织是一个机缘巧合，也是冥冥之中让我脱胎换骨走上了公益之路，善行善为，胸怀更宽广了。工合先驱路易·艾黎是伟大的国际主义战士，也是作家、诗人、收藏家。他一生伟大的事迹深深地感染了我，十年前我有幸成为工合国际大家庭中的一员。作为一名油画家，跨界多领域地发展有助于我对艺术的理解和追求，艺术与社会活动相互融合，不仅可以开阔视野，而且能提升自我修养和精神品格，从而使自己能成长为一名多元化复合型的艺术家。

数年来我几十次往返于北京与上海之间，与各界人士进行沟通与联络。2011年我在思南路工作室举行新书《梦云》发布会时来了两位老领导，一位是原中共中央委员、原中共上海市常委、原共青团上海市委书记汪明章，还有一位是原共青团上海市委秘书长、原市供销合作总社党委书记、中国工合国际委员会副主席宋振东。随后我在刘海粟美术馆开个人画展时他们又来了，当时我刚荣登"上海文化新人榜"不久，《解放日报》《文汇报》《新民晚报》等媒体刊登了对我的采访报道，于是走入了两位领导的视线。我在与他们接触后了解了工合国际组织，并逐渐参与到工合国际的一些社会公益活动中去。老领导们非常器重我，2012年中国工合国际委员会委任我为工合国际上海工作站的站长，协助宋振东副主席主持日常工作。我们在上海陆续建立了路易·艾黎纪念碑、乔治·何克纪念碑、国际主义教育基地，开展社区公益养老、中新友好民间交流和组建工合国际华东工作委员会等工作。

✧ 首访新西兰

2013年工合国际上海工作站组团出访新西兰、澳大利亚。12月24日上午，我们中国代表团来到美丽的新西兰基督城（Christchurch）参观路易·艾黎的故乡斯普林菲尔德小镇（Springfield），瞻仰了路易·艾黎艺术长廊与纪念石碑，并向他父亲创办的斯普林菲尔德学校（Springfield School）以及路易·艾黎就读过的中学赠送了我创作的《路易·艾黎》油画图片。这次到新西兰基督城（Christchurch）有幸结识了王珑先生（Mark Wang），他很热情地陪我们在当地游览。十多年前他到新西兰，经过多年的积累在当地建立了良好的人脉关系。傍晚我们参加了新中友好协会年会开幕式，新西兰基督城市长鲍伯·帕克尔（BobParker）致辞并欢迎我们的交流访问。中国驻克赖斯特彻奇首任总领事谭秀甜女士高度评价我们出访新西兰，我作为团长向她详细汇报了这次出访的目的与任务。她说："用文化交流作为民间外交的方式，你们做得很棒、很精彩！"这是穿越时空连接中新友好纽带之旅，增进了民间外交友谊！

✧ 公益善缘

2014年我委托工合国际常委、山西大同"水基金"

负责人李白雪转给山西省灵丘县贫困家庭的风华少年李宝同学数千元资助款，以帮助他的学业。2014年我们去了福建古田、长汀等革命老区和甘肃、青海、成都等地学习考察。

"2014中国长汀国家历史文化名城保护日暨缅怀路易·艾黎先生活动"于11月28日在福建省长汀县举行。工合国际主席柯马凯向新西兰前总理珍妮·玛丽·希普利和长汀县委赠送了由我创作的珐琅彩瓷板画《欧陆风情——法国巴比松·罗恩》（上海市陶瓷总公司、景德镇陶瓷总公司联合监制）。这块瓷板画一共制作了300件，我亲自到景德镇烧制现场在每块瓷板背后签名。现已被许多海内外知名人士、机构等收藏。

2015年10月，我们上海的20位委员在宋振东副主席带领下来到北京培黎职业学院图书馆大礼堂，参加"中国工合国际委员会第五届全国代表大会"，大会中我被推选为中国工合国际委员会常务执委。由15人组成的常委会中包括主席、六位副主席。所有常委会名单报送主管单位中国人民对外友好协会审核备案，担任重要职务深感责任重大，更要严于律己，履职尽责。

2023年11月28日我们在长汀建立了国际主义教育基地。这些年我们在上海陆续建立了上海人文纪念公园、虹口消防救援站、上海宋庆龄学校、中福会少年宫、路易·艾黎故居等国际主义教育基地。常委会每季度召开一次，多年来我也无数次奔波于北京与上海之间，与海内外社会各界知名人士进行沟通与联络。因此我在北京也结识了一些革命前辈和著名的国际友人，如工合国际柯马凯主席的母亲、新中国外语教育事业的奠基人之一——伊莎白·柯鲁克教授，以及吕宛如、黄浣碧（爱泼斯坦遗孀）、唐宗焜等。著名的国际主义战士傅莱遗孀江国珍亲笔题词赠书《我的丈夫傅莱》和米勒遗孀中村京子亲笔题词赠书《两个洋八路》。

✧ 再访新西兰

2017 年是路易·艾黎诞辰 120 周年，也是中新两国建交 45 周年。中新两国均举办了隆重的纪念活动。机缘巧合，2017 年 4 月 21 日，在北京人民大会堂举办的"纪念路易·艾黎诞辰 120 周年"活动会场，我又与原中国驻克赖斯特彻奇首任总领事谭秀甜女士相聚，同年 7 月和 12 月我们又在上海和北京重逢，从此便结下了深厚的友谊。谭秀甜、张继春夫妇还回赠我一块巴基斯坦玉璧，她说这个象征着我们的友谊像玉璧一样高洁。

11 月 28 日，新西兰驻华大使麦康年先生在北京宋庆龄同志故居举行的"路易·艾黎诞辰 120 周年的纪念活动"揭幕仪式上说："今年新西兰代表团来华访问受到中国隆重的欢迎，这次中国代表团访问新西兰同样会得到相应的接待。"

11 月 30 日至 12 月 3 日，我们工合国际代表团、中国人民对外友好协会代表团受邀出访新西兰。我带了 12 套（每套两张）油画复制品《路易·艾黎》到新西兰，作为出访礼品赠送给新西兰相关政府机构，用文化艺术交流的形式积极开展民间外交，为中新两国人民建立起友谊长存的桥梁做贡献。

12 月 1 日，上午来自中国各地代表团及新西兰友人两百余人参加了新西兰基督城"纪念路易·艾黎诞辰 120 周年活动"，9：30 在基督城坎特伯雷艺术馆（原路易·艾黎就读高中）开幕。开幕仪式上市议员 Jimmy Chen 及艺术馆馆长 Felicity Price 致辞发言，并参观由上海档案馆提供的"路易·艾黎图片展"，工合国际主席柯马凯、原中国人民对外友好协会副会长李建平、中国人民对外友好协会副巡视员徐凤华以及全体代表向坎特伯雷艺术馆赠送油画《路易·艾黎》图片。随后坐车去利卡敦基督城的男子高中，参加"路易·艾黎诞辰 120 周年纪念活动学术研讨会"。

翌日上午 8：00，中国代表团一百多人来到路易·艾黎曾就读的小学，现为路易·艾黎中文学校。当我看到中文学校办公室里挂着我 2013 年访问时赠送的《路易·艾黎》油画图片时感到格外亲切。在办公室接待来宾的学生志愿者告诉我，这幅油画陪伴他们成长已经有好几年了，真高兴今天能与作者会面。柯马凯主席率代表团向学校董事长赠送两幅《路易·艾黎》油画图片，以增进两国人民之间的友谊！

随后我们参加了胡鲁努伊区政府在该区首府安伯利纪念园林召开"艾黎诞辰纪念集会"。纪念仪式由胡鲁努伊区长温顿·戴利主持，新西兰总督帕齐·雷迪爵士，中国驻克赖斯特彻奇总领事汪志坚，克赖斯特彻奇市长莉安·达尔齐尔和柯马凯、李建平、徐凤华等代表及艾黎家族成员、南岛地方政要等两百余人应邀出席。帕齐·雷迪爵士说："中国有一句谚语，种植园林的人就是种植幸福。"她在致辞中表示，艾黎的杰出贡献应被新中两国永远铭记，举办艾黎诞辰系列纪念活动既是对其卓越成就的肯定，也是为了激励两国民众，特别是年轻一代为新中友谊作出更大贡献。艾黎是位实干家、教育家，也是位艺术家，以建造花园的方式纪念他十分有意义。中新两国元素在纪念园中完美融合，期待未来再次来参观时，将会看到象征两国友谊的种子生根、发芽、壮大。活动期间新西兰总督帕齐·雷迪爵士非常高兴地与李建平、徐凤华、周秀环女士亲切交谈。随后我向帕齐·雷迪爵士赠送了两幅《路易·艾黎》油画图片并与她合影留念，祝愿中新两国人民友谊长青。

下午，代表团赴斯普林菲尔德参加在塞尔温区政府及友城委员会举办的欢迎仪式。晚上在雷杰思酒店举行"纪念中新建交45周年暨路易·艾黎诞辰120周年"

开幕酒会。中国驻克赖斯特彻奇总领事汪志坚和市长莉安·达尔齐尔、中国人民对外友好协会徐凤华等致辞。工合国际主席柯马凯率代表团和新西兰友人同唱《工合之歌》。晚会在歌声中达到了高潮，大家站起来挽起手臂一起唱起《生日快乐》，祝艾黎诞辰 120 周年生日快乐！其间柯马凯、李建平等向新中友协原会长云达忠、新中友协 Eric 先生赠送两幅《路易·艾黎》油画图片及工合国际上海路易·艾黎纪念碑落成仪式纪念瓷板画，对他们多年来为新中友谊所作出的贡献表示感谢。

12 月 3 日，原镇议员、现新中友好协会会员的亚当森先生邀请我到他儿子家做客。这座别墅依山傍海而建，设计精致，极具艺术气息。主人盛情款待，周围美景如画，我当场画了两幅速写赠给亚当森的小孙子 Anton 和小伙伴 Felix，并祝愿他们像鸟一样飞翔，志存高远，愿彼此之间的友谊长存！用艺术的形式进行交流是最好的语言。我们一起合影后，柯马凯说道："点点滴滴上体现民间外交，搭建友谊。说不定您给这两个孩子的画，会引导他们对华的好感，将来继承爷爷的新中友好事业！"

为了加强华东地区的开拓和发展工作，2015 年 10 月召开的"中国工合国际委员会第五次全国代表大会"中明确了华东工委的工作范围和发展方向、目标。华东工委由宋振东副主席领衔工作，我们以"上海工作站成立 5 周年"的业绩为基础，开展了多角度、多元化的发展模式，举行了一系列的公益和民间交流活动。如 2013 年我们在上海福寿园人文纪念公园建立路易·艾黎纪念碑，2015 年建立乔治·何克纪念碑，中国人民对外友好协会会长李小林分别发来贺信致辞。后来我们又陆续在上海虹口消防中队和福寿园人文纪念公园成立"国际主义教育基地"，为全国各地的工作活动开创了新格局，开拓了新思路。

2019 年 12 月 16 日，"中国工合国际委员会成立 80 周年纪念暨路易·艾黎诞辰 122 周年活动"在上海隆重召开。会议通过举办纪念活动，讲述革命故事，来继承和弘扬艾黎精神。其中柯马凯讲述了母亲伊莎白·柯鲁克女士被授予"友谊勋章"的故事。经中共中央批准，"中华人民共和国国家勋章和国家荣誉称号颁授仪式"于 9 月 29 日上午 10 时在人民大会堂隆重举行，中国工合国际委员会顾问、104 岁的伊莎白·柯鲁克女士（Isabel Crook）被授予"友谊勋章"。她是新中国英语教学的拓荒者，为我国培养了大量外语人才，为中国教育事业和对外交流、促进中国与加拿大民间友好作出了杰出贡献。他们既是国家的光荣，也是照亮中国梦想前行的力量。伊莎白·柯鲁克女士是路易·艾黎的亲密战友，长期热衷于工合事业，我们每次和她聊起工合国际的工作近况，她都和蔼可亲，认真聆听后及时提出意见和建议，经常参与工合国际组织的各项活动。2023 年 8 月 20 日伊莎白·柯鲁克女士与世长辞，享年 108 岁。今天我们有幸能得到前辈们的教诲和支持鼓励，他们光辉的事迹和高尚的精神品格值得我们学习和继承发扬。

2020 年 12 月 16 日，在纪念路易·艾黎诞辰 124 周年之际，《新民晚报》刊登了我 2012 年创作的油画《中国人民的老战士、老朋友、老同志——路易·艾黎》。2022 年 3 月，我又画了两幅油画《上海路易·艾黎故居》。作为画家，我用画笔来描绘伟大的国际主义战士，作为路易·艾黎精神的追随者，我们要传承和发展好路易·艾黎精神。

二、我与上海路易·艾黎故居

1. 路易·艾黎精神

路易·艾黎（Rewi Alley）1897 年 12 月 2 日生于新西兰。1927 年 4 月 21 日来到中国。1938 年与宋庆龄、海伦·斯诺、埃德加·斯诺等发起组织了工业合作社运动，简称"工合"。他为中国人民的解放和建设事业奋斗了六十年，其中包括在上海的十一年，始终同中国人民同甘共苦，关心和支持中国的革命和建设。中国和新西兰两国领导人都给予他高度评价。邓小平为他题写"伟大的国际主义战士永垂不朽"。宋庆龄说："他是新中国的一位诚实忠诚、不屈不挠的朋友。"

2017 年是路易·艾黎诞辰 120 周年，也是中新两国建交 45 周年。中新两国均隆重举办了"纪念路易·艾黎诞辰 120 周年"活动。2021 年 9 月 14 日，习近平主席向包括路易·艾黎在内的国际友人的亲属复信。2021 年 11 月 5 日，习近平主席在同新西兰总理阿德恩通话中表示，明年是中新建交 50 周年。双方要发扬"路易·艾黎"精神，鼓励青年人加强交流，增进两国人民友谊。再一次证明新时代传承和发扬"路易·艾黎"精神的重要性，这对于增进中国人民和世界人民的友谊和合作、推动构建人类命运共同体具有十分重要的意义。

"路易·艾黎精神"是老一辈国际友人同中国共产党和中国人民风雨同舟、同甘共苦、并肩战斗的光辉人生的生动写照，包蕴着丰富而深厚、博大而崇高的内涵：热爱和平、追求正义的国际主义精神；艰苦奋斗、"努力干，一起干"的工合精神；"手脑并用，创造分析"教育实践精神；心系人民、无私奉献的博爱精神。

2. 上海"虹口救火会"

1927 年 4 月 21 日，路易·艾黎从香港到达上海时，国民党政府破坏国共合作，对成千上万的共产党员和工会组织者进行逮捕、拷打和枪杀，整个上海笼罩在一片白色恐怖之中。他离船踏上十六铺码头，发现没有海关也不要办任何手续，还被一个码头工人吐了口唾沫。因为当时上海有许多国外军队驻扎，工人非常反感。在新西兰朋友的介绍下，艾黎在上海公共租界工部局消防处"虹口救火会"（今吴淞路560号虹口消防救援站）当了一名小队长，后升任为工部局督察。艾黎在工作期间，接触了大量底层工人、群众，花大量时间学习中国官话和上海话，他常说："阿拉是上海人。"艾黎对中国和中国人民产生了感情，也打消了回新西兰的想法。

1929年3月，艾黎和朋友外出游玩回程途中看到六名青年被枪决。翌日得知他们是共产党员，因为成立工会以争取工人较好待遇而惨遭杀害，此事令艾黎大为震惊。后来他阅读了许多关于社会进步的书籍，关心中国社会时事，对中国的忧患认识也与日俱增。

上海是工合运动的策源地和诞生地，虹口消防救援站是路易·艾黎来华投身革命的第一站。可以说，艾黎的故事从这里起步，艾黎的精神从这里萌芽。

3. 故居轶事

◇ 传递红色电波

上海愚园路1315弄4号路易·艾黎故居是充满红色

记忆的地方，是艾黎 1932 年至 1937 年在沪居住的寓所，这是 1912 年建造的一幢英国式双开间三层砖木结构的建筑。室外有扶梯可直上二楼居室，底楼前半部分为会客室和餐厅，后半部分是厨房等辅助用房，底楼弄堂有汽车库，房前有小花园。1932 年末，艾黎结识了美国女记者史沫特莱。史沫特莱对帝国主义和殖民主义深恶痛绝，积极投身于革命事业。艾黎和她经常下访工厂，了解底层人民的艰苦生活，在史沫特莱的家中讨论时事，其间艾黎学习了《共产党宣言》等马克思主义著作。1933 年，艾黎通过史沫特莱认识了宋庆龄。他们经常通信，艾黎称呼宋庆龄"姑母"，宋庆龄称艾黎"比尔"。宋庆龄离开上海的那天邀请艾黎到她家，然后一起坐车离开。经过巡捕、宪兵面前时，宋庆龄挽着艾黎的胳膊愉快地交谈着，最后艾黎送她上了船。1934 年，路易·艾黎在上海参加了第一个国际性的马克思主义学习小组，并通过史沫特莱和中国共产党建立了联系，结识了著名作家鲁迅、茅盾，还有潘汉年、胡愈之、田汉、夏衍和因主张抗日而被囚禁的"七君子"等共产党及革命民主人士。在宋庆龄的鼓励和支持下，不断帮助党组织传递信息和完成一些任务。当时愚园路 1315 弄 4 号的艾黎住所成为党的地下工作者碰头地点和避难所。1935 年，艾黎和同住的英国工程师甘普霖为党的地下工作提供了大量帮助，并在共产国际中国组的要求下在家里顶楼的房间里设立了秘密电台。

《艾黎自传》记载：

甘普霖是上海电力公司的电气工程师，所以在住所的底层设有他的一间小工房，里面有一台车床和其他工具。往往有人送来手枪之类的武器要他修理，他在公司里执行技术职务的空隙，有时也做地下工作。他的技术本领和创造能力无疑在许多方面是有用的。共产国际中国组需要在我们家里设置地下电台，与正在国内一些地方进行的长征保持通讯联系。电台就安装在我们顶楼的房间里。甘普霖不通过电表，直接从干线上接电源，并设法在夜间收发电讯。当然，电台要经常迁移，以免被侦察出位置，但在我们那里工作了很长一段时间。有一个星期日，我们正在走廊上喝茶，看见一个由巡捕、包探和上海电力公司一名工程师（他恰好是我们的朋友）组成的检查小组，正在查找输电线哪里漏电，挨家挨户慢慢地查，一直查到我们家里。检查组近在眼前，已经没有时间去拔掉电台上的电线了。所以，我们就坐着等。他们先去看在底层的厨房，再去看冰箱，在那里的确发现了漏电。我们的朋友、那位电力公司的工程师说："冰箱漏电！冰箱漏电！"于是，我们把他们全都从底层的厨房请到餐室，给每个人斟上酒，又热情地欢送了他们。当夜，我们就把电台移往专门为此物色的一套高层房间去了。

艾黎的这部秘密电台一直与长征的红军和共产党领导人保持秘密联络。据《刘鼎传》中的描述，艾黎故居里的发报员是两个外国女性，分别是奥地利人和德国人。1928年《红星照耀中国》的作者、美国记者埃德加·斯诺千里迢迢来到中国，对当时的中国社会状况进行了大量的通讯报道。当时埃德加·斯诺在努力学习中文，结识了宋庆龄、路易·艾黎，以及鲁迅等爱国革命人士，也与一些中共党员有了接触。

艾黎在自传中说：

> 中央红军长征胜利到达陕北的消息传来，我们都无比喜悦。借纪念俄国十月革命节的机会，我们举行了一个小小的庆祝酒会。宋庆龄、史沫特莱和正在筹办《中国呼声》杂志的美共党员马克斯·格兰尼奇夫妇都赶来参加，地下党负责人刘鼎也参加了这次聚会。本来这些人

平时不喝酒，这次都举起杯来。

✧ 掩护革命志士

1929 年至 1935 年，史沫特莱对艾黎在工厂的督察工作很感兴趣。艾黎能讲上海话，于是常带她去上海弄堂里与底层百姓接触。史沫特莱还把刚从东京来沪的国际问题专家陈翰笙带到艾黎住处，以躲避租界当局的搜捕，后来由艾黎护送其上远洋轮船，脱离了危险。1935 年，史沫特莱又介绍查尔斯（刘鼎）暂住艾黎处。当时刘鼎刚从国民党俘虏营逃出，处境窘迫。暂居艾黎家的这段时间，给了他很好的休整调养，也方便他开展革命活动。艾黎配有公务车，这给刘鼎等中共地下党和革命人士以很好的掩护，可以用车发送支持抗日统一战线的材料和运送伤病革命人士。

刘鼎是我国军工事业的奠基者，曾任八路军总部军工部部长、陕甘宁军工局副局长等职务。20 世纪 30 年代，他在上海中央特科工作，后被任命为中共驻东北军代表，在张学良身边做了大量的政治思想工作，使张学良坚定了联共抗日的信心和决心。毛泽东曾多次指出"西安事变刘鼎同志是有功的"，是在隐蔽战线立下功勋的统战功臣。刘鼎曾在艾黎家和宋庆龄寓所暂住，这也促成中共与张学良东北军的联系。

1935 年 12 月，北平爆发"一二·九"学生爱国运动后，国民政府和上海租界到处搜捕革命者，风声吃紧。路易·艾黎担心家里来往客人多，刘鼎会被引起注意，就将他送到宋庆龄在法租界的住处。在此期间，刘鼎同宋庆龄有过几次交谈，给宋庆龄留下了深刻的印象。在她看来，刘鼎是个有学识且经过历练的共产党人。

1936 年 3 月初，史沫特莱受宋庆龄委托到路易·艾黎家找刘鼎，告诉他有位董健吾约其在法租界内一家咖啡馆见面，有要事商谈。原来，1935 年底，张学良到上海会见旧部，表示愿在西北与共产党联合抗日，托旧部找到董健吾，并将消息告诉了宋庆龄，宋庆龄就推荐了刘鼎作为共产党代表到西安与张学良会面。在艾黎的安排帮助下，刘鼎与董健吾会晤。经过仔细研究国际形势、东北军和红军在陕北的消息及张学良为人处世的特点后，刘鼎接受了邀请。路易·艾黎还去南京路给刘鼎置办了一身体面的着装行头，后来刘鼎赴陕与张学良会面，刘鼎详细介绍了中央苏区的土地革命、政权组织及社会、经济、法律等方面的情况，加深了张学良对中共和红军的了解，思想逐渐发生转变，坚定了联共抗日的信心和决心。这为后来与周恩来的肤施（今延安）会谈、接受中共团结抗日的主张奠定了基础，为"西安事变"埋下了伏笔。

艾黎在《上海回忆片断》里写道：

我回顾在上海的十一年，记起许多在革命年代的好朋友。是信念之火造就他们的坚强，使他们成为男女英雄。1927年后当我首次到上海，这是一个什么样的上海呢？愈来愈多的警察随时可能出动逮捕思想有违国民党需要的人士；每周里都有青年在龙华惨遭屠杀；多少志士领袖被解往南京雨花台杀害。然而，革命的工作仍一直坚持着，身负重任的人们从不顾忌何时警察就会冲进来，把自己带走。作为一名置身山西山区前线的战士固然英勇，但在上海做一名地下工作者那也是多么的英勇。他们的名字不为人们所记，但他们的事迹将铭刻永存。

据上海国际友人研究会名誉会长陈一心先生回忆说：

　　20世纪30年代，我的父亲、著名教育家陈鹤琴和路易·艾黎都是上海麦伦中学的校董，他们因为学校的教育工作常常在一起碰头。而我的长兄陈一鸣和路易·艾黎的养子王季香（后改名为黎雪）在麦伦中学是同窗。每当他的"外国爸爸"来到学校的时候，同学都要围住他们父子俩开开玩笑。而艾黎呢，总是很亲切地和大家有说有笑。当时校长沈体兰发起组织了一个"星期二聚餐会",许多爱国人士参加,就在那儿,艾黎向大家报告了支援抗战的"工业合作社运动"(简称"工合")的宏大计划,受到大家的热情支持。我的父亲也是聚餐会的主要成员。1937年"八一三"后,父亲曾带一鸣大哥去旁听斯诺介绍西北红区之行。所以,我从小就已经从父亲和长兄的口中,知道路易·艾黎这位伟大的国际主义战士的名字和一些事迹。我有幸直接接触路易·艾黎,是在1987年3月6日,上海市友协举办"三S及其他国际友人在上海"研讨会,孟波会长和我接待了从北京专程赶来参会的路易·艾黎。他身材颀长,目光炯炯有神,穿着咖啡色的西装,打着一条蓝色的领带,手拄拐杖,握手很有力,开口就用上海话说:"大家好!我在上海蹲过十一年!"一席话,把在场的人都逗乐了。路易·艾黎在研讨会上第一个演讲,他讲的题目名叫"上海地下斗争十年回忆片断",这是他的亲身经历,有血有肉,生动感人,使大家受到深刻的教育。

✧ 开展工合运动

抗战爆发后,路易·艾黎担任了中国工业合作协会技术总顾问和代理总干事，那时中国 70% 的现代工业陷入瘫痪。于是路易·艾黎写了一份关于中国生产问题的调查，并且提出建立工业合作社的建议，得到了宋庆龄的支持。为了使"工合运动"在全中国广泛地开展起来，从 1938 年至 1942 年，路易·艾黎奔走了大半个中国，行程 3 万公里。经过艾黎和同仁的努力，全国各地工合组织发展到 1500 个，产品供军需民用，援助了二十多万失业者和难民。路易·艾黎终身未婚，却儿孙绕膝。他曾先后领养了几个中国孤儿。他的长子叫段士谋，小名阿兰，是绥远灾区的孤儿。艾黎于 1930 年去西北参加赈灾工作，对流离失所的灾区儿童非常同情，回沪后便从孤儿院里领养了段士谋。老二黎雪（王季香），曾经是洪湖革命根据地的一名小侦察员。1932 年湖北洪水泛滥，王季香失去双亲后被送进了武汉的孤儿院。艾黎当时正在武汉参加赈灾、修堤的工作，目睹了几十万难民无家可归的惨状，便从孤儿院认领了这个十一岁的孩子。后来艾黎又培养他的儿女走上了革命的道路。

1938 年，海伦·斯诺对艾黎说："中国当前需要有工业，必须广泛发展工业。你说你喜欢中国，那就要出来做些有用的事，中国人生来是会合作的。"那晚，艾黎写下了著名的工业合作社计划《中国工业合作社运动》，内容包括对中国生产问题的调查和建立工业合作社以解决一些问题的总战略，拷贝了几份后就拿给斯诺夫妇看。

斯诺夫妇把文稿和几张上海工厂遭破坏的照片一同送到《密勒氏评论报》去印刷和宣传。

　　1938 年 4 月，中国工业合作社促进委员会在上海成立。艾黎想出了一个简单的名字"工合"，并亲自设计了工合标识，把"工合"二字放在三角形图案内，寓意"努力干，一起干"，代表我们的运动和我们的合作社。1938 年 8 月 5 日，中国工业合作社协会在武汉成立。1939 年艾黎前往延安开展"工合"工作，毛泽东主席会见了艾黎。毛主席对"工合"的发展很关心，艾黎用上海话夹着南方话同毛主席交流近况。后在毛主席的支持下艾黎参加了"陕甘宁边区第二届工农业展览会"，延安事务所等属下"工合"合作社生产的一百多种手工业产品在展会上展出，"工合"工作给党的领导人留下了深刻印象，展览会鼓励边区人民看到自己有力量打破日本人的经济封锁。在延安顺利创办合作社后，"工合"成了一个跨越共产党和国民党边界的组织，从某种意义上支持了抗日统一战线。作为开展各种生产劳动的人民运动，"工合"引起全世界的关注，"工合"运动资金匮乏，重庆总部也企图控制全部海外捐款，后又试图建立官僚主义的"工合"组织。艾黎不想看到宝贵的援助资金流失，于是在宋庆龄的协助下，争取香港各方支持。于 1939 年 5 月，宋庆龄在香港发起成立了中国工业合作国际促进委员会，宋庆龄任名誉主席，香港基督教主教何明华

（Ronald Owen Hall）任主席，陈翰笙任秘书，委员有埃德加·斯诺（Edgar Snow）、路易·艾黎、普律德（Ida Pruitt）等人。在工合国际委员会的推动下，马尼拉、纽约、伦敦等海外华侨和同情中国抗战的各国社团和国际友人募集捐款，购置机器设备等，支持中国的工合运动。这些捐款，部分转送到抗日根据地，部分则由中国工业合作社协会用于指定的业务和训练工作。截至1946年，先后募集款项五百余万美元。

1949年后艾黎住在北京，投身于中国社会主义建设事业，致力于维护世界和平与各国人民友好事业。他曾受到党和国家领导人毛泽东、周恩来、邓小平、宋庆龄、邓颖超的亲切会见。

1977年12月2日，邓小平在中国人民对外友好协会为"路易·艾黎80寿辰"举行的宴会上，尊称他为"中国人民的老战士、老朋友、老同志"。邓小平说：

> 为中国革命事业尽力的国际朋友有千千万万，像艾黎同志那样五十年如一日，在我们艰苦困难的时期，在我们创业的时期，在我们胜利之后，始终如一地为中国人民做了大量的工作，这是不容易的，所以他受到中国人民理所当然的尊敬。

2009 年 12 月，艾黎被评为"中国缘·十大国际友人"之一。

4．上海路易·艾黎故居开馆

2021 年 10 月 27 日，经上海市长宁区政协反复协商、考查、政审、公示，我被推荐为上海市长宁区第 15 届政协委员，并被委任为长宁区政协文化文史和学习委员会副主任。

这是一份荣誉，又是一份责任。这意味着我要在政协平台上严于律己，尽心履职，为长宁区的文化、经济建设作一份贡献。

2022 年 1 月在"长宁区政协第 15 届一次会议"期间对我提出的第 046 号提案《关于路易·艾黎故居保护利用工作的建议》被立案办理。7 月长宁区文旅局对"长宁区政协第 15 届一次会议"第 046 号提案作出解决采纳的办理结果。

◇ **学习复信精神**

2021 年 12 月 2 日，是伟大的国际主义战士路易·艾黎诞辰 124 周年纪念日。在学习和贯彻国家主席习近平给中国工合国际委员会、北京培黎职业学院的回信和给国际友人亲属的复信精神中，进一步传承和发扬新时代国际主义精神，工合国际举办了一系列的学习研讨活动。

12月25日召开"工合国际第六届全国代表大会"，进行五年一次换届选举。大会选举由上海市静安区原政协主席陈永弟担任工合国际副主席，负责工合国际华东联络处的各项管理工作。我继续被推选为常务执委。工合国际华东联络处很快理顺了各项工作，并有序策划组织了一系列的纪念活动。6月26日在上海举办的"讲述路易·艾黎在上海与中国共产党的红色故事"、"庆祝国际合作社日论坛"等活动，得到了社会各界广泛关注，《新华社》《解放日报》《文汇报》《新民晚报》《联合时报》等新闻媒体作了报道。华东地区一百五十多位委员表示要团结一致做好公益事业。与此同时我们非常关心路易·艾黎故居的利用和保护工作，希望能把故居建成国际主义教育基地，对青少年学生开展一系列的宣传教育和活动。

✧ 助力故居开馆

2022年3月1日，上海突发疫情，但故居筹建工作并未停止。工合国际陈永弟副主席、周学强秘书长和我去愚园路1315弄4号路易·艾黎故居调研，与长宁区委宣传部、街道、居委会和设计公司进行沟通对接，落实故居恢复开放的具体事宜，此举得到长宁区政府的大力支持。筹措时间非常紧张，除了故居装修工程，还有展室陈列布置设计、活动组织策划、媒体宣传报道，以及方方面面的协调工作。我们克服各种困难，及时解决问题，推助华阳街道办事处的主办实施。

3月18日，原来担任设计的单位因故不能施工装修。这时工合国际执委周秀环女士主动承担了故居陈列室的装修工程。周秀环女士经营一家颇具规模的建筑工程企业，承接过上海世博场馆的城市足迹馆等重大工程。然而这场疫情来势凶猛，28日上午正在紧锣密鼓进行装修的工程被紧急叫停。直到7月2日，疫情好转，华阳街道办事处才通知可以继续装修施工。时逢盛夏酷暑，工人们冒着高温暑热马不停蹄地进行施工，付出了艰辛。

7月22日上午，长宁区文旅局党组副书记王友生到艾黎故居，就艾黎故居保护利用提案办理情况进行实地调研。在现场我详细介绍了恢复故居纪念馆的背景与现实意义，以及2022年初开始在长宁区政府、政协、工合国际的努力下所做的筹备工作情况。建议对艾黎故居的保护和利用，政府要给予相应的资金投入和保障，其每年的维护资金要纳入预算，并逐步加大资金投入力度。同日，长宁区文旅局对"长宁区政协第15届一次会议"第046号提案签署了解决采纳办理结果的"红头"文件。

故居陈列室装修工程终于在7月底完工。接下来我们将对故居陈列室做软装饰设计和布置，还原陈列室环境样貌，同时对室外环境也作了相应的改善，以提高艾黎故居内外环境的整体效果和使用功能。27日中午，我与陈永弟、丁秋萍一起去茂名北路上的古董家具店为艾黎故居陈列室选购民国老家具。下午老家具运送到故居安放，修葺一新的陈列室配上老家具立刻焕发出了昔时的光彩。陈列室还原了上海20世纪30年代艾黎生活的场景，仿佛艾黎就在写字台前伏案工作一般。推动艾黎故居复原工程，就此朝着预期目标迈出了实质性的一步。同日，我们与中福会出版社签订了《艾黎在上海》图书出版合同。

陈永弟和长宁区宣传部部长潘国力多次到现场查看艾黎故居复原进展情况，并在微展厅组织召开沟通协调会、检查收尾工作，商议故居开馆仪式和专题研讨会方案。陈永弟表示，艾黎故居复原装修工程基本完成后，要有序推进史料征集和实物布展，为正式开馆奠定坚实基础。我们要加强合作，做好"室内与室外、故居与展厅、布展与开馆"三衔接，共同把艾黎故居开馆活动准备工作做得更扎实更细致。潘国力表示，艾黎故居已列入《上海市红色资源名录（第一批）》。2022年已基本实现了预期目标和效果，下一步要继续做好室外环境综合整治、布展优化和开馆活动的各项准备，让故居以全新风貌向党的二十大献礼！

2022年是国家主席习近平给"中国工合国际委员会

和北京培黎职业学院回信 5 周年"，也是伟大的国际主义战士路易·艾黎诞辰 125 周年（12 月 2 日）、来华 95 周年（4 月 21 日）和逝世 35 周年（12 月 27 日）、"中新建交 50 周年"。

12 月 2 日，为深入贯彻落实党的二十大精神，以上海路易·艾黎故居复原开馆为契机，进一步弘扬和传承艾黎精神，由中共上海市长宁区委、中国工合国际委员会指导，在上海长宁区华阳路街道隆重举行"纪念路易·艾黎诞辰 125 周年暨路易·艾黎故居开馆仪式"，《人民日报》、新华社等各大媒体都作了宣传报道。

同时我的提案《关于路易·艾黎故居保护利用工作的建议》被"长宁区政协第 15 届二次会议"评为"2022 年优秀提案"，我连续荣获 2022、2023 年度长宁区政协履职先进个人奖。

在"努力干，一起干"的精神感召下，我满怀激情脚踏实地地做好每一项关于工合国际的社会公益工作。近年我们还在福建省龙岩市长汀县、浙江省瑞安市等地建立了国际主义教育基地和农业合作社指导站，取得了丰硕的成果。

当然，参与公益活动会耗费一定的精力与时间，不过人生的经历应该是丰富多彩的，做公益事业应该是我生命中浓墨重彩的一笔。也许我们都受累于城市的快节奏与世俗的喧嚣感；也许我们想要的远远超出我们的付出；也许不进则退的激烈竞争会使我们披上了势利的甲胄。历经"昨夜西风凋碧树，独上高楼，望尽天涯路"的迷茫；再回首"衣带渐宽终不悔，为伊消得人憔悴"的不悔，最终获得"众里寻他千百度，蓦然回首，那人却在灯火阑珊处"的喜悦，这不正是我自己玩艺术、做出版、搞公益时经历的喜悦吗？返璞归真是我追求的艺术境界和生活状态。

艺术从生活中来——积累丰富的人生经历对于自身的全面发展具有非常重要的意义。

第十一章

融光・天和：情怀

一、德不孤，必有邻

著名山水画家、美术史论家汤哲明教授说：

> 金国明与我是同事，亦是在一起谈画论艺
> 的朋友。国明善油绘，这与他长期从事编辑工
> 作是很有关系的，而在上海书画出版社人才济
> 济的书画队伍中，他的绘画，可以算作是"另
> 类"；他既是视觉艺术书籍的编辑者，也是视
> 觉艺术的创作者，编辑与创作，在他身上体现
> 出了教学相长的功效。这种有互补性的工作和
> 事业，对他来说，又何尝不是一种独特的机遇，
> 促使了他在漫漫的艺术道路中上下求索？

二十六年来我责编了五六百种图书，如中西美术技
法图书、画集等，自然也接触到了各种层面上的作者。
不过由于地域关系，接触最多的还是海派书画家，如陈
佩秋、林曦明、陈家泠、韩敏、韩天衡、杨正新、萧海
春、韩硕、车鹏飞、江宏、张培成、卢辅圣、马小娟、
戴明德、穆益林等。因为我是油画家，所以在编辑组稿
中与作者的沟通相对来说比较容易，彼此之间也相互
信任。

2013 年，在上海虹桥路黔香阁饭店吃晚饭时，著名书画大家陆康先生说要为我刻方印，我当场表示要为陆先生画幅肖像。半年后我把油画《陆康像》赠予他，他也回赠了我一方姓名章和一幅书法《温故知新》，他待人就是那么大度又自然，值得我学习。那方姓名章我很喜欢，一直用到现在。

2016 年我在组稿《海上掇英——名家名作（一）》时非常顺利，陈佩秋、林曦明等十位著名国画家非常支持和配合。有一天，孙信一先生打电话给我说陈家泠先生叫我到贵都大酒店吃午饭。我们聊得甚欢，老先生一点没有架子，他喜欢谈艺术，也给了我许多书画出版上的建议，他希望能出版一些近现代书画名家的精品画集。到 2020 年编辑《海上掇英——名家名作（二）》时，车鹏飞、江宏、乐震文、张弛、陈琪等十位国画家也是积极提供原稿图文，使图书顺利出版，取得较好的社会效益。

有时也会碰到有意思的事，有次在山水画家孙信一先生公子的婚宴上，我坐在著名花鸟画家陈世中先生旁边，同坐一桌的还有著名山水画家江宏、汪大文等，我性格较内敛，大多数时间是听他们讲话。陈世中先生比较外向，一直在高谈阔论，他见我没什么反应，又听江宏先生介绍我是上海书画出版社的同事，后来他憋不住了："我是陈世中呀！"这时我赶忙说："知道的，我知道您老的名声。"能给众多艺术名家编辑制作画集是我的荣幸，也是缘分。许多艺术大师百年之后，作为晚辈的我能为他们梳理艺术脉络甚感荣幸。有时为一些书画名家编辑出版画集后不久，他们便含笑九泉了，如沙曼翁、朱膺、刘文西、潘鹤等。所幸的是，他们在有生之年非常高兴能看到自己的精美画集出版，这是冥冥之中的一种安排，更是我向前辈鞠躬求学的好机缘。其中也有遗憾的事，2018年高式熊先生知道上海市文史研究馆要给他出画集，心情特别激动，也十分期盼。但毕竟他已九十八高龄，身体很脆弱，说病就病，于2019年1月去世。我与高老很熟悉，是老同事、后生辈，自然执念他的未竟之事。后来明确由我来责编他的画集"上海市文史研究馆馆员书画作品系列丛书"《高式熊》，这恐怕是他生前所未预料到的，书里选编了他的一幅书法作品《笑比药好》，这是他的长寿秘诀和人生观。此书从2020年开始组稿编辑，直到2023年10月才出版。我与他七十多岁的女儿高定珠女士一起努力，前后三年里经历了无数次的编辑、改稿。因此我觉得能与这些艺术名家大师生前生后的"相遇"，这哪里是用"偶然"二字解释得清楚的。说不定是我跨入出版行业之列就有的定数。

二、居移气，养移体

说我"另类"的原因，是因为上海书画出版社、朵云轩的老编辑大都是以中国书画见长，都是书画圈内的大腕，而我作为一个油画家身处其中那可真是"特立独行"了。长期浸淫于传统书画圈里，最大的益处就是可以融贯中西、修身养性。通过学习、实践，汲取中西方各种艺术养料，逐渐弥补了自身的不足。直到前两年书法家张伟生、山水画家孙扬退休，邵仄炯调到上海师范大学去做教授后，只留下我这个油画家独守阵地，身边谈画论艺的同事越来越少了，时时感到寂寥而无趣，经常独来独往，惆怅之感不免油然而生。

长期的创作学习与工作实践养成了我独立的思考与行为处事方式，也在不知不觉中逐渐形成阶段性有规律的生活作息，一年四季里几乎都在编辑室、工作室和居处之间穿梭往返，日复一日，年复一年。2015年我戒了烟，弃车代步，几乎每天早上坚持快走四五十分钟到单位上班，有时晚上到卢湾体育馆快走一小时。这个习惯一直延续至今，保持了健康的体魄。

2012年夏季，我学会了蛙泳，这是必备的求生技能。第一节课我学得很快，除了换气还不行，猛地扎进水里数米竟可以上浮起来了。游泳确实是全身运动，不惑之年学起了"吹打"，教练问我是否做过运动员，他说我的肺活量很大，估计学十次就会了。第二节课游泳教练不在，我一个人在浅水区慢慢摸索，练了一个多小时后有点感觉了，最后干脆在深水区终点向前游，居然推进了近二十米。本以为年龄大了学不会，学到第三次，我已可换气游了，教练说我已学会了，是他所有学员中学得最快的一个。这是技术活，主要靠自己多琢磨领悟再多加练习，从此我的梦境中又增添了一个游泳时的"蒙太奇（Montage）"般的情节。

海上书画名家陆康说起他的一位故人，年纪很轻身体很棒的赛车手，罹患一怪病，手术时要把整个脸翻开进行，痛苦万分，结果仍免不了呜呼哀哉！最后临终时他讲了一句肺腑之言——活着真好，能笑就好！海上著名书家刘小晴也常言：及时行乐！回味咀嚼觉得其中不无道理。其实人的一生很短暂，我认为生活在当下是幸福的，从来没有哪个时期的艺术家可以像今天这样进行自由创作！上班工作回家有儿女叫声爸妈是幸福的，平时没病没灾身体健康是幸福的，心想事成是幸福的，吃得下睡得着没有烦恼是幸福的，有信仰有追求更是幸福的。有这么多的幸福围绕左右还要奢求什么呢？心平气和就是"幸"，"平安"二字就是福。最近几年里不知为何我会反反复复地做到一个同样的梦，在梦中我离开了工作二十多年的出版社，醒来后方知这只是一个梦而已。

这或许暗藏了什么玄机。其实，在内心深处我还是十分留恋的，毕竟几十年间我在这里留下了不灭的青春年华。时光如梭，若到 2030 年我退休时在出版社工作三十二年，也确实该离开了。当然生活还是要有个小目标，如此才有激情和动力，我也非常期待这几年能再画出更多的佳作来。直到现在我才感悟到保持纯真的自然心态是多么的愉悦和可贵，我画画纯粹是喜好，有人问我什么时候办个展？"画展是一定要办的，这是水到渠成的事。"当下艺术圈流行一句带有自嘲意味的经典妙语："今天是开幕式，又是闭幕式。"确实如此，有时想想何必要兴师动众劳民伤财呢？南朝梁代刘勰《文心雕龙》有言："人禀七情，应物斯感，感物吟志，莫非自然。"还是平和自然而轻松自由地去画画，才是最幸福的。

当下艺术形式和风格纷呈，评判标准不一。许多不搞艺术的都来凑热闹，都做起了艺术家，甚至作家、娱乐圈艺人、媒体主持人、玩古玩的、开饭店的都自以为是地做起了视觉艺术家、评论家，有些非艺术专业的老师因为有教师资格证就在民办培训机构教美术课、书法课。想当年学艺术的人非常少，门槛却很高，美术院校一个班级五六人，一届才十几人，然而好几届的学生加在一起在几十年后还出不了几个画家。现在我想明白了，绘画本来就是很愉悦的事，随心所欲，不一定都要画得面面俱到。这个社会发展很快，似乎人人都可以做画家、诗人、歌手、摄影家，人人都可以当梦想家，只要把文字、颜料、手机、个人情感堆积在相应的媒介上就可以了！这大概比较符合大众普遍的心态，符合当代艺术中那些玩世不恭的波普艺术的审美情趣。因此玩得开心没有任何压力是主要的，专业和非专业是次要的，身心愉悦了才会乐此不疲长命百岁！在这个信息飞速发展的社会里，能留下让人记得住的毕竟是划时代的伟人和历史事件，其他的都是尘埃，不值得一提。

回顾与展望，随着个人境遇和环境的改变，我的"人设"形象和艺术气质、文化素养都发生了相应的变化。如今我集出版人、油画家、政协委员等多重身份于一体，融合社会、艺术与生活等方面共同发展。人生需要在不断总结中成长和发展，虽然我的身份也随着生活环境的改变而变换，但我初心不移，始终保持着一个油画家特有的艺术气质，真诚和善良是我天生的品性，坚持不懈和努力进取是行动力。我认为做任何事都要坚持信念，实现目标！爱好艺术其实是一种兴趣，把兴趣成就为一种习惯，把习惯演绎为生活的常态。热爱生活与艺术也是一种信仰，信仰美好的事物不是谁都能做到的，因为人们对信仰的诠释是建立在个体的感知与经验上的。一百零五岁的著名作家杨绛先生说："我和谁都不争，和谁争我都不屑；我爱大自然，其次就是艺术。我双手烤着生命之火取暖；火萎了，我也准备走了。"

我热爱大自然，对生活充满激情，对艺术更是有一种飞蛾扑火的精神。艺术能陶冶情操，古人能识，然今人未必能得精髓。修养不是一朝一夕能达到的，唯有保持健康美好的信念才能或可实现成就完美的自己。

三、居处恭，执事敬，与人忠

我的人生哲理就是"做好人"，这里有两层意思：第一要做好一个人；第二要做个好人。现在好人少了，这是道德品行的缺失。好人的标准不只是做老实人，而是要做正派、健康和有正义感的好人；"做好人"不易，要符合社会道德、伦理的范畴。艺术是修为，做人有标准。现在做什么都有个圈子，朋友见面都会问：最近混得怎么样？其实要看怎么混，这个"混"字含义很多。就个人而言，开开心心过每一天、全家安康就很满足了。业余时间玩些爱好，远离所谓的主流与非主流圈子，让个人仅有的一点品性得以舒展，这样才能活得潇洒通透，人性得以健康发展。其意义不在于工作事业，不在于贪图享乐，不在于富有或贫困，而是能拥有一颗健康善良的心，是发自内心的愉悦，是喷薄而出的朝阳，一如阳光般的灿烂与辉煌。

每当我走在梧桐树下时都会感受到一种浓郁的海派文化气息，灵感也就此应运而生了。我在工作室中静心思索或创作，习惯成自然，生活有了规律，我也非常享受独处时的寂寥和空灵感。每当我创作时，我的思绪与灵感似火山爆发般地喷涌而出，在斑斓绚丽的色彩与丰富的情感变幻中找到激情。我与心灵的对白是开启艺术人生的钥匙，漫漫人生路中留下的是不灭的记忆。

　　当艺术成为生活中不可或缺的状态时，就会拥有一份强大的内心世界；当独自沉浸在自我的梦幻空间时，就能从中体味艺术所带来的乐趣；当生活变得纯净而简单有规律时，就会从容自若地去面对喧嚣。然而长久地保持良好的心态谈何容易，唯有在寂静的空间中坚持并咀嚼游艺寄情的乐趣，才能获取更为广阔的空间。亚里士多德对于幸福有独到的见解，他认为幸福乃是一生的生活质量，幸福不是每时每刻的愉快经历，它涉及的是一个人会选择何种方式来度过自己的一生。幸福是一个人正在过着和曾经度过的善的生活，终极的幸福来自善的生活的总和。他说："如果我们能够想出可以超越——譬如财富和健康的东西，那么，我们选择财富和健康还有什么意义？财富和健康之间有什么关系？"至善是亚里士多德对绝对幸福状态的阐释，也是给我们带来的重要的人生启示，快乐才是幸福的最佳状态。苏格拉底认为："知善就是为善。"因此我们在生活中要遵循道德行善的行为准则，做一些力所能及的好事和善事，那么我们的生活就会过得非常充实而有意义。

2020年1月，当我静心独处时我会莫名的心神不定，多愁善感起来，该不会有什么事要发生吧！许是季节变换的原因，或是新旧之年交替之故。不料一语成谶，直到庚子新春一场突如其来的疫情让我们对人性有了深刻的认识，对生命意义有所感悟。我对女儿说："这是我们遇到的一个正在发生的重大历史事件，要牢记这一时刻，人与自然要和谐相处，要保护自然，从中去体会大自然对人类生存发展和感受生命的意义。"我们知道人类不是没有天敌，面对天灾人祸，人与动物、生灵如何和平共处值得深思。人性虽具有精神灵魂，但善与恶并存；兽性虽源于本能，但其恶不如人。这场灾难的降临爆发，不是无缘无故从天而降的，它源于人类虐杀野生动物和破坏自然环境，纯粹是因为人类管不住自己的心和嘴。日本作家东野圭吾说："这个世界上，有两样东西不能直视，一个是太阳，另一个是人心。"

2020年2月1日，我得知由杭州西湖当代美术馆、北京华辰拍卖有限公司等发起的"艺起扛"慈善拍卖会后积极响应，我与查海蓝女士联系，捐赠了油画作品《国明的世界——梦云系列No.208》，义拍所得1.7万元全部捐赠给武汉的医院，尽绵薄之力，献一份爱心。同时工合国际华东联络处在一周内筹集了4.25万元，全部捐给上海瑞金医院驰援武汉的医疗队。

疫情给我们带来巨大的冲击，我为世间无数生命被病魔吞噬而悲伤，在大自然面前人类是十分渺小的。基于此，我用表现主义手法创作了一幅高两米、宽一米二的油画作品《时差：离殇》，充满激情地描绘这个被病毒冲击摧残的世界。天空中一双俯瞰苍生的眼睛，注视着象征世界各地的城市标志性建筑：米兰的教堂、巴黎的铁塔……这双眼睛，是上苍之眼；这些建筑，是人们抗"疫"博弈之坚石。寓意人类是不会被击倒的，最终会取得胜利。

现今我们又一次经历和体验了现实社会中的全球性特大突发事件，每个人都应该有所反思和感悟。英国首相丘吉尔有句名言："不要浪费一场危机。"每遇大事，起哄者多，静心者少。每逢危机，盯住风险的多，看到机会的少。一场重大危机让我们切身感受到一个时代的陨落和另一个时代的开启。21世纪20年代的开启是不寻常的，未来我们或许要面对更多的危机。然而危机可以促使我们重新审视自己，及时调整方向，危机也许就是新生。生命是脆弱的，也是强大的。在灾难面前，个体的力量往往显得非常渺小，微不足道，面对危情，我们的内心是多么脆弱，流露出各种惊慌失措和焦虑不安的负面情绪和行为。而那些冲锋在一线的医护战士是一个强大的集体，他们都拥有一种舍生取义的伟大精神，我们今天的安居乐业正是得益于他们无私无畏的奉献精神，令世人所敬仰。

庚子新春伊始也是我知天命之年的开端，在特别的日子里如何规划未来的人生是值得思考的。许多事物都存在辩证关系，有利有弊。关于正邪相争的辩证关系在《伤寒论》中有概述："邪气因入，与正气相搏，结于胁下，正邪分争，往来寒热。"我比较认同传统中医对于病毒的理解，正如《黄帝内经》中所说："正气存内，邪不可干，邪之所凑，其气必虚。"我相信只有充满正能量，才能避免感染邪毒之气。孟子曰："亲亲而仁民，仁民而爱物。"因此，爱护动物、保护自然是全人类共同的目标和使命，人与自然应和谐共荣，从而达到天人合一、道法自然的圆满境界。

天有不测风云，壬寅年春季的疫情再次席卷上海，严重影响了人们的工作生活和生命健康，同时也硬生生地把我描绘上海的兴头给压了下来。三年来我们经历了没有硝烟的战争，因此也更体悟了人类与自然的关系。阴影笼罩下的危机存亡，不仅考验着我们每个人对待生命的理解和对生活的信念，同时也展现了人性的善恶真伪。法国伟大的哲学家卢梭认为人的本性从根本上是好的。存在主义者则认为人性永远不会是一种固定不变和永恒的东西，而这恰恰体现出人的自由的本真状态。毫无疑问，乐观向上的积极态度是社会的主流意识，许多优秀的绘画、小说、诗歌、音乐、影视、戏剧等一直在激励鼓舞着逆境中的世人。不过也有一部分伟大的艺术家、思想家在极其沮丧绝望之际创作出了举世之作，如海明威的《老人与海》、赫尔曼·梅尔维尔的《白鲸》《比利·巴德》和凡·高的《向日葵》《星月夜》等。凡·高对于太阳的热爱是非常强烈的，他描绘的《向日葵》色彩浓烈鲜明，画面似一团火，被称为"火焰的画家"。凡·高在内心深处极其热爱生活，始终向往太阳的闪耀光芒。所以人性从某种意义上说也存在双重性或多面性。《孟子·尽心上》云："穷则独善其身，达则兼济天下。"当下在全人类的灾难面前，没有谁能独善其身，唯有同心勠力，才能共渡难关。而更重要的是我们要从中反思教训，总结经验。有了这段刻骨铭心的生活体验，我的内心也豁然开朗通透起来——感恩、惜福、舍得！

人生注定要经历各种磨难和困苦，在坎坷的生活中获取生存经验。《论语·雍也》："子曰：'中庸之为德也，至矣乎！民鲜久矣。'"所谓中庸，就是处世待人，不要偏激、极端，要折中调和。勿以善小而不为，勿以恶小而为之。于我而言，中庸之道是我的处世态度，也是我的处事方式之一。不违天时，抱诚守真。有些事不能讲透，有些问题不必去争明白，有些话不需要说出来。引用郑板桥的名言"难得糊涂"来概括非常恰当，这是一种处世哲学，也是一种境界。藏愚守拙，用晦而明。

我庆幸通过这几年的积累和梳理把藏在心中的感悟都说了出来，并使酝酿已久的图书陆续出版。五十知天命，因此近两年来我的体悟比过往更为自然和深刻。随着社会历史的发展，我的人生就像曲线图表一般也经历了无数个高低起伏的周期，有坎坷与困顿，有彷徨和徘徊，有激情和展望，有灿烂和辉煌，有欢乐和幸福。借此我对上半生的艺术之路做一个真实客观的回顾，梳理出一些宝贵的人生经验和教训，同时也作为一条承上启下连接我艺术人生的纽带和一把打开艺术之门的金钥匙，为我后半生的艺术生涯打下了扎实的基础。我更期待的是下一个属于我的人生辉煌点，虽然我不知道它在何方，但我知道它离我并不远，艺术之路依旧向前方延展……《吕氏春秋·士容》云："夫骥骜之气，鸿鹄之志，有谕乎人心者，诚也。"

　　人至壮年，时逢黄金年华，我对生命的感悟不自觉地油然而生。生命是什么？哈姆雷特说："生存还是毁灭？这是个问题。""我们的本质原来也和梦一般，短短的一生，就在睡梦中度过。"莎士比亚如是说。西班牙剧作家卡德隆在他的《人生如梦》中描绘："生命是什么？是疯狂的。生命是什么？是幻象、是影子、是虚构之物。生命中至美至善者亦微不足道，因为生命只是一场梦境。"三十岁后我画了十年"梦云"系列，四十岁后又画了十年"时差"系列，五十岁开始新的艺术旅程——

创作"融光·天和"系列作品，并将衍生出不同的主题：情怀、游曳等，随后结集出版"融光·天和"系列丛书。

其中"梧桐树下——画说上海"系列是蜕变期。这里承载着我的成长和梦想：十年一画，十年一梦；十年耕耘，十年树木；十年练心，十年结晶；十年坚守，十年成长。

人生要有规划和目标，回归自然、融于自然，是我年过半百的人生感悟，更是充满激情来展现出一个中国"70后"油画家的情怀！

21世纪20年代注定是一个被人类历史所记载的重要年份，又是一个新时代的开端。展望新时代、新十年，我坚信今后的艺术人生之路将更为精彩和辉煌。

后　记

　　"融光·天和"系列是我近年来创作的主题绘画作品。其中"融光·天和：上海"系列，也就是《梧桐树下——画说上海》一书已顺利出版。

　　我自从有了艺术创作与生活相融合的理念和行为后，便开始创作"融光·天和——游曳"系列油画，相信《融光·天和——游曳》画集中的两百余幅油画同样会以焕然一新的面貌呈献给读者。

　　为了能更好地展现我在艺术探索中的思维体系，我将过往的艺术经历做了全面的梳理，厘清了个人成长发展的脉络。《融光·天和：情怀》就是以此为前提结集出版的一本随笔散文集，全书二十余万文字共十一个章节，记录了我的成长故事。从童年寄情、燃情岁月、编辑生涯、艺术鉴藏、生活情趣、公益善缘等角度立体化地展现了一个充满理想抱负的我。

　　此书的体例和内容参考了《时差——金国明随艺录》《梦云——薰衣草札记》《国明的世界》《梧桐树下——画

说上海》等书。通过一年多的全新整合，我对章节、标题和文字内容结构做了较大的修改和调整。期间我得到了上海人民出版社周珍老师的大力支持，著名作家丁旭光先生为我撰写了书评文章，资深出版人朱莘莘老师也帮我审稿，我们切磋商讨，深化认识，采纳有价值的建议，从而提升了图书品质。在此一并感谢！

　　鱼知水恩，人懂感恩！借此图书付梓出版之际，我首先要感激父母的养育之恩，谁言寸草心，报得三春晖。并感谢所有在我人生路中帮助和支持过我的贵人！我生命中的贵人，是守望相助、引为知己的人。

金国明

2024 年 4 月 15 日

图书在版编目(CIP)数据

融光·天和 ：情怀 / 金国明著. -- 上海 ：上海人
民出版社，2024. -- ISBN 978 - 7 - 208 - 18952 - 2

Ⅰ. K825.72

中国国家版本馆 CIP 数据核字第 2024PN2232 号

责任编辑　周　珍
装帧设计　陈绿竞
封面绘画　金国明

融光·天和:情怀

金国明　著

出　　版　上海人 *A&出版社*
　　　　　（201101　上海市闵行区号景路 159 弄 C 座）
发　　行　上海人民出版社发行中心
印　　刷　上海中华商务联合印刷有限公司
开　　本　890×1240　1/32
印　　张　15.75
插　　页　5
字　　数　273,000
版　　次　2024 年 7 月第 1 版
印　　次　2024 年 7 月第 1 次印刷
ISBN 978 - 7 - 208 - 18952 - 2/K·3389
定　　价　88.00 元